문화정책

정철현 저

서울경제경영

이 책이 문화예술의 생산, 유통, 소비를 진작시켜 모든 사람들을 행복하게 하길 바란다.

머리말

뉴욕대학교(New York University: NYU) 티시 예술대학(Tisch School of the Arts)의 졸업식에서 배우 로버트 드 니로(Robert De Niro)가 축사에서 "You made it, and you're f*cked(여러분이 해냈군요, 그런데 여러분 신세 조진거예요)"라고 하여 화제가 되었다. 예술대학을 졸업한 의기양양한 그들에게 '현실세계(real world)'에서는 평생 '거절의 문(a door to a lifetime of rejection)' 앞에서 좌절해야 할 것이지만, 그래도 항상 '다음에는(next)'이라고 외치며 꿈을 버리지 말 것을 당부한 것이다. 필자가 NYU를 졸업할 때는 워싱턴 스퀘어 파크(Washington Square Park)에서 거행되었는데, 졸업식이 끝나자 티시스쿨 학생들은 모두 분수대로 뛰어들었다. 그들은 우리와 달랐다. 열정이 있었던 것이다.

열정만으로 시작한 문화정책 공부는 쉽지 않았다. 나야말로 신세 조진 것이다. 미국, 유럽, 호주의 유명 학자들의 논문과 책을 구하기도 어려웠고, 철학, 미학, 정치학, 사회학, 법학, 경제학, 경영학 등 다양한 학문적 배경이 섞여 있어 이해하기도 어려웠다. 고군분투 끝에 미흡하나마 〈문화연구와 문화정책〉, 〈문화정책론〉, 〈문화정책과 예술경영〉을 발간하였지만 미숙하고 설익은 내용으로 부끄러울 뿐이다. 그래도 누군가는 '거절의 문'을 두드려야 한다.

이 책은 3부분으로 구성된다. 제1편은 문화정책의 이해를 돕기 위한 기초개념과 정의 그리고 문화정책의 발전과정을 다루었다. 제2편은 문화정책의 이론 부분으로 문화연구, 문화경제학, 문화정책학으로 나누었다. 제3편은 문화정책의 실제 부분으로 우리나라의 문화정책과 프랑스, 영국, 미국, 일본, 독일의 문화정책을 다루었다.

대학원, 학부, 행정대학원 강의를 통해 많은 피드백을 받았다. 무더운 여름에 교정작업으로 수고한 김예원 대학원생과 새아기 박지선 변호사에게 고마움을 전한다.

김은중 사장님과 출판 관계자께 감사드린다.

아버님 영전에 바친다.

2015년 8월

정철현

차례

PART I

문화정책의 이해

▸01◂

문화정책의 기초개념

문화정책이란 무엇인가? 정책을 공공을 위해 특정 문제를 해결하려는 정부의 활동이라고 정의한다면, 문화정책이란 공공을 위해 문화관련 특정 문제를 해결하려는 정부의 활동이라고 할 수 있다. 공공을 위한다는 것은 개인이 아닌 국민 모두를 위한다는 것이고, 특정 문제란 현재 발생하는 모든 문제가 아니라, 사회의 합의와 정부의 우선순위에 의해, 정책의제(policy agenda)로 선정된 문제라는 것이다. 특정 문제의 해결을 위한 정부의 활동이란 정책과정에서 모든 정책관여자(policy stakeholders)와 함께 여러 대안 중 최선의 방법을 선택하고, 집행하고, 평가하는 것을 말한다. 제1장에서는 문화의 정의를 넓은 의미의 문화와 좁은 의미의 문화로 구분하고, 그에 따라 달라지는 문화정책의 정의를 공부한다. 아울러 문화정책과 문화연구가 왜 다르며, 문화연구가 어떻게 문화정책으로 발전하였는지 알아보기로 한다.

1 문화의 정의

1) 넓은 의미의 문화

넓은 의미에서 문화는 한 시대 한 집단의 공유하는 생각이다. 짧은 치마를 입고 조선 시대에 가면 어떤 일이 벌어질까? 1970년대만 해도 우리나라에서 미니스커트와 장발은 경찰의 단속대상이었다(그림 1-1, 1-2 참조). 이처럼 시대에 따라 다른 생각을 공유하는 것이 문화이다. 문화는 집단에 따라 달라지기도 한다. 우리는 식당에서 코를 풀지 않지만, 미국인은 거리낌 없이 코를 푼다. 반면 우리는 식사 후 트림을 해도 상관없지만, 미국인은 절대 트림을 하지 않는다. 실례라고 생각하기 때문이다. 예전에는 밥 먹으며 말한다고 할아버지께 꾸중을 들었지만, 지금은 식사 시간에 대화가 권장되고 있다. 중국에서는 잘 먹었다는 표시로 음식을 남겨야 하고(그림 1-3 참조), 중동에서는 잘 먹었다는 표시로 트림을 해야 한다. 이처럼 문화는 시대에 따라 또 집단에 따라 달라질 수 있는 공유하는 생각인 것이다.

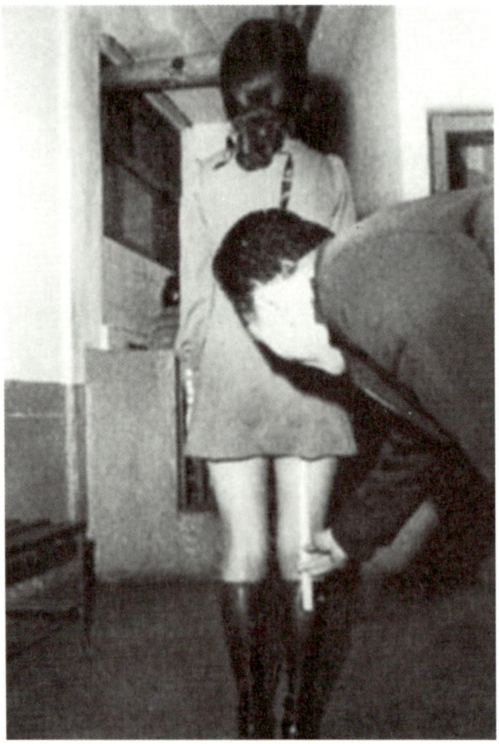

그림 1-1 미니스커트 단속
출처: 중앙일보 2009.04.27

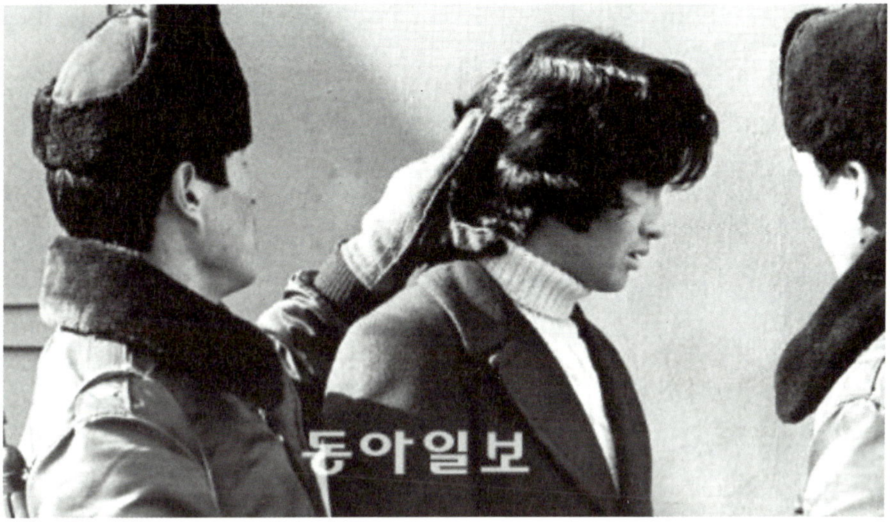

그림 1-2 경찰의 장발 단속 (1975년)
출처: 동아일보 2011.11.25

그림 1-3 중국의 식사 후 남은 음식
출처: www.zhenzhubay.com

문화는 문명과 동의어로 취급되기도 한다. 문화를 영어로 표기하면 culture인데 이는 라틴어의 '경작하다'에서 파생된 것이다. 즉 문화란 자연 상태를 인위적으로 변화시킨 것이다. 자연이 선천적으로 주어진 것이라면 문화는 후천적으로 진화한 것이며, 자연이 유전적으로 이루어진 것이라면 문화는 창조적으로 이루어진 것이다. 〈코젤렉의 개념사 사전 1: 문명과 문화〉에 의하면 문화란 한 시대 한 집단이 모여 살면서 시민으로서 갖추어야 할 덕성의 총체로서 교육이나 교양과 같은 의미로 사용된다고 한다. 이는 결국 **우리가 살아 온 경험의 산물이 문화**이기 때문이다. 따라서 문화는 인류의 탄생 이후 한 시대 한 집단의 삶의 양식이라고 할 수 있다(그림 1-4 참조). 문화란 정치, 경제, 법, 제도, 문학, 예술, 도덕, 종교, 풍속, 복식, 음식 등 모든 인간적 산물을 포함한다. 자연 상태가 아닌 인위적인 것이라면 모두 문화가 될 수 있으므로, 한 시대 한 집단의 일상생활의 모든 것, 즉 삶의 양식이 문화로 간주될

그림 1-4 베트남의 소수민족
출처: UNESCO

수 있다.[1]

문화와 문명을 동일시한 문화인류학자는 **타일러(Edward B. Tylor)**이다(그림 1-5 참조). 그는 문화를 지식, 신앙, 예술, 법률, 도덕, 풍속 등 사회의 구성원으로서, 인간이 획득한 능력과 습관의 총체라고 정의하였다. 즉 **문화란 인간 생활양식의 총체**라고 한 것이다. 그러나 타일러는 인간행동의 생물학적 측면은 자연적인 것

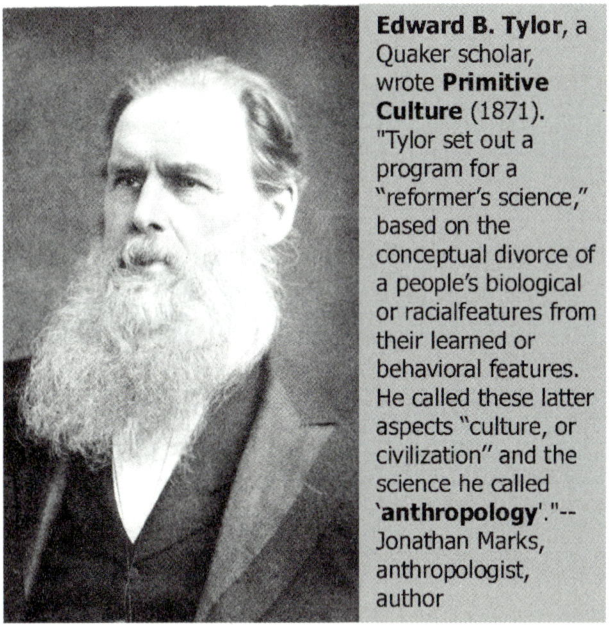

그림 1-5 Edward B. Tylor
출처: therockstaranthropologist.wordpress.com

1) 헌팅턴(Samuel P. Huntington)은 문명을 문화적 총체로서 규정한다. 문명이란 가장 포괄적 문화인 것이다. 예를 들어 전라북도는 경상남도와 다른 문화를 갖지만, 한국 문화를 공유한다. 한국, 일본, 중국 등은 극동 아시아 문화를 공유한다. 마찬가지로 프랑스, 독일, 이탈리아 등은 유럽 문화를 공유한다. 그러나 한국, 프랑스, 이란, 미국, 리비아를 모두 포괄하는 문화는 존재하지 않는다. 따라서 헌팅턴은 문명을 개인 스스로 자신을 인식하는 정체성으로 규정한다. 언어, 역사, 종교, 관습, 제도, 등으로 정체성을 규정하는 것이다. 예를 들어 서울 시민은 자기 정체성을 서울 시민, 한국인, 아시아인, 카톨릭 교인 등으로 규정할 수 있다.

이므로 문화에서 제외해야 하며, 인간의 생활양식은 개인이 아닌 집단의 생활양식에 초점을 두어야 한다고 하였다.

비평가 **아놀드(Matthew Arnold)**는 개인주의적 철학을 바탕으로 문화를 인간 사고의 표현이라고 하였다(그림 1-6 참조). 즉 인간의 위대한 정신의 완성이라는 측면에서 문화를 정의하였던 것이다. 문화란 위대한 사상, 문학, 미술, 음악 등에 대한 지식과 표현을 위한 실천으로, 인간정신의 완성을 추구하는 것이다. 따라서 아놀드의 문화는, 대중적 말초신경을 자극하는 것이 아닌, 소수의 뛰어난 문화적 리더에 의해 창조되는 **엘리트주의의 고급문화**이다. 세계는 문화적 소수와 비문화적 다수로 구성되어 있고, 문화적 소수는 인간정신의 최고경지를 표현한 걸작을 판별하고 감상할 수 능력을 가진 사람들이며, 이들이 문화적 리더(leader)로서 문화를 발전시킨다는 것이다. 아놀드에게 문화는 인간정신의 완성을 위한 '최상의 작품'을 찾을 수 있는 능력으로 이해된다.

사회학자인 **윌리엄스(Raymond Williams)**는 문화를 정신, 생활양식, 작품의 3가지 방식으로 정의하였다(그림 1-7 참조). 첫째, 문화는 **정신**, 즉 지적, 사상적, 심미적 계발의 일반적 과정으로 정의된다. 이는 인간의 사고양식 특히 인간의 의식, 규범, 가치와 관련한 정의이다. 예를 들면 우리나라의 홍익인간(弘益人間), 삼강오륜(三綱五倫) 등의 사상(정신)을 문화라고 할 수 있다. 둘째, 문화는 한 시대 한 집

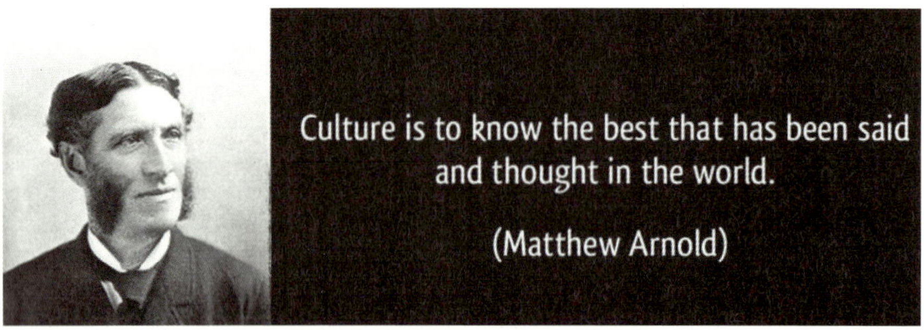

그림 1-6 Matthew Arnold
출처: www.adrianhilton.com

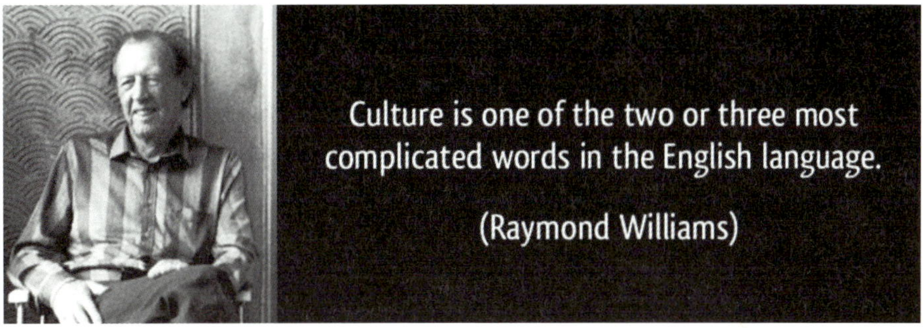

그림 1-7 Raymond Williams
출처: izquotes.com

단의 특정한 **생활양식**으로 정의된다. 이는 인간이 공통적으로 갖는 생활양식으로서, 예를 들면 우리나라의 온돌방, 1970년대의 통기타 문화, 1980년대의 학생운동 문화 등이다. 셋째, 문화는 지적인 **작품**이나 실천행위로 정의된다. 이는 우리가 흔히 말하는 문화적 텍스트에서의 예술적 활동을 일컫는 것으로, 사고양식이 표현되고 생산되는 행위라고 할 수 있다. 예를 들면 음악, 미술, 문학 작품이 문화인 것이다.

이 외에도 많은 학자들의 문화에 대한 정의가 있는데, 크로버와 클룩혼(Alfred Kroeber and Clyde Kluckhohn)에 의하면, 문화의 정의는 무려 200개가 넘는다고 한다.[2] 이처럼 문화의 정의가 다양한 것은, 인간의 삶이 의미하는 바가 너무 넓고 다양하기 때문이다.[3] 또한 문화는 시대와 장소에 따라 달라지므로, 보편적 정의를 내리기 힘들다. 문화는 인간의 삶과 함께, 느리지만 끊임없이 변화하고, 또 창조되기 때문이다(그림 1-8 참조). 타일러(Tylor)는 문화를 문명과 같은 것으로 보고, 인간 삶의 총체 즉 생활양식으로 정의하였고, 아놀드(Arnold)는 문화를 인간 정신의 진수를 표현한 것, 즉 고급문화로 정의하였고, 윌리엄스(Williams)는 문화를 인간의 정신, 생활양식, 작품의 3가지로 정의하였다. 결국 타일러가 처음으로 문화를 인간의 삶과 연결시켜 정의하였다면, 아놀드는 문화를 인간의 정신적 가치와 연결

2) UNESCO에 의하면 문화란 사회 또는 집단의 특정한 정신적, 세속적, 지적 특색이라고 한다.

3) 윌리엄스(Raymond Williams)는 문화를 '영어 단어 중에서 가장 난해한 단어 중 하나'라고 하였다.

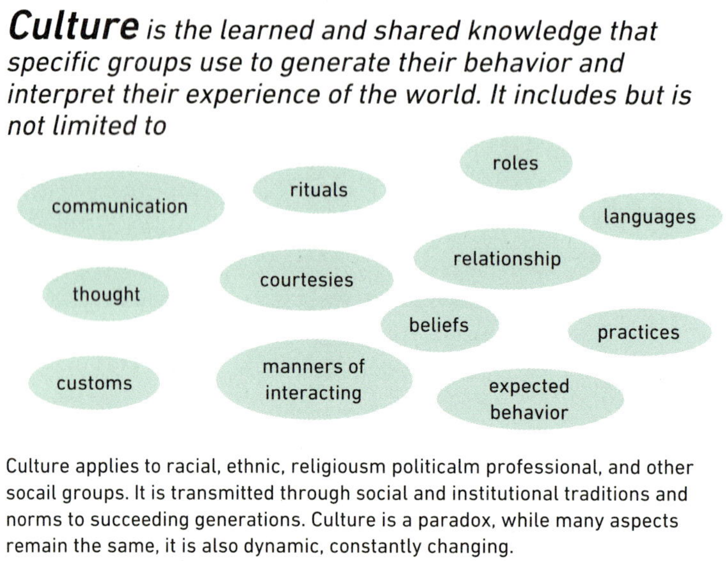

그림 1-8 문화의 정의
출처: National Center for Cultural Competence

시켜 고급문화만을 문화라고 하였고, 윌리엄스는 문화를 정신, 생활양식, 작품을 모두 포함하는 것으로, 대중문화까지 포함하는 것으로 정의하였다.

2) 좁은 의미의 문화

많은 학자들이 넓은 의미에서 문화를 인간 삶의 총체 또는 생활양식의 총체라는데 동의하지만, 우리가 문화라는 용어를 사용할 때는 아마도 미술, 음악, 문학과 같은 예술의 의미일 것이다. 흔히 문화생활이라고 하면 음악회나 전시회를 간다거나, 영화와 연극을 보러 가는 것으로 이해하는 것도 이 때문이다. 신문과 방송의 문화관련 보도는 주로 음악, 미술, 문학, 패션(fashion), 방송, 영화, 연극 등으로 구성되는 것도 마찬가지이다(그림 1-9 참조). 이처럼 우리는 일상생활에서 문화를 예술과 동일한 것으로 생각한다. 따라서 **좁은 의미의 문화는 예술**이다.[4]

4) 물론 아놀드는 인간 정신의 정수를 표현한 고급문화의 걸작품만을 문화라고 하였고, 윌리엄스는 인간정신을 표현한 예술에 대중문화까지도 포함하여 문화라고 하였다.

울산종합신문 2011년 6월 15일 ~ 6월 21일
문화
울산 공연 소식
풍성한 공연 소식에 행복한 '6월'
북 해 정
■ 최강 로맨틱 뮤지컬 '아이 러브 유'

그림 1-9 신문의 문화면
출처: 울산종합신문 2011.6.15

문화를 좁은 의미에서 예술과 동일시하는 경향은, 문화의 보편적 의미보다는 개별적 의미가 강조되었기 때문이다. 즉 문화를 정치, 경제, 사회 등의 영역과 구분하고, 감상과 오락적인 영역으로 몰고 간 것이, 문화를 예술과 동일한 것으로 인식하게 한 것이다. 그러나 문화를 예술로 좁게 정의한 것은, 문화를 사회적 관계와 분리시켜, 보편적 문화의 개념을 상실하게 했다는 비판을 받는다. 문화가 우리의 일상생활에 다양하게 영향을 미치는데도 불구하고, 문화정책은 예술만 문화로 간주하고, 사회문제는 등한시한다는 것이다. 이러한 주장을 따르는 학자들은 문화정책이라는 용어보다 **비판적 문화정책(critical cultural policy)**이라는 용어를 선호한다. 그러나 일반 시민들이 문화를 예술이라고 간주하고, 많은 국가의 문화정책이 주로 예술과 관련한 것이어서, 비판적 문화정책이라는 용어는 생소할 수밖에 없다. 결국 문화의 정의는 넓은 의미에서 한 시대 한 집단의 공유하는 생각이지만, 실제적으로 사용되는 정의는 좁은 의미에서 예술이라고 할 수 있다.

2 문화정책의 정의

문화정책이란 공공을 위해 문화관련 특정 문제를 해결하려는 정부의 활동이다. 그런데 문화관련 특정 문제란 무엇인가? 만약 문화가 넓은 의미로 한 시대 한 집단의 공유하는 생각이라면, 우리의 삶에 영향을 주는 모든 문제가 문화정책의 대상이 된다. 예를 들면 경제정책으로 소득이 증가하면, 우리의 삶은 윤택해지고 더 많은 여가를 즐기게 된다. 정보통신정책으로 컴퓨터와 인터넷이 보급되면, 우리는 안방에서 물건을 구매하는 편리함에 익숙해지고, 비대면의 인간관계를 당연시하게 된다(그림 1-10, 1-11 참조). 교육정책의 일환으로 중고교 학생들의 등교시간을 1시간 늦추게 되면, 주부들은 이전과 다른 생활을 하게 될 것이며, 이는 주부문화 나아가서 가족문화를 변화시키게 될 것이다. 이처럼 문화를 넓게 정의한다면, 정부의 경제정책, 정보통신정책, 교육정책 등 우리의 삶 즉 **생활양식에 영향을 주는 모든**

그림 1-10 구한말 남대문 거리
출처: 정성화, 로버트 네프. 서양인의 조선살이. 2008.

그림 1-11 홈쇼핑
출처: lh5.ggpht.com

정책이 문화정책인 것이다.

문화를 좁게 정의하면 예술이다. 따라서 문화관련 특정 문제란 곧 예술관련 특정 문제이다. 그렇다면 예술이란 무엇인가? 예술은 기술(art)과 같은 의미로도 사용되었지만, **인간정신의 표현**이라고 할 수 있다.[5] 예를 들면 미술은 그림으로, 문학은 글로, 음악은 소리로, 무용은 몸으로 인간정신을 표현하는 것이다. 물론 아놀드처럼 고급문화만이 예술이냐, 아니면 윌리엄스와 같이 대중문화까지 포함하느냐의 문제가 있지만, 2002년 UNESCO의 문화의 정의가 세속적 대중문화까지 포함하였으므로, 대중문화도 예술에 포함시켜야 할 것이다. 만약 문화정책이 고급문화만을 대상으로 한다면, 문화정책은 클래식(classic)을 즐기는 소수의 국민만을 위한 것이고, 대중문화를 즐기는 대다수의 일반 시민은 정책의 혜택을 받지 못한다. 정책의 목적이 공공을 위한 것인 만큼, 문화정책 역시 대다수의 국민을 제외한 정책이 될 수는 없는 것이다. 따라서 문화정책은 좁은 의미의 **예술관련 특정문제를 해결하려**

5) 표현의 목적은 심미, 즉 아름다움의 추구이다. 물론 아름다움에 대한 작가의 가치관은 다를 수 있다. 특히 현대예술에서의 아름다움에 대한 해석은 작가마다 독특하다.

는 정부의 역할이며, 이 때 예술은 대중문화를 포함해야 한다.

문화를 좁은 의미의 예술이 아니라, 넓은 의미의 한 시대 한 집단의 공유하는 생각으로 본다면, 문화정책은 모든 정부정책을 포함해야 한다. 비판적 문화정책에서 주장하는 것과 같이 모든 정부정책이 우리의 일상생활에 영향을 미치고 문화를 변화시키기 때문이다. 그렇다고 경제정책, 정보통신정책, 교육정책을 모두 문화정책이라고 할 수 있을까? 비판적 문화정책을 지지하는 학자들 중에는 모든 정부정책을 문화정책이라고 주장하기도 하지만, 대부분은 문화정책이 예술에 국한되지 않고, 영역을 넓혀 정부정책이 우리의 정신과 생활에 어떻게 영향을 미치는가를 포함해야 한다는 점을 강조한다. 즉 좁은 의미의 예술관련 문화정책이 아닌, **일반 정부정책에서도 문화적 영향력을 감안**하자는 것이다. 지금까지 경제정책에서 비용편익만 계산하였다면, 이제는 경제정책이 우리의 삶을 어떻게 변화시키는가도 고려하자는 것이다. 예를 들면 재개발사업에서 경제적 효과만 고려할 것이 아니라, 재개발 이후 지역민의 정신과 생활의 변화까지 고려하자는 것이다.[6]

이 책에서 문화정책이라는 용어는, 문화는 예술이라는 좁은 의미의 문화정책을 의미하고, 비판적 문화정책이라는 용어는 넓은 의미의 문화정책을 의미하며, 모든 정부정책에 문화적 영향력을 감안하자는 선언적 의미로 사용한다. 결론적으로 **문화정책은 공공을 위한 예술관련 문제를 해결하기 위한 정부의 역할이라고 정의**하고, 향후 비판적 문화정책으로 모든 정부정책의 문화적 영향력을 평가하려는 노력까지도 포함해야 할 것이다.

---

6) 최근 문화체육관광부에서는 정부정책 입안 시 문화적 영향력 평가를 위한 '문화영향평가'의 도입을 고려하였다(그림 1-12 참조). '환경영향평가'와 같이 정책 시행 시 야기되는 문화적 영향력을 예측하여 정책안을 입안하자는 것이다. 물론 인력과 비용부담의 문제가 있지만, 적어도 정부정책의 입안부터 국민 삶에 어떤 영향을 줄 것인지를 고려해야 한다는 점에서 비판적 문화정책의 개념을 실천하려는 의지가 엿보인다.

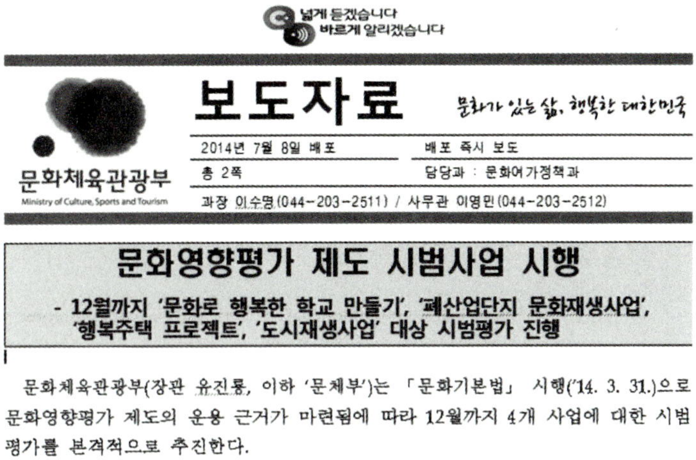

넓게 듣겠습니다
바르게 알리겠습니다

문화체육관광부
Ministry of Culture, Sports and Tourism

보도자료 문화가 있는 삶, 행복한 대한민국

2014년 7월 8일 배포	배포 즉시 보도
총 2쪽	담당과 : 문화여가정책과
과장 이수명(044-203-2511) / 사무관 이영민(044-203-2512)	

문화영향평가 제도 시범사업 시행

- 12월까지 '문화로 행복한 학교 만들기', '폐산업단지 문화재생사업', '행복주택 프로젝트', '도시재생사업' 대상 시범평가 진행

문화체육관광부(장관 유진룡, 이하 '문체부')는 「문화기본법」 시행('14. 3. 31.)으로 문화영향평가 제도의 운용 근거가 마련됨에 따라 12월까지 4개 사업에 대한 시범평가를 본격적으로 추진한다.

그림 1-12 문화영향평가 제도
출처: 문화체육관광부 보도자료

3 문화연구에서 문화정책으로

1) 문화연구와 문화정책의 차이

문화정책(cultural policy)이 학문적으로 연구된 것은 **문화연구(cultural study)**부터라고 할 수 있다. 문화연구는 1950년대 영국 노동자들의 문화를 연구하며 시작되었고, 이후 노동자뿐 아니라 사회의 다양한 소수자들의 문화연구로 확대되었다.[7] 문화연구는 정부정책이 그들의 삶에 어떤 영향을 미쳤는지, 그리고 어떻게 그들의 문화를 변화시켰는지에 주목하였다. 즉 문화연구는 넓은 의미의 문화정책 또는 비판적 문화정책의 주장과 맥락을 같이 하는 것이다.[8] 그러나 문화정책이 공공을 대상으로 하였다면, 문화연구는 노동자와 사회 소수자들의 문화만을 대상으로 하였고, 문화정책이 실천적 의미의 정책을 강조하였다면, 문화연구는 선언적 의미

7) 예를 들면 동성애자와 페미니스트(feminist)와 같은 사회의 소수자들의 문화를 연구하였다.

8) 시기적으로 문화연구가 앞선 만큼 비판적 문화정책이 이러한 문화연구의 전통을 이어받았다고 봐야 할 것이다.

의 정치를 강조하였다는 점에서 차이가 있다. 즉 문화연구는 **진보적 정치학과 사회운동적 요소**가 강하다는 점에서 문화정책과 차이가 있다.

문화정책이 문화연구에서 비롯되었다는 점은 여러 학자들에 의해 지지된다. 루이스와 밀러(Lewis and Miller)는 〈비판적 문화정책 연구(Critical Cultural Policy Studies)〉에서 **문화정책은 문화연구(cultural studies)와 정치경제학(political economy)에서 발전**하였다고 주장한다(그림 1-13 참조). 문화연구는 문화의 정치적 측면을 중시하였고, 이는 정치경제학(political economics)과 결합되면서 문화정치학(cultural politics)으로 발전하였다. 문화정치학은 문화의 다양한 학제간(interdisciplinary) 성격을 포함하고, 정책이 형성되고 분석되는 과정에서의 정치적 현상까지 다루게 되면서, 문화정책으로 발전하게 되었던 것이다. 그러나 문화연구에 기초를 둔 문화정치학은 진보적 성향과 순수비판적 성향이 강하고, 규제적 측면을 소홀히 한 점에서 문화정책과는 차이가 있다.

보다 실무적인 차원에서 문화연구와 문화정책을 구분한 학자는 커닝햄(Cunningham)이다(그림 1-14 참조). 그는 문화연구가 영화, 예술, 미디어, 통신 등을

그림 1-13 Toby Miller
출처: www.tobymiller.org

그림 1-14 Stuart D. Cunningham
출처: blogs.qut.edu.au

비롯한 일상문화에 관한 신막스주의자(Neo-Marxist), 구조주의자(Structuralist), 후기구조주의자(Poststructuralist), 포스트모더니스트(Postmodernist)들의 속기록이라면, 문화정책은 문화활동에 대한 정부의 지원과 간섭에 대한 정책과정으로서 정책형성, 정책결정, 정책집행, 정책평가 등을 포함하는 넓은 범위라고 하였다. 결국 문화연구가 정치적, 사회적 **이론 위주**의 학문이라고 한다면, 문화정책은 행정학과 정책학의 **실천 위주**의 학문이라고 할 수 있다.

2) 학문으로서의 문화정책

문화정책이라는 용어가 처음 사용된 것은 푸코(Foucault)의 문화정책연구(Cultural Policy Studies)이다(그림 1-15 참조). 푸코는 문화연구에 있어 사회이론과 문화이론의 관점에서 문화정책의 실제적 의미를 심도 있게 다루었고, 이

그림 1-15 Michel Foucault
출처: en.wikipedia.org

를 위해 비판이론과 정책이론을 결합하였다. 〈문화정책연구〉는 두 가지 이론으로 구성되는데, 첫째는 후기구조주의(poststructuralism)와 포스트모더니즘(postmodernism)과 관련한 인식전환(epistemic shift)의 푸코주의(Foucauldian) 이론이고, 둘째는 의사소통의 중요성과 비판적 분석을 중시한 하버마스주의(Habermasian) 이론이다. 푸코는 문화연구의 학자들과 달리, 이러한 실천적 분석틀을 사용하여 문화정책의 형성과 집행 그리고 경쟁적 정책들을 분석하였던 것이다. 푸코는 지금까지 이론이 주도했던 문화연구를, 실제 정책의 **비판적 분석으로서의 실천성**을 강조하여, 문화정책이라는 새로운 학문의 길을 제시하였던 것이다.

베넷(Bennett, 1992)은 문화연구에 정책을 결합하기 위해서는, **문화와 권력의 관계**를 우선 연구할 필요가 있으며, 다음 4가지 인식이 선행되어야 한다고 하였다

(그림 1-16 참조). 첫째, 문화를 정부의 한 분야로 인식해야 한다.[9] 정부를 국가의 통치 또는 관리라는 단순한 개념으로 볼 것이 아니라 그 이상의 것을 포함하는 사회적 관리의 주체로서 보아야 한다는 것이다. 둘째, 문화의 분야별 차이를 인정해야 한다. 예를 들어 방송에 대한 규제와 출판에 대한 규제는 달라야 한다는 것이다. 셋째, 분야별 문화에 따른 독특한 정치현상이 존재하므로, 문화정책의 연구대상 역시 분야별로 다르게 인식되어야 한다. 예를 들어 방송은 국가보안이 우선이냐 아니면 표현의 자유가 더 존중받아야 하느냐의 갈등을 고려해야 하고, 미술은 예술조직과 화랑, 그리고 심미를 추구하는 예술가 사이의 갈등을 고려해야 한다. 넷째, 문화에 영향을 미치는 다양한 조직들과의 대화를 진작시키는 연구가 필요하다. 문화연구에서처럼 급진적 성향으로 문화에 영향을 미치는 조직들을 비판만 하면 대화와 해결은 불가능할 것이다. 문화정책은 넓은 의미의 비판적 문화정책이라 하더라도

그림 1-16 Tony Bennett
출처: www.uws.edu.au

9) 미국의 경우 문화는 정부가 아닌 민간이 담당해야 한다는 생각이 지배적인데, 이는 예술가에 대한 기부가 자선과 같은 의미로 받아들여지기 때문이다.

비판과 함께 대안을 제시하는 실천적 의지를 갖고 있어야 한다.

문화연구는 정치경제학이 더해지면서 문화정책으로 발전하였고, 비판적 문화정책에 큰 영향을 미쳤다. 그러나 문화연구가 진보적, 정치적 성격이 강한 이론 위주의 학문이라면, 문화정책은 행정적, 정책적 성격이 강한 실천 위주의 학문이다. 문화연구가 저항(resistance), 개혁(progressiveness), 반상업주의(anti-commercialism)를 논의한다면, 문화정책은 접근성(access), 형평성(equity), 재량권(empowerment), 리더십(leadership)을 논의한다. 문화연구가 인문정신의 회복을 주장한다면, 문화정책은 인문정신을 퇴보시킨 정책에 대한 비판과 함께 인문정신 고양을 위한 새로운 정책대안을 주장한다. 이처럼 문화정책은 문화연구의 이론 지향성을 수용하면서도 **실천적 측면에 관심을 가지고 정책과정 속에서 연구되는 학문**인 것이다.

02

문화정책의 발전 1: 고대에서 르네상스까지

문화정책이라는 용어가 등장한 것은 1950년대 문화연구 이후이지만, 실제 문화정책의 역사는 선사시대로 거슬러 올라간다. 문화가 한 시대 한 집단의 공유하는 생각이라면, 문화는 인류 탄생부터 시작되었기 때문이다. 구석기 시대 동굴벽화를 보면, 그림을 통해 더 많은 동물을 사냥하려는 주술적 내용이 문화정책의 역할을 한 것으로 추측된다. 제2장에서 제4장까지는 인류의 역사 속에서 문화정책이 어떻게 발전하였는지 알아보기로 한다. 특히 어떤 예술이 왜 나타났으며, 이러한 발전을 주도한 세력은 누구이며, 그 이유는 무엇인지 알아보기로 한다. 시기의 구분은 예술사와 문화정책적 관점에서, 제2장은 구석기, 신석기, 이집트, 그리스, 중세, 르네상스까지로 하고, 제3장은 17~19세기의 고전주의, 낭만주의, 고딕소설, 사실주의, 인상주의로 하고, 제4장은 20세기 이후의 입체주의, 모더니즘, 포스트모더니즘으로 한다.

1 구석기 시대

인류가 태어난 구석기 시대에는 많은 동굴벽화가 존재한다. 알타미라(Altamira), 라스코(Lascaux), 베제레(Vézère) 등에서 주로 동물을 그린 벽화들이 발견되었다(그림 2-1 참조).[1] 인류는 왜 동굴벽화를 그렸을까? 예술적으로 아름다움을 추구하고 표현하기 위해서였을까? 역사적으로 자신들의 생활을 기록하기 위해서였을까? 만약 자신들의 생존과 체험을 기록한 것이라면 좁은 의미의 문화, 즉 예술이라고 할 수 없다. 예술은 정신적인 본질인 '미(美)'와 표현 방법인 '술(術)'의 결합으로 심미탐구, 즉 아름다움의 추구이기 때문이다.[2] 만약 동굴벽화가 그들의 생각과 감정을 전달하기 위한 노력이라면, 넓은 의미의 문화는 한 시대 한 집단의 공유하는 생각이므로, **동굴벽화는 구석기 문화**라고 할 수 있다.

그런데 동굴벽화가 아름다움을 추구하고 표현한 것인지, 부족들의 체험을 기록

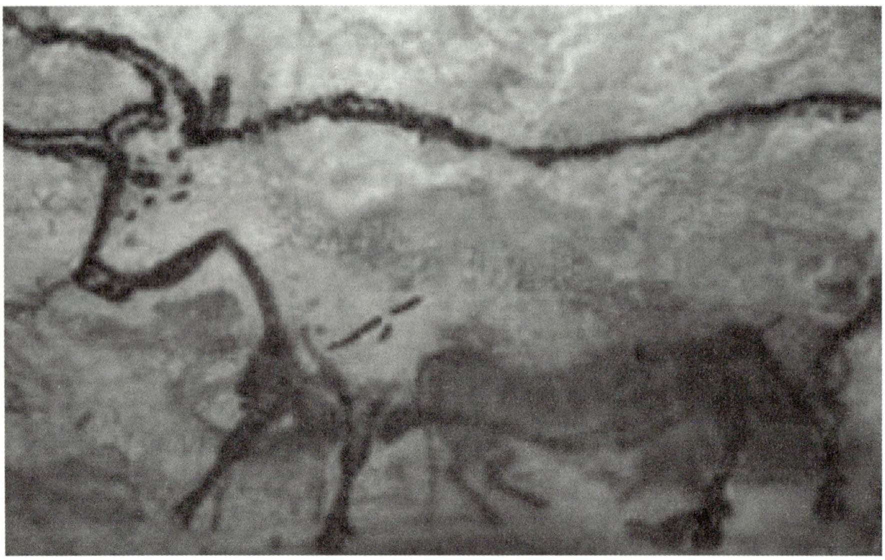

그림 2-1 베제레 계곡 동굴벽화
출처: © UNESCO Author: F. Bandarin

1) 인류의 첫 번째 예술 작품인 동굴벽화들은 모두 크로마뇽인(Cro-Magnon man)에 의해 그려졌다고 한다. 당시 지배적 부족인 네안데르탈인(Neanderthal man)의 벽화는 현재 존재하지 않는데, 이를 두고 지능이 높고 문화예술을 가진 크로마뇽인에 의해 네안데르탈인이 멸종되었다고 추측한다.

2) 당시 인류의 삶이 어떠했는지는 문화인류학자들도 정확히 알지 못한다. 구석기 시대에 예술의 정의가 존재하지도 않았기 때문에 우리는 단지 지금의 생각으로 그들을 판단하고 추측할 뿐이다.

한 것인지, 그들의 생각을 표현한 것인지 우리는 정확히 알지 못한다. 동굴벽화를 그린 것은 동물을 신으로 생각하는 종교적 이유일 수도 있고, 수렵의 시대에 동물을 많이 잡게 해 달라는 소망의 주술적 이유일 수도 있다. 문화정책적 관점에서 보면, 동굴벽화는 족장의 권위를 나타내거나 부족을 통솔하기 위한 수단인 것 같다. 구석기 시대는 수렵의 시대이며 주술의 시대이다. 족장은 주술가이며 부족을 이끄는 리더이다. 따라서 족장은 동물 그림이라는 가상을 통해 사냥이라는 현실적 소망을 이루려는 주술을 벽화로 표현한 것으로 추측된다.[3] 결국 구석기 시대의 동굴벽화는 족장이 부족을 통솔하기 위한 주술적 수단이라고 할 수 있다.[4]

2 신석기 시대

신석기 시대에는 인간을 자연과 구분하고 자연을 지배하려는 노력이 시작되었다. 구석기 시대의 인류는 수렵을 위해 유랑생활을 했지만, 신석기 시대의 인류는 농경을 위해 정착생활을 했다. 인류는 구석기 시대에 수렵을 위해 유랑생활을 하면서 추위와 굶주림으로 생사를 넘나 들 수밖에 없었지만, 신석기 시대에는 농경을 위해 정착생활을 하면서 집을 짓고 농사를 지어 자연의 위협으로부터 벗어날 수 있었다. 구석기 시대 동굴벽화가 주로 동물을 주제로 했지만, 신석기 시대 조가비 탈은 인간의 얼굴 모습을 조각하였다(그림 2-2 참조). 구석기 시대에는 해가 뜨고 지는 것처럼 인간도 저녁에 죽었다가 아침에 깨어나는 자연의 법칙에 순응하였지만, 신석기 시대에는 자연에 도전하기 시작하였다. 구석기 시대 인간은 자연의 일부로서 자연과 구분되지 않는 존재였지만, 신석기 시대 인간은 자연과 구분되고 자연에 도전하는 존재였던 것이다. 결국 신석기 시대에야 비로소 인간은 자연의 일부가 아닌, 자연과 구분되는 **자연에 도전하는 존재**로 인식되었던 것이다.

3) 미국 인디언들은 그림을 그리면 버팔로(buffalo)가 사라진다고 생각하여 그림을 그리지 못하게 한다.
4) 인류의 역사에서 예술은 권력자가 백성을 통치하기 위한 수단으로 사용된 적이 많았다.

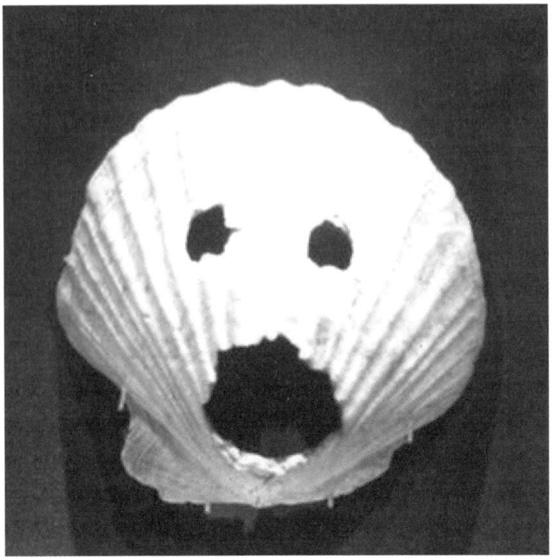

그림 2-2 조가비 탈
출처: 국립중앙박물관

신석기 시대 유물에는 조가비 탈의 얼굴조각 뿐 아니라 **빗살무늬 토기**도 있다(그림 2-3 참조). 빗살무늬 토기는 농사를 짓고 수확한 곡물을 보관하기 위한 용도로 사용되었는데, 빗살무늬의 추상적 문양을 그려 넣은 것이 특징이다. 토기에 빗살무늬는 왜 그려 넣었을까? 곡물의 풍요를 기원하거나 악귀를 물리치는 주술적 필요에서였을까? 토기를 손으로 들 때 미끄러짐을 방지하기 위한 실용적 필요에서였을까? 밋밋한 것보다는 뭔가 변화를 주어 아름다움을 추구하기 위한 예술적 필요에서였을까? 우리는 아직도 그 이유를 알지 못하지만, 인간이 토기에 빗살무늬를 그려 넣었다는 사실만으로도, 인간이 자연의 일부인 동물과는 달리, 자연에 도전하고 변화를 추구했음을 알 수 있다.

인간을 자연과 동일시한 구석기 시대에는 족장이 주술가였고, 자연의 법칙에 따라서 족장 스스로 희생제물이 되었지만, 인간의 존재를 인식한 신석기 시대에는 족장이 권력을 갖게 되면서, 자신을 대신하여 다른 사람을 제물로 삼았다. 족장은 권력을 사유화하고, 자신의 권위를 보여주기 위한 수단으로 예술을 이용하였다. 예

그림 2-3 빗살무늬 토기
출처: 국립중앙박물관

를 들어 수메르(Sumer) 왕인 길가메시(Gilgamesh)의 조각을 보면, 왕이 사자 꼬리를 잡아 휘두르는 것으로 묘사되어 있다(그림 2-4 참조).[5] 신석기 시대에는 족장이 왕이 되고, 왕은 주술가와 분리되었다. 주술가는 사제가 되어 왕을 보좌하고, 왕의 권위를 과시하기 위해 예술을 이용하였다. 문화정책적 관점에서 보면, 신석기 시대 **예술은 왕의 힘과 능력을 과시하기 위한 정치선동의 수단**이라고 할 수 있다.

3 이집트 시대

1) 대규모, 획일적 예술

이집트 시대는 **왕의 절대권력을 과시**하기 위한 대규모, 획일적 예술이 특징이

5) 수메르 문학작품 〈길가메시 서사시(Epic of Gilgamesh)〉에 나오는 영웅으로, 가축의 수호신 또는 악마를 막는 영웅으로 신앙의 대상이었다.

그림 2-4 수메르 왕 길가메시
출처: Assyrian International News Agency, Books Online, www.aina.org

다. 이집트 시대의 왕은 신이며 영원불멸하므로, 왕을 묘사할 때는 가장 크고, 항상 일정하게 표현해야 한다. **대규모 예술**의 예로는 피라미드(Pyramid)를 들 수 있다(그림 2-5 참조). 이집트 기자지구의 3대 피라미드는 이집트 제4왕조(B.C. 2613~2494)의 쿠프(Khufu) 왕, 카프레(Khafre) 왕, 멘카우레(Menkaure) 왕의 시

그림 2-5 피라미드와 스핑크스
출처: famouswonders.com

신을 보존하기 위해 만들어진 것으로, 그 중 최대 규모인 쿠푸 왕의 것은 사방 약 230m, 높이 약 146m에 달한다고 한다. 카프레 왕의 피라미드를 지키는 스핑크스(Sphinx) 역시 길이 약 70m, 높이 약 20m, 폭 약 4m에 달하는 거대한 조각이다.

이집트의 왕은 스스로가 신이므로, 신이 정한 질서를 위해 **획일적 예술**로 표현된다. 신의 모습은 순간적이 아니라 본질적 모습으로, 항상 일정하게 보여야 하기 때문이다. 이집트 최대 규모의 카르낙 사원(Karnak Temple) 입구에는, 반인반수(半人半獸)의 거대한 스핑크스가 똑같은 크기로 길게 도열해 있다(그림 2-6 참조). 이처럼 신의 권위를 위해, 왕을 항상 일정한 모습으로 그리는 것을 **정면성의 원리**라고 한다. 이집트 그림을 보면 얼굴은 측면으로, 어깨와 몸통은 정면으로, 두 다리는 측면으로 그려진 것을 알 수 있다(그림 2-7 참조). 모든 사물은 관찰자가 보는 지점에 따라서 바뀌게 되는 것이 당연한데, 이집트 그림은 왕(신)의 영원한 권위와

그림 2-6 룩소르 사원의 스핑크스
출처: www.omniplan.hu

그림 2-7 〈죽은 자의 심판〉 높이 39.8cm, 이집트 테베 출토(두루마리 그림), 런던 대영박물관
출처: www.anodori.net

위계적 질서를 상징하기 위해, 시점에 따라 바뀌지 않는 영원불멸의 모습을 그린 것이다.

2) 집단창작의 예술

이집트 예술은 왕의 권위를 과시하기 위한 대규모 예술이며, 신의 질서를 상징하기 위한 획일화된 규격예술이다. 왕은 신과 동일하며 왕은 전지전능한 절대권력이라는 사실을 백성들에게 세뇌시키기 위한 **정치선동의 수단**으로 예술을 이용한 것이다. 이집트 예술은 창작자의 이름이 없다. 신과 같은 왕에게 모든 백성이 충성해야 하기 때문에, 왕 이외 개인의 이름이 명명될 수 없는 것이다. 따라서 대규모의 획일적인 궁전과 사원을 비롯해서 이집트의 많은 예술 작품들은 모두 **집단창작의 산물**이다. 궁전과 사원이 이름 없는 예술가들의 작업장이었고, 집단창작으로 생산표준화가 이루어졌다.[6] 예술가들은 생산표준화로 항상 똑같은 방식으로 작품을 모사(模寫)하였기 때문에 전문성을 확보할 수는 있었지만, 예술가 개인의 독창성을 발휘할 수는 없었던 것이다. 이집트의 집단창작 예술이 개인의 예술로 전환한 것은 그리스 시대부터라고 할 것이다.

6) 예술가들이 일하는 작업장은 후계 양성을 위한 아카데미 역할도 했다.

4 그리스 시대

1) 영웅시대 개인주의

그리스(Greece)는 민주주의의 발상지로서, 이성 중심주의와 함께 합리성을 지닌 **인간을 중시**하였다. 그리스는 다신교인데, 신들은 모두 인간과 같은 모양과 감정을 가진 것으로 묘사되고 있다. 이집트에서처럼 백성이 왕을 신으로 숭배하는 것이 아니라, 신이 인간과 똑같이 행동하는 존재로 하강(下降)한 것이다. 그리스의 민주주의는 시민들이 공부할 수 있게 하였고, 소크라테스(Socrates), 플라톤(Plato), 아리스토텔레스(Aristoteles) 등 유명한 철학자들은 탐구대상을 자연철학에서 인간에게로 옮겨갔다.

호메로스(Homeros)는 고대 그리스의 유랑시인으로서 맹인이었지만, 가장 오래된 서사시 **〈일리아스(Ilias)〉와 〈오디세이아(Odysseia)〉**를 창작하였다. 〈일리아스〉는 그리스의 트로이(Troy) 공격을 소재로 하여, 자연과 인간의 관계, 아킬레우스(Achilles) 등의 영웅담, 남녀의 사랑, 기사도 등을 다루고 있다. 〈일리아스〉의 후속편이라고 할 수 있는 〈오디세이아〉는 전쟁이 끝난 후 10년이 지나도 고국으로 돌아가지 못한 오디세우스(Odusseús) 왕이 갖가지 해상 모험을 겪으면서도 돌아가 왕비를 되찾고 복수하는 이야기이다. 물론 두 작품에는 많은 신들이 등장하지만, 주인공은 인간이며, 그들의 사랑, 우정, 감정 등 인간적 면모가 잘 드러나 있다. 〈일리아스〉와 〈오디세이아〉는 그리스의 **영웅시대 개인주의**를 대표하는 상징적 작품이며, 유럽인의 사상적 근원이라고 할 수 있다. 호메로스는 신이 아닌 인간의 관점으로 세상을 바라 본, 최초의 인문주의 작가인 것이다.

그리스의 영웅시대 개인주의는 소포클레스(Sophocles), 아이스킬로스(Aischylos), 에우리피데스(Euripides) 등의 비극에서도 잘 드러난다. 대표적인 작품인 **소포클레스의 〈오이디푸스(Oidípous)〉**는, 아버지를 죽이고, 어머니와 결혼하며, 나중에 이를 알게 되어 자기 눈을 찌르고 황야를 배회하는 왕자의 운명을 그린 작품이다. 오이디푸스는 이길 수 없는 운명과 싸우는 인간 의지를 표현한 것이다. 아버지와 아들의 대립, 아버지 살해, 모성에 대한 집착, 자신의 정체성 갈망 등 인간 실존에 대한 탐구인 것이다. 이처럼 그리스 비극은 신이 아닌 인간 중심이다.

비극은 고대 그리스 시대에 문화정책을 구현하게 하였는데, 당시 정치가 **페리클레스(Pericles)가 극장을 신축하고 평민들도 비극을 관람할 수 있도록 요금을 지원**한 것은, 지금의 문화정책과 동일한 것이다. 비극을 위한 극장이 건설되고, 무대가 꾸며지고, 합창단이 등장하고, 많은 배우들이 등장하고, 모든 인물을 대조적으로 묘사하고, 개개의 인간을 인정하여 인간의 운명을 깊이 있게 묘사할 수 있었다. 그리스 비극의 영웅시대 개인주의는, 영웅들이 신을 따르지 않고, 인간으로서 자기 책임 하에 결단하고 독자적으로 행동하는 것을 보여준다.

2) 귀족시대 도덕교육

영웅시대 서사시는 신보다는 왕과 귀족의 인간을 주인공으로 하였고, 무사계급 개인을 영웅으로 미화하고, 개인적 운명을 노래하였다. 예술의 대상이 신이 아닌 인간이 된 것이다. 뿐만 아니라 비극 상연을 위한 정치가들의 후원이 시작되었고, 공연을 위해 많은 예술가들이 협력하게 되었다. 그러나 그리스 시대에도 **예술을 통해 백성들을 교화시키려는 의도**는 있었다. 핀다로스(Pindaros)는 무용가, 주연가, 축승가 등 합창시를 창작하였는데, 그의 노래는 신과 영웅을 찬양하고 이상적 인간을 추구하는 것이었지만, 진짜 목적은 귀족사회의 우수성을 표현하는 것이었다. 그리스 시대 정치가들이 평민들에게 비극 관람을 장려한 목적도, 평민들에게 예술 향수의 기회를 주기보다는 평민들이 맡은 바 주어진 역할에 충실할 것을 강조하는 내용의 도덕교육을 하기 위해서였다. 소포클레스의 비극을 통해 오이디푸스의 탁월성이 오히려 그를 파멸에 이끄는 것이며, 따라서 평민은 운명에 순종해야 불행해지지 않는다는 교훈을 주고 싶었던 것이다.[7] 그리스의 민주정치는 시민의 이름으로 그러나 귀족의 정신으로 시작했던 것이다. 그리스의 예술은 신의 영역을 벗어나

7) 이는 플라톤이 주장하는 것처럼 인간은 각자 맡은 바 책임을 다해야 하는데, 귀족은 지혜, 병사는 용기, 평민은 절제가 필요하다는 다소 전체주의적 내용과도 관련이 있다.

인간을 다루었으나, 영웅의 실패를 통해 신에게 순종하고 귀족 계급에 복종할 것을 교육하기 위한 정치적 목적이 있었다고 하겠다.

3) 인본주의 예술

궁극적으로 귀족에 복종하는 도덕교육의 목적이었다 하더라도, 그리스의 문화정책은 새로운 시대를 여는 것이었다. 첫째, 신이 아닌 인간 중심이었다. 비록 평민이 아닌 귀족계급의 영웅이었지만, 신이 아닌 인간 개인을 대상으로 하였다. 둘째, 왕과 귀족만의 예술이 아닌 평민도 함께 즐기는 예술이었다. 비록 도덕교육의 목적은 있었지만, 평민들을 위해 극장을 짓고 관람요금까지 지불한 것은 대단한 일이다. 아테네 시에 있는 1만 7천 명 관람 규모의 디오니소스(Dionysus) 극장은 그리스 문화정책의 백미이다. 반원형 무대 바로 앞, 첫 번째 열은 왕과 귀족을 위한 특별석에는 등받이까지 있었지만, 많은 좌석들은 평민들을 위한 것이다(그림 2-8 참조). 3일간의 일탈을 허용하는 디오니소스 축제 기간에, 노천에서 비극을 상연하였다. 작가가 쓰고 연출하고, 전문가가 무대장식을 하고, 합창을 준비하는 과정에 귀

그림 2-8 디오니소스 극장
출처: en.wikipedia.org

족들의 후원이 있었다. 그리스의 문화정책은 영웅담과 도덕교육이라는 점에서 귀족적이나, 일반대중을 위한 공연이라는 점에서 민주적이라고 할 수 있다. 무엇보다도 중요한 것은 그리고 이집트 시대와 대비되는 점은, **예술가들이 자유롭게 창작**할 수 있었다는 것이다. 자신의 작품에 이름을 매길 수 있었고, 예술형식의 자유화로, 작가들이 마음껏 독창성을 발휘할 수 있었던 것이다.

5 중세시대

1) 봉건제도 시대의 교회

중세는 흔히 암흑시대라고 한다. 모든 것이 교회로 통하고, 모든 예술은 신을 찬미하는 것이다. 서로마제국 멸망 후, 유럽에는 하나의 거대한 기독교 왕국이 건설된다. 교황에게 복종하는 왕들은, 이민족에게 대항하기 위해 귀족들을 영주로 삼아 지역권한을 부여하게 되는데, 이것이 중세 봉건제도의 시작이었다. 중세는 철저한 계급사회로서 최고 계급이 성직자, 그 다음이 기사였고, 나머지는 모두 농노들이었다. 이 계급은 신의 뜻으로 누구도 거역할 수 없었다. 신분의 굴레에 속박당한 중세인들에게 교회는 유일한 탈출구이었다. 현세의 불행을 참고 견디면 내세에 천국에서 보상을 받을 것이라는 믿음 때문이었다. 따라서 모든 예술은 신의 절대권위를 나타내고, 신비적 위엄을 표현해야 한다. 이집트 시대와 같이 예술은 신을 찬미하고, 백성을 통치하기 위한 정치선동의 수단으로서, 수도원의 수도사들에 의한 집단창작이나 무기명으로 이루어진 작품이 많다. 중세의 문화정책에서 **예술은 종교적이며 정치적 수단**으로 기능하였다.

2) 음유시인의 기사문학

중세 시대에도 교회에 의하지 않고 자생적으로 피어난 예술이 있었다. 수도원을 도망친 신부, 수도사, 학자들이 떠돌아다니며 기사들 이야기를 들려주었는데, 이들을 음유시인이라고 한다. 교회에서 듣는 설교와는 다른 흥미진진한 **영웅적 기**

사들의 연애 이야기에 대중들은 매료되었다. 음유시인들은 교회 및 지배계급에 반항하고, 전통과 풍습에 반항하는 자유사상가들이다. 음유시인은 교회의 억압 속에 잊혀진 인간 개인의 가치를 새롭게 발견했던 것이다. 음유시인들의 이야기는 주로 영주의 소규모 궁정에서 일어나는 연애 이야기로서 이를 기사문학이라고 한다. 기사문학은 신(교회)보다 인간을 중시하는데, 이전과는 달리 여성이 주요 인물로 등장한다는 점이 독특하다. 인간 중심이었던 그리스 예술에서도 주인공은 모두 남자였던 것을 생각하면, 여자 주인공의 등장은 획기적이다.

기사문학의 대표작으로 **트리스탄과 이졸데(Tristan und Isolde)**가 있다(그림 2-9 참조). 중세 결혼의 주체는 당사자가 아니었으며, 대신 집안의 신분과 경제력이 중요했다. 20대 기사 트리스탄은 10대 후반인 왕녀 이졸데에게 하프(harp) 과외

그림 2-9 〈트리스탄과 이졸데〉 1916 by John Williams Waterhouse
출처: www.illusionsgallery.com

를 하다 사랑하게 되는데, 불행히도 이졸데는 경제적 문제로 20살 더 많은 마르크(Mark) 왕과 결혼하기로 되어 있었다. 트리스탄은 이졸데를 결혼식에 데려가는 임무를 맡는데, 둘은 배에서 같이 사랑의 묘약을 마시고 불륜에 빠지게 된다. 왕에게 발각되어 목숨만을 건진 트리스탄은 이름만 같은 다른 이졸데와 결혼한다. 트리스탄은 병으로 죽기 전에 꼭 한번 이졸데를 보고싶다 하여 전갈을 하고, 이졸데가 타고 있으면 흰색 돛을 달고, 타지 않았으면 검은색 돛을 달라고 하였는데, 질투에 눈먼 부인이 검은색 돛이라고 거짓말을 하여 트리스탄은 죽고, 뒤늦게 도착한 이졸데도 같이 죽는다는 슬픈 사랑의 이야기이다. 여기서 중요한 것은 교회의 결혼서약보다 두 사람의 사랑이 더 중요하다는 것이다. 사회적 관습이나 제도보다는 **내 감정 내 생각을 더 중요시**한 것으로, 복종해야만 하는 신, 교회, 왕, 영주, 관습에 대항한 인간의 이야기라는 것이다.

3) 문화의 세속화

중세 문화정책의 주체는 교회이다. 봉건제도하의 교회를 중심으로, 모든 예술은 신을 찬미하기 위한 것이었고, 이름 없는 수도사들의 집단창작이 주를 이루었다. 그러나 중세 말기 11세기에서 13세기까지 200년 동안 8차례 이루어진 십자군 원정으로 이슬람의 문화를 수입하면서, 그리스의 헬레니즘이 부활하게 되었다. 교회의 억압 속에 잊혀졌던 **개인의 가치(헬레니즘)를 새롭게 발견**하게 된 것이다. 또한 15세기 이후 무역과 상업의 발전과 함께 도시가 생겨나고 부자들이 출현하면서, 문화의 세속화가 시작되었다.

음유시인의 등장으로 기사문학이 발전하였고, 이제 교회가 아닌 개인의 용기, 충성심, 미, 용서 등이 예술의 소재가 되었다. 또한 12세기 십자군 기사들의 사랑과 모험을 담은 노래가 자생적인 유랑극단에 의해 공연되었다. 배우가 300여 명 등장하는 종교희곡의 사도행전(使徒行傳, Acts of the Apostles)과 같은 대규모 공연이 대중예술로 변화하면서 **예술의 상업적 토대가 마련**되었다. 뿐만 아니라 상업과 무역의 발전으로 도시계급이 대두하고 문화의 세속화가 진행되면서, 원죄와 신의 은총이라는 종교적 주제가 아닌, 불륜과 같은 세속적 주제가 시민계급이 즐기는 예술로 발전하면서 교회의 종말론적 신비주의에 도전하였다. 반에이크(Hubert van Eyck)의 작품 〈거룩한 어린양의 경배(The Adoration of the Mystic Lamb)〉과 같은 패널화(panel painting)[8]가 등장하면서, 거대한 벽화를 직접 그리지 않고, 이동 가능한 패널화를 부르주아지(bourgeoisie) 저택에 걸 수 있게 되었다(그림 2-10 참조). 중세 말기 문화의 세속화로, 예술가들이 도시에 모여들었고, 예술공방인 **길드(guild)가 탄생하여 예술가들끼리 경쟁**하였다. 길드의 경쟁은 수도사의 필사본과 집단창작에 의존하던 예술을, 자본주의 상업예술로 전환시킴과 동시에, 르네상스(Renaissance)를 이끌게 될 뛰어난 예술가들을 육성하는 역할을 하였다.

그림 2-10 〈The Adoration of the Mystic Lamb〉 1423 by Hubert van Eyck
출처: commons.wikimedia.org

8) 패널화는 화가들이 캔버스 대신 나무를 판자 모양으로 만들어 그린 그림이다. 나무 판자를 적당한 크기로 잘라 물에 끓이고 아교를 발라 쪼개지지 않도록 하여 그림을 그렸다고 한다.

6 르네상스 시대

1) 신본주의에서 인본주의로

단테(Alighieri Dante)의 〈신곡(La Divina Commedia)〉은 **중세에서 르네상스로 가는 징검다리**라고 한다. 〈신곡〉은 단테의 사후 세계 여행담으로, 〈지옥편〉 〈연옥편〉 〈천국편〉의 3부작으로 이루어져 있다. 〈신곡〉의 교훈은 현실적으로는 지상 낙원의 행복을 위해 지적이고 윤리적 삶을 살아야 하고, 영원한 내세의 행복을 위해서는 신의 은총을 받아 믿음, 소망, 사랑으로 살아야 한다는 것이다. 현실적 행복은 황제의 의무이고, 천국의 행복은 교황의 의무이다.

〈신곡〉의 주인공 단테는 지옥을 거쳐 연옥의 꼭대기에서 베아트리체(Beatrice)를 만나 신에게 인도되는데, 베아트리체는 실존 인물로, 단테가 9살 때 파티(party)에서 만나 사랑에 빠진 여인이다(그림 2-11 참조). 베아트리체는 가난한 피렌체(Firenze)[9] 귀족 출신이라, 다른 돈 많은 귀족에게 시집을 가게 된다. 베아트리체는 24세에 요절하고, 단테는 26세에 결혼하지만, 단테는 죽는 날까지 베아트리체를 잊지 못한다.[10] 단테는 베아트리체를 통하여 영원한 여인(에로스, eros)의 이미지를 구축했던 것이다. 중요한 것은 베아트리체가 단테를 신에게로 안내한다는 것이다. 즉 사랑을 통해 신에게로 간다는 것으로, **신본주의와 인본주의를 교묘히 결합**하고 있는 것이다. 결국 단테의 〈신곡〉에는 신의 은총을 통한 구원이라는 중세적인 주제(신본주의)와, 사랑을 통한 영혼의 상승이라는 그리스적인 주제(인본주의)가 동시에 존재하는 것이다.

보카치오(Giovanni Boccaccio)의 〈데카메론(Decameron)〉은 단테의 〈신곡(神曲)〉과 대비하여 〈인곡(人曲)〉이라고 한다.[11] 14세기에는 페스트가 유럽에 전파되

9) 이탈리어어로 피렌체(Firenze)는 영어로 플로렌스(Florence)라고 한다.

10) 어쩌면 〈신곡〉은 윤리와 종교로 포장한 영원한 사랑의 이야기인지도 모른다.

11) 단테의 〈신곡〉은 원래 제목이 〈희극(Commedia)〉이었다. 그런데 보카치오가 단테의 작품을 읽고, 너무나 훌륭한 신의 경지에 이른 작품이라고 하여, Divina(신성한)이라는 수식어를 붙였고, 이것이 고착되어 〈신곡(La Divina Commedia)〉이 되었던 것이다.

그림 2-11 〈Dante and Beatrice〉 1884 by Henry Holiday, Oil on canvas
출처: en.wikipedia.org

어 5년 동안 유럽인구가 1/3로 감소하였는데, 〈데카메론〉은 당시 페스트의 전염병 속에서도 인생의 행복을 추구한 인간을 이야기하였다. 페스트를 피해 시골로 간 7명의 귀부인과 3명의 청년들은, 무료함을 달래기 위해 10일 간 각자 재미있는 이야기를 하기로 한다.[12] 13세기 이탈리아 중부 지방의 구전되는 이야기를 토대로 왕, 성직자, 기사, 군인, 철학자, 의사, 여성, 상인, 지주, 농노 등 사회 각계각층의 사람들을 풍자한 이야기들이다. 〈데카메론〉에는 다양한 소재와 다양한 인물들이 등장하지만, 반복되는 주제는 인간의 지혜와 사랑이다. 즉 신이 내리는 재앙 속에서도 인간은 선하고 행복할 수 있다는 가능성을 전파한 것이다. 〈데카메론〉은 그 주제가 종교 없이도 인간의 행복은 가능하다는 점에서, 르네상스를 연 작품이라고 할 수

12) 데카메론은 그리스어로 10일 동안의 이야기이다. 열 명이 10일간 이야기한 100편의 이야기이다.

있다. 이제 중세 교회의 신 중심에서 현세의 인간 중심으로, 신앙의 믿음으로 인간을 구원하는 내세주의에서 세속정치로 행복을 건설하는 **인본주의로 전환**하게 된다.

르네상스의 거장이라 불리는 다빈치(Leonardo da Vinci)의 〈최후의 만찬(The Last Supper)〉은 종교적 내용이지만, 인본주의 정신을 확연히 드러내는 작품이다. 밀라노(Milano) 산타마리아 델레 그라치에(Santa Maria delle Grazie) 성당의 지하에 있는 〈최후의 만찬〉은 원근법을 적용한 그림이기 때문이다(그림 2-12 참조). 당시 교회의 성인이나 하느님은 언제나 어디서나 동일하게 보이고 무조건 크게 그려야했다. 그러나 다빈치는 원근법을 적용하여, 항상 일정한 신의 시선이 아닌, 인간 즉 자신의 시선으로 그림을 그렸던 것이다.[13] 다빈치는 신이 굽어보는 보편적

그림 2-12 다빈치의 〈최후의 만찬〉과 원근법
출처: studioartis.tistory.com

13) 〈최후의 만찬〉에서 예수의 머리 뒤 창문으로 대각선을 그어 보면 원근법을 적용한 것을 알 수 있다.

장면이 아닌 특정한 시간 특정한 장소에 현존하는 **나의 시선에 의한 장면**을 그렸던 것이다.

다빈치의 〈최후의 만찬〉 이전에 원근법은 이미 이탈리아의 화가 마사초(Masaccio)의 성부, 성자, 성령을 표현한 〈성 삼위일체(Holy Trinity)〉라는 작품에서 처음 적용되었다. 마사초는 예수님이 하느님보다 앞에 있는 것을 표현하기 위해, 뒷면의 벽과 천장의 무늬를 이용해 원근을 표시하였다(그림 2-13 참조). 또한 마사초는 종교적 인물들을 모두 인간다운 표정으로 그렸고, 실제 현장을 보는 것처럼 생생하게 표현하였다. 중세 화가들이 교회의 명령에 의해 획일적인 종교적 의미만을 강조한 반면, 마사초는 **인간의 자연스러운 표정을 그대로 전달**하였던 것이다.[14] 르네상스의 원근법으로, 이제 세상은 내가 어디에 서 있느냐에 따라 다른 모습을 보게 되었다. 이처럼 현실을 그림에 최대한 반영하려 했던 원근법은, 신이 아닌 인간 중심의 자유를 추구하는 르네상스 정신을 그대로 드러내는 것이다. 결국 르네상스 시대의 문화정책은 현재 있는 그대로 인간의 아름다움을 추구하면서, 비로소 신 중심에서 인간 중심으로 바뀌게 되었다.

2) 독창성의 예술

르네상스는 14세기에서 16세기의 **문예부흥(文藝復興) 운동**이다. 중세와 근세를 이어주는 시기에 일어난, 그리스 시대 문화예술 정신의 재수용 운동이라고 할 수 있다. 르네상스는 이탈리아의 피렌체(Firenze), 밀라노(Milano), 로마(Roma), 베네치아(Venezia)를 중심으로 활발히 전개되었는데, 모두 자치도시로서 그리스와 로마 시대 유물이 많았고, 고전문화를 공부할 수 있었기 때문이다. 특히 피렌체의 메디치(Medici) 가문과 밀라노의 스포르차(Sforza) 가문 등이 후원자 역할을 하였고, 바티칸의 성 베드로 대성당(Basilica di San Pietro in Vaticano)의 건설(1515년)이 추진되면서 로마에 많은 예술가가 모여들었다. 마사초, 프란체스카(Piero

14) 르네상스의 예술가들은 종교적 의미의 표현보다는, 신흥 귀족과 부르주아지라는 고객들의 요구에 호응하였다.

그림 2-13 〈Holy Trinity〉 1425 by Masaccio, fresco, Santa Maria Novella, Florence
출처: en.wikipedia.org

della Francesca), 베로키오(Andrea del Verrocchio), 알베르티(Leon Battista Alberti)를 비롯해서 미켈란젤로(Michelangelo di Lodovico Buonarroti Simoni), 다빈치(Leonardo da Vinci), 라파엘로(Raffaello Sanzio) 등은 회화, 조각, 건축에서 많은 걸작을 남겼는데, 비록 내용은 종교적이었지만, 보다 생생하고 인간적인 표현을 위해 각자 독창성을 발휘한 점이 돋보인다.

특히 미켈란젤로는 시스티나(Sistina) 성당의 천장벽화를 그리면서, 성경에 나오는 아담의 모습을 너무나 인간적으로 아름답게 그렸다는 점에서 칭송을 받는다.[15] 주제는 종교적 내용이나, 표현은 심미 즉 아름다움을 추구하는 예술가의 독창성이 발휘되었던 것이다. 이처럼 르네상스 문화정책은 교황청과 왕궁을 위한 예술이었지만, 예술가의 지위가 상승하고, 각자 **자유분방한 독창성을 발휘**할 수 있었다. 성 베드로 대성당에 있는 미켈란젤로의 피에타(Pietà)는 성모 마리아가 예수 그리스도의 시신을 안고 슬퍼하는 모습의 조각 작품이다(그림 2-14 참조). 그런데 당시 많은 사람들이 "왜 예수보다 어머니 마리아를 더 젊게 표현했는가?"라고 따져 물었다. 미켈란젤로는 종교적 의미보다 아름다움을 추구한 작품에 대한 반감을 눈치 채고, 다음과 같이 대답하였다. "신의 세계에 속한 성모 마리아에게 나이가 무슨 소용입니까?"

르네상스의 단초를 제공한 것은 중세 기사문학의 세속적 주제, 즉 〈트리스탄과 이졸데〉와 같은 사랑 이야기이다. 음유시인의 기사문학은 교회의 지원 없이 자생적 유랑극단으로 발전하고, 르네상스 시대 오페라로 이어진다. 오페라 공연을 위한 극장이 건축되고, 극장장, 연출가, 무대감독, 장치 기술자 등의 전문가가 등장한다. 르네상스 시대 예술가들은 교회, 왕, 귀족의 후원을 받지만 독창성을 발휘하기 위해 스스로의 개성을 추구할 수 있었다. 그리스 시대부터 시작된 그러나 도덕교육의 목적으로 다소 빛이 바랬던 예술다운 예술, 즉 신보다 인간을 중심으로 작가의 개

15) 미켈란젤로는 천장벽화를 위해 4년 동안 발판 위에 누워서 작업하여 관절염, 피부병, 눈병으로 고생했다고 한다.

그림 2-14 〈Pietà〉 1498~1499 by Michelangelo, Marble, St. Peter's Basilica, Vatican City
출처: en.wikipedia.org

성을 독창적으로 발휘하여 심미를 추구하는 진정한 의미에서의 **예술을 위한 예술**을 르네상스 시대에는 할 수 있게 된 것이다. 비록 르네상스 시대가 흑사병과 전쟁 그리고 정치적 혼란이 계속되는 시기로서 문화예술은 교회와 궁정 그리고 귀족을 위한 것이었지만, 도시 **부르주아지들의 등장**으로 교회나 왕 또는 귀족과 함께 시민 계급의 예술 후원자(Art Patron)가 등장하였고 예술에 대한 관심을 대중화하였으며 상업예술이 시작되었다.[16]

16) 1492년 아메리카 대륙이 발견되고, 마르틴 루터(Martin Luther)의 종교개혁으로 유럽의 교회가 분열되면서 르네상스 시대는 막을 내리게 된다.

03

문화정책의 발전 2: 17~19세기

구석기 시대 동굴벽화는 동물을 더 많이 잡게 해 달라는 주술적 성격을 가졌고, 신석기 예술은 인간을 표현하였지만 족장 또는 왕의 권력 과시를 위한 수단이었다. 이집트의 예술은 왕을 신과 동일하게 여기고 왕의 권위 과시를 위한 대규모 획일적 집단창작 예술이었다. 그리스 시대 문화정책은 비록 도덕교육의 목적이 있었지만, 귀족 출신의 영웅담으로 인간 개인에 집중하여 인본주의 정신이 태동하였다. 중세는 모든 예술이 교회를 위한 것이었지만, 음유시인의 기사문학으로 예술의 상업적 토대가 마련되었고, 르네상스 시대에는 예술의 주제가 신 중심에서 인간 중심으로 바뀌었다. 르네상스 시대에는 예술가의 독창성이 발휘되면서 진정한 의미에서의 예술을 위한 예술이 시작되었던 것이다. 이후 도시 상업의 발전으로 등장한 부르주아지들은 17~19세기 문화정책에서 중요한 역할을 하게 된다. 제3장에서는 17세기 고전주의에서부터 낭만주의, 고딕소설, 사실주의, 그리고 19세기 후반의 인상주의까지 문화정책의 발전을 살펴보기로 한다.

1 고전주의

1) 궁정문학

암흑의 시대 중세시대에 꽃 피기 시작한 르네상스는 신 중심에서 인간 중심이라는 믿음을 갖게 하였고, 그 결과 교회의 봉건제도는 붕괴하게 된다. 해상 항로가 발견되고, 종교개혁을 겪고, 수 세기 동안 믿어 온 교회와 관습의 전통적 가치관이 무너지자, 사람들은 대혼란을 겪게 된다. 이에 사람들은 질서를 되찾으려 하였고, 그 결과 **절대왕정이 등장**하게 된다. 절대왕정의 등장에는 부르주아지의 공로도 크다. 식민지 전쟁, 신교와 구교의 대립, 왕권을 위한 귀족들의 경쟁 등으로 유럽이 어지러울 때 무역을 통한 상업 자본을 획득한 부르주아지 계급은, 귀족과 같은 신분 상승을 도모하기 위해 강력한 군주를 열망하였고 따라서 절대왕정을 지지하였기 때문이다. 결국 부르주아지 계급의 비호하에 탄생한 절대왕정하에서, 귀족들은 분열과 권력 투쟁으로 내몰리면서 점차 몰락의 길을 걷게 되었다.

절대 왕정은 봉건제도와 지방분권의 영주체제를 종식시키고 중앙집권의 왕권체제를 확립하였다. 특히 프랑스의 태양왕이라 불리는 루이 14세(Louis XIV)는 베르사유(Versailles) 궁전을 짓고 왕족과 귀족들과 함께 살면서 호화롭고 사치스러운 생활을 하였다. 그러나 루이 14세의 문화예술에 대한 사랑은 각별하였다. 실제 자신이 발레 무용수로 공연하였고[1] 1661년 왕립무용아카데미를 설립하였다. 백성의 고혈로 이루어진 **루이 14세의 화려한 궁정문화**는, 당시 유럽국가에 확산되면서 아이로니컬하게도 지금 우리가 칭송하는 클래식 예술의 꽃을 피우게 했던 것이다.

절대왕정의 정치적 영향으로 프랑스 궁정을 중심으로 이성에 입각한 고전주의 문학이 등장하게 된다. 고전주의 문학은 보편성과 이성적 정신을 추구하고, 감정과 개성을 배제한다. 문학이 묘사하는 현실 세계는 이성적이고, 진실 되고, 선하고, 도덕적이고, 우아하고, 간결하고, 균형 있고, 완벽해야 한다는 것이다. 이를 위

---

1) 태양왕이 호칭을 얻은 계기도, 1653년 15세 때 밤의 발레(Ballet de la Nuit)에서 태양의 신 아폴로 역을 맡았기 때문이라고 한다.

해 문학가들은 그리스와 로마의 고전에서 문학 장르의 법칙을 발견하고, 장편 서사시와 비극을 연구하였다. **고전주의 프랑스 궁정문학**의 대표적 작가로는 몰리에르(Molière), 라신(Jean Baptiste Racine), 코르네유(Pierre Corneille) 등이 있다(그림 3-1, 3-2, 3-3 참조).

고전주의는 궁정의 지배를 받아 정형화된 양식을 사용해야 한다. 미의 원형 또는 창작의 원칙이 있다고 가정하여 통일성과 규칙을 강조한 것이다. 17세기 고전주의는 그리스의 고전철학으로 복귀한 것인데, 르네상스가 그리스의 신보다는 인간 중심의 민주정신을 이어받았다면, 고전주의는 그리스의 도덕교육(귀족정신)을 이어받았다고 할 수 있다. 고전주의는 르네상스 이후의 봉건질서 파괴로 혼란한 사회에 **이성이라는 보편적 질서를 제공하기 위한 수단**이었기 때문이다. 도덕성, 사실성, 보편성을 추구하는 그리스 고전작품 원칙을 모방하고 있으나, 백성 통치를 위한 도덕교육의 목적이 있었다.

그림 3-1 몰리에르
출처: en.wikipedia.org

그림 3-2 라신
출처: en.wikipedia.org

그림 3-3 코르네유
출처: en.wikipedia.org

2) 고전주의 음악

고전주의 음악은 현재 우리가 **클래식 음악**이라고 부르는 것으로, 18세기 중반 오스트리아(Austria) 빈(Vienna)을 중심으로 발전한 서양음악이다. 고전주의가 이성적, 보편적, 모범적, 균형적 성격을 갖고 있는 것처럼, 고전주의 음악에서도 그리스 고전 철학의 이상, 균형과 조화, 규칙과 통일성을 강조하였다. 고전주의 음악은 그 전의 바로크(Baroque) 시대보다 간결한 음악으로 바뀌었고, 복잡한 대위법보다 합리적인 화성법이 사용되었다. 이 시기는 소나타(sonata) 형식에 바탕을 둔 교향곡, 협주곡, 실내악곡 등 기악곡 형식이 발전하였다. 대표적인 작곡가로 바흐(Johann Sebastian Bach), 하이든(Franz Joseph Haydn), 모차르트(Wolfgang Amadeus Mozart), 베토벤(Ludwig van Beethoven)을 들 수 있다.

바흐는 교회음악가로 일하면서 고전주의 음악에 큰 영향을 주었고, 교향곡의 기초인 화성학과 평균율을 완성하였다(그림 3-4 참조). 30여 년 궁정악장을 지낸

그림 3-4 바흐

출처: en.wikipedia.org

하이든은 교향곡의 아버지라고 불리며, 소나타 형식을 완성하였다(그림 3-5 참조). 600여 곡 이상을 작곡한 천재 작곡가 모차르트는 고전주의 음악양식에 자신의 개성을 더해 고전주의를 완성하였다(그림 3-6 참조).[2] 연주자와 작곡가로 활동하며 **귀족들의 후원**을 많이 받았던 베토벤은, 청력을 상실하면서도 불후의 명곡들을 작곡하였고 낭만주의 시대를 앞당겼다(그림 3-7 참조).

3) 특권층의 예술

고전주의 문화정책은 짐이 곧 국가라고 선언한, 절대 군주인 루이 14세의 베르사유 궁전에서 시작되었다. 고전주의는 왕 한 사람을 기준으로 국가 안에서 완벽한 질서를 세우는 것처럼, 단 하나의 미의 원형을 통해 작품 안에 완벽한 질서를 세우는 것이다. 고전주의는 프랑스 궁정문학과 오스트리아 빈의 고전주의 음악으로 발

그림 3-5 하이든
출처: en.wikipedia.org

2) 모차르트의 개성적 창작력은, 이후 교향곡에서는 베토벤에게로, 가극에서는 베버(Carl Maria Friedrich Ernest von Weber)에게로 각각 계승되었다.

그림 3-6 모차르트
출처: en.wikipedia.org

그림 3-7 베토벤
출처: en.wikipedia.org

전하였는데, 궁정문학은 왕의 후원을 받았다면, 고전주의 음악은 귀족의 후원을 받았다고 하겠다. 비록 당시의 예술이 궁정과 귀족만이 누리는 즐거움이었지만, **궁정과 귀족의 후원**으로 뛰어난 걸작들이 창작될 수 있었다는 점은 부인할 수 없겠다. 고전주의 문화정책은 부르주아지들의 신분 상승과 함께, 교회와 귀족의 점유물이었던 예술이 시민들에게도 보급되기 시작했다는 점에서 의미를 가진다. 르네상스에서 피어나기 시작한 예술의 상업화가, 고전주의 시대에도 서서히 그러나 꾸준히 진행되고 있다는 것이다.

2 낭만주의

1) 고전주의와 낭만주의의 차이

17~18 세기의 이성을 중시하는 고전주의에 대한 반발로, 18~19세기에는 낭만주의가 나타난다. 낭만주의는 **이성보다는 감성을 중시**하고, 완결된 형식보다는 자유로운 상상력을 발휘한다는 점에서, 중세 음유시인의 기사문학의 계보를 잇는다고 할 수 있다. 낭만주의는 계몽주의와 산업혁명 등의 사회변화를 추종하기보다, 중세 봉건사회에서 이상을 구하려 하였던 것이다.[3] 이성에 의한 합리주의로 절대왕정을 타파하고 혁명을 단행하였는데, 혁명 후 정치를 맡은 인간들의 비합리성을 보면서, 이성과 원리, 원칙, 모든 것에 대해 불신하지 않을 수 없었던 것이다. 결국 낭만주의는 인간 자신에게 돌아갈 수밖에 없으며, 인간 내면의 소리에 귀 기울여야 한다는 것이다. 고전주의와 낭만주의의 차이를 보면 〈표 3-1〉과 같다.

2) 낭만주의자 루소

낭만주의자 루소(Jean-Jacques Rousseau)는 "자연으로 돌아가라(Back to Nature)"고 하였는데, 여기서 자연은 자연환경을 뜻하는 것이 아니라, **인간의 본성**을

3) 이러한 경향은 낭만주의를 허무주의와 세기말주의로 이끄는 신호로 여기게 한다.

표 3-1 고전주의와 낭만주의의 차이

고전주의	낭만주의
이성 중시	인간 본성, 감정 중시
틀에 박힌 형식미	자유로운 상상력
보편성 추구	인간 주관, 내면세계 표현
기존의 관습	관습에 항거
절대군주	시민사회
귀족의 문화	부르주아지의 문화

말한다(그림 3-8 참조). 즉 국가와 교회가 아닌 인간 자신의 본성, 내면의 진실에 따르라는 충고인 것이다. 루소는 〈과학과 예술론(Discours sur les Sciences et les Arts)〉의 논문에서 과학과 예술이 인간 본성을 억압한다고 주장하였다. 자연 상태에서 행복했던 인간이 사회가 요구하는 관습과 규칙에 맞춰 살면서 본성을 망각하

그림 3-8 루소
출처: en.wikipedia.org

고 자신의 사회적 위치와 역할만 생각하게 된다는 것이다.[4] 따라서 인간의 행복을 위해서는 문명을 벗어나고 제도와 관습을 뿌리치고 인간 본성을 회복해야 한다는 것이다. 내 마음이 이끄는 곳으로 가라, 내 감정에 충실하라 등의 낭만주의 구호는, 사랑하면서도 제도와 관습 때문에 헤어지고 죽음에 이를 수밖에 없었던 중세 기사 문학의 〈트리스탄과 이졸데〉를 떠올리게 한다.

3) 낭만주의자 들라크루아

낭만주의 미술의 거장 들라크루아(Eugéne Delacroix)는 순수한 환상을 자유분방하게 표출할 것을 주장하였다(그림 3-9 참조). 이국성과 극적인 내용을 그림의 주제로 하였는데, 극적 내용의 주관적 표현방법은 인상파에 큰 영향을 끼쳤고, 이국성의 추구는 상징주의 작가에게 큰 영향을 주었다. 그는 형식에 얽매이지 않고 어떤 원칙도 없이 마음이 원하는 대로 그림을 그려야 한다고 주장하였다.[5] 이성을 벗어나 직관, 감성, 상상력 등으로 원하는 색채와 분위기를 마음껏 화폭에 분출하였고, 독창적인 개성으로 인간 본성을 강렬한 색채와 명암의 대비를 통해 역동적으로 보여주었던 것이다. 루소가 자연으로 돌아가라고 인간 본성을 강조했듯이, 들라크루아도 작가의 감성에 호소하고, 상상력과 내면에 충실한 **주관성을 강조**했던 것이다.[6]

---

4) 루소는 그의 논문 〈인간 불평등의 기원(Discours sur l'origine et les fondements de l'inégalité parmi les hommes)〉에서도, 인간은 자연 상태에서 선하고 평등하였는데, 소유의 제도화로 불평등이 초래되었다고 주장한다.

5) 영국에서 정원을 낭만적으로 꾸민다는 것은, 나무나 풀이 자연 마음대로 자라도록 손대지 않고 자연 그대로 둔다는 의미라고 한다.

6) 영국의 유명 화가이며 마지막 낭만주의자인 터너(William Turner)는 우연히 긁힌 자국이나 물감 자국 등을 그림에 그대로 담을 만큼 감정에 충실했다고 한다. 터너의 그림은 폭풍우 치는 바다의 장엄함과 같이 대자연에게서 영감을 얻은 것이 많은데, 추상화로 보일만큼 전체적인 색채에 집중하고, 후기에는 형태를 무시하고 대상의 느낌(인상)에 중시하는 경향으로, 모네의 인상주의에 영향을 미쳤다고 한다.

그림 3-9 들라크루아
출처: en.wikipedia.org

4) 전기 낭만주의와 후기 낭만주의

17~19세기의 부르주아지는 금융, 상업, 법률, 의술 등을 담당하면서, 귀족과 함께 성안에 거주하는 유산계급으로서, 성 밖의 농노와는 구분되었다. 부르주아지는 18세기 프랑스 시민혁명의 주체로서, 절대왕정의 구체제를 전복하고 왕과 귀족들을 내쫓아 평등하고 정의로운 세상을 만들 것으로 기대되었다. 그러나 혁명 후 권력을 잡은 부르주아지는 구시대의 귀족과 똑같은 착취자가 되었고, 부르주아지의 이성에 의지했던 시민은 이성뿐 아니라 그보다 더 근본적인 인간 본성에 대한 회의가 들기 시작하였다. 이성과 원칙에 의존할 수도 없고, 감성과 인간 본성을 믿을 수도 없다면 어떻게 해야 하나?[7] 부르주아지가 19세기 영국 산업혁명의 주체가 되

7) 따라서 낭만주의에는 동경과 도피, 순수와 퇴폐가 공존한다. 후기 낭만주의는 보들레르(Charles Pierre Baudelaire)의 〈악의 꽃(Les Fleurs du Mal)〉과 같은 허무주의와 세기말주의로 진행한다.

어 거대자본을 형성하고 노동자를 착취하는 유산계급이 되자, 이러한 비난은 더욱 거세어졌다. 따라서 우리는 낭만주의를 두 시기로 구분한다. 즉 이성의 절대왕정을 거부하고 인간 본성을 추구하여 혁명정신을 찬양한 18세기 시민혁명의 낭만주의를 **전기 낭만주의**라고 하고, 부르주아지의 속물적 인간성을 비난한 19세기 산업혁명의 낭만주의를 **후기 낭만주의**라고 한다. 결국 낭만주의는 인간에 대한 희망으로 시작했다가 인간에 대한 절망으로 끝났다고 할 수 있다.

그리스 문화정책의 인간 중심적인 면과 르네상스 문화정책의 예술가의 독창성은 낭만주의에서 꽃을 피운다. 낭만주의 문화정책은 고전주의의 이성과 원칙을 거부하고, 대신 시적이며 신화적 주제와 이국적 소재를 대상으로 상상력을 발휘하여 현실도피적 이상향을 추구한다. 격렬한 동작을 파격적이고 화려한 색채를 사용하여 열정적으로 묘사한 것처럼, 예술가의 주관적 감정을 중시한다. 낭만주의는 이미 20세기의 모더니즘을 예고하고 있었는지도 모른다. 19세기 낭만주의 문화정책은 예술을 왕과 귀족의 특권층만이 즐기는 것이 아니라, 많은 시민들이 즐길 수 있도록 하였다. 귀족의 몰락과 부르주아지의 신분 상승으로 **예술은 빠르게 상업화**되었다. 중세의 자생적 유랑극단에서 발전한 르네상스의 오페라는 이제 도시의 극장에서 누구나 관람할 수 있게 되었고, 사교춤이 유행하고, 피아노 교습이 인기를 끌면서 문화의 세속화가 가속화되었다.[8]

3 고딕소설[9]

1) 인쇄출판

르네상스 이후 부르주아지가 예술의 세속화를 이끌고 예술의 상업화가 시작되

---

8) 당시 오페라 극장은 부르주아지의 대중문화 장소로서 먹고, 마시고, 떠들고 노는 장소였다. 스트라우스가 왈츠를 작곡한 것처럼 사교춤이 유행하여 동네마다 춤판이 벌어졌고, 피아노 교습이 인기였다고 한다.

9) 고딕소설 역시 낭만주의에 속한다. 여기서는 고딕소설이 예술의 상업화의 중요한 계기가 된다는 점에서 따로 설명하였다.

면서, 문학에서도 대중의 구미에 맞는 작품이 처음으로 대량생산되어 나오게 된다. 도시 부르주아지들은 고매한 귀족들이 즐겨 읽었던 기존의 신화, 종교, 철학 서적에는 흥미를 느끼지 못했다. 부르주아지들은 색다른 이야기, 특히 **오싹하고 신비스런 공포 이야기**를 좋아했는데, 이들을 위해 등장한 것이 고딕소설이다. 고딕소설이란 고딕(Gothic)풍의 성에서 일어나는 공포 이야기로, 고딕 성(城)의 뾰족한 첨탑, 위로 길게 뻗은 계단, 어둡고 침침한 복도와 격자의 창문 등을 연상시키며, 초자연적 현상, 괴기한 사건, 죽음, 괴물, 흡혈귀 등을 주제로 한다.

고딕소설의 효시는 호레이스 월폴(Horace Walpole)의 〈오트란토 성(Castle of Otranto)〉이다(그림 3-10, 3-11 참조). 호레이스 월폴은 내각 책임제를 창시한 영국 수상 로버트 월폴 경의 넷째 아들로서, 런던 교외에 고딕풍의 대저택에 살면

그림 3-10 호레이스 월폴
출처: en.wikipedia.org

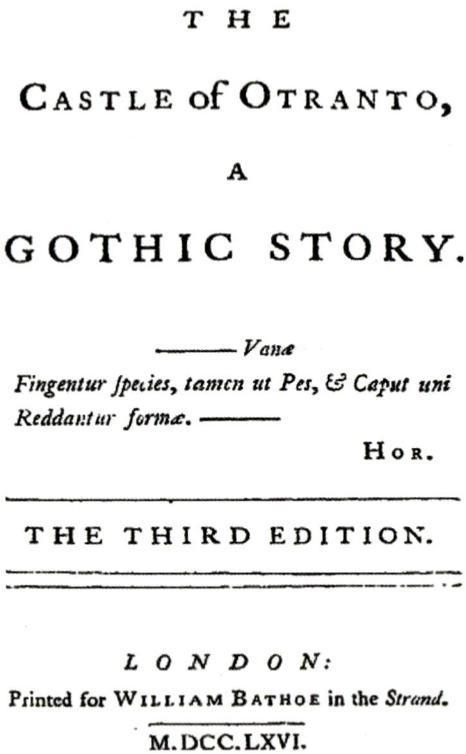

T H E

CASTLE of OTRANTO,

A

GOTHIC STORY.

——— *Vanæ*
Fingentur species, tamen ut Pes, & Caput uni
Reddantur formæ. ———

HOR.

THE THIRD EDITION.

LONDON:
Printed for WILLIAM BATHOE in the *Strand.*
M.DCC.LXVI.

그림 3-11 최초의 고딕소설 〈오트란토 성〉 표지
출처: en.wikipedia.org

서 지하실에 인쇄소를 설치하고 많은 책을 출판하였다. 〈오트란토 성〉은 당시 고전주의에 식상해 있던 독자들에게 새롭고 재미있는 이야기를 월폴이 직접 쓰고 출판한 것이다. 소설 첫머리부터 거대한 투구를 쓴 사람이 영주의 아들을 죽이는 충격적 장면으로 시작하면서, 음모, 배신, 희생 등 흥미진진한 스토리와 빠른 전개로 대중들의 인기를 끌었다. 중세 수도사들의 필사본이 소수의 특권층을 위한 것이었다면, **인쇄술의 발전으로 출판된 책**은 누구나 쉽게 읽을 수 있었던 것이다.[10]

10) 당시 부르주아지 부인들을 대상으로 책 대여업까지 성행하였다. 부르주아지 부인들이 책을 빌렸으나 잘 읽지 않았고, 실제로는 하녀들이 더 많이 봤다고 한다.

2) 공포소설

1816년 바이런(George Gordon Byron), 메리 셸리(Mary Shelley), 폴리도리(John William Polidori) 등은 레만 호숫가 별장에서 독일 기담집을 돌려 읽다가, 각자 무서운 이야기 한 편씩 써 보기로 한다. 메리 셸리는 1818년 〈프랑켄슈타인, 새로운 프로메테우스(Frankenstein; or, The Modern Prometheus)〉를 발표하는데, 시체를 조합하여 탄생한 8피트의 인조인간 프랑켄슈타인이 주인공으로 등장한다(그림 3-12 참조). **과학기술로 만들어 낸 괴물 이야기**로, SF(science fiction) 판타지(fantasy) 장르의 시초라고 할 수 있다. 이처럼 19세기 후기낭만주의는 더 이상 인간 본성을 신뢰하지 않는다. 루소는 자연으로 돌아가라고 했지만, 괴물에게는 돌아갈 어머니가 없다.[11]

그림 3-12 메리 셸리
출처: en.wikipedia.org

11) 이런 점에서 고딕소설은 이미 허무주의와 세기말적 절망을 예고한다.

폴리도리는 1819년 〈뱀파이어(The Vampyre)〉를 발표하는데, 사람의 피를 빨아 먹는 매력적인 흡혈귀 귀족 루스벤(Ruthven)이 주인공으로 등장한다(그림 3-13 참조).[12] 흡혈귀라는 매혹적인 소재는 이후 **공포와 로맨스를 결합시킨 고딕소설**의 단골 메뉴가 되었다. 1886년 〈지킬박사와 하이드씨(Strange Case of Dr Jekyll and Mr Hyde)〉가 출판되고, 1897년 〈드라큘라(Dracula)〉가 출판된다. 이 외에도 보름달이 뜨면 늑대로 변하는 늑대인간(Werewolf)도 공포소설의 중요한 소재였다. 고딕소설의 괴물들은 지금도 영화로 제작되고 있으며, 살인, 고문, 광기, 유령, 흡혈귀, 변종, 늑대인간, 악마, 지옥, 흑마술, 외계인, 터미네이터(Terminator) 등 매우 다양한 주제로 우리에게 엔터테인먼트(entertainment)를 제공하고 있다.

그림 3-13 폴리도리
출처: en.wikipedia.org

12) 당대 유명한 시인 바이런(Byron)이 흡혈귀족 루스벤의 모델이라는 설이 있다. 실제로 폴리도리는 바이런의 주치의 겸 비서였기 때문에, 바이런의 여성편력과 행적을 잘 알고 있었다고 한다.

3) 상업예술

19세기 유럽은 산업혁명과 과학기술의 발전으로 번영의 길을 걸었지만, 도시의 많은 공장에서는 어린이를 포함한 수많은 노동자들이 열악한 작업환경에서 착취당하는 비참한 생활을 하였다. 대도시 곳곳에는 범죄가 끊이지 않았고, 신문사들은 보다 자극적이고 충격적인 기사를 싣기 위해 경쟁하였다.[13] 대중들은 초자연적 존재와 어둠의 괴물들에게 매료되었고, 작가들은 대중의 구미에 맞는 소설을 집필하여 돈을 벌었다. 상업소설이 등장한 것이다. 현재 우리가 즐기는 SF(science fiction), 호러(horror), 서스펜스(suspence), 미스터리(mystery), 로맨스(romance),[14] 판타지(fantasy) 등의 장르소설은 고딕소설로부터 분화된 것이다. 따라서 고딕소설은 **현대 모든 장르소설의 모체**라고 할 수 있다.

고딕소설 문화정책은 예술의 상업화로 대변된다. 공포와 로맨스가 결합된 고딕소설이 대중의 인기를 끌었는데, 이는 인쇄술의 발전으로 대량출판이 가능했기 때문이다. 고딕소설이 잘 팔리게 되자, 작가들은 비슷한 취향의 이야기를 변형해서 반복적으로 창작하기 시작하였고, 이것이 다양한 장르의 문학으로 발전하였다. 이제 예술은 교회, 왕, 귀족, 부르주아지의 특권층만이 갖는 호사가 아니다. 예술은 표준화된 규격(장르)에 따라 **대량생산, 유통, 소비되어 대중들도 즐길 수** 있게 되었다. 물론 고딕소설의 상업화로 인해 평균적 대중의 눈높이에 맞추어 예술이 하향평준화 된다는 비난을 받기도 한다.

13) 목사가 도끼로 머리를 내리쳐 살해하였다는 내용의 기사는 평범한 축에 속하였다. 당시 부유층에서는 괴기한 기형의 아이들을 입양하는 것이 유행이었는데, 불쌍한 아이들을 돕기 위해서가 아니라, 데리고 다니며 괴기함을 보여주려는 목적이었다고 한다. 심지어는 누가 더 괴기한 아이를 데리고 오는지 경쟁을 했다고 한다. 당시 이런 부자들의 기호를 충족시키기 위해, 멀쩡한 아이들을 납치해 기형으로 만들어 부자들에게 판 악당들까지 있었다고 한다.

14) 낭만주의의 로망(roman)에서 파생된 단어이다. 로맨스는 남녀의 사랑 이야기로서 중세 음유시인의 기사문학에 뿌리를 두고 있다.

4 사실주의

1) 스탕달의 <적과 흑>

1830년 스탕달(Stendhal)의 〈적과 흑(Le Rouge et le Noir)〉은 **가난한 젊은이와 상류사회 두 여인과의 사랑이라는 줄거리**로 대중의 시선을 끌었다(그림 3-14 참조). 〈적과 흑〉의 시대적 배경이 된 당대의 왕정복고 사회에서는 가난한 목재상의 아들이 출세하려면 군인이 되거나 아니면 성직자가 되는 길 뿐이었다.[15] 라틴어 신약을 달달 외울 정도로 총명한 주인공 줄리앙 소렐(Julien Sorel)은 레날(Rênal) 시장 집의 가정교사로 들어가는데, 자기보다 10살 많은 세 자녀를 둔 부인과 불륜에 빠진다. 그러나 시장에게 발각되어 신학교로 도망가고, 다시 후작의 비서가 되

그림 3-14 스탕달
출처: en.wikipedia.org

15) 적색은 군인을 의미하고 흑색은 성직자를 의미한다.

는데, 후작의 딸을 유혹해 아이를 갖고 결혼을 약속하지만, 레날 부인과의 사건이 알려지고, 모든 것이 수포로 돌아가자 레날 부인을 총으로 쏘고 감옥에 갇힌다. 줄리앙 소렐은 감옥으로 찾아온 레날 부인을 돌려보내고, 자신을 변호하는 대신 재판장에게 사형을 요구하고 집행된다. 왕정복고 시대에 출세를 꿈꾸는 한 젊은이가 가정교사 되는 19살부터 처형되는 22살까지의 기록이다.

〈적과 흑〉은 낭만주의 시기의 사회 실상을 환상 없이 그대로 묘사한 최초의 사실주의 작품이다.[16] '1830년의 연대기'라는 부제가 붙은 것처럼, 프랑스 왕정복고 시절의 정치적 사회적 현실을 가감 없이 그대로 전달하고 있는 것이다. 스탕달은 사랑 이야기를 통해, 사제(신학교), 귀족(후작), 부르주아지(시장) 등 **상류층의 위선을 신랄히 비판**했던 것이다. 즉 똑같이 사랑을 주제로 삼지만, 현실도피적이거나, 이국적이거나, 이상향을 추구하는 등의 낭만주의와 달리, 분명하고 간결하게 현실을 그대로 보여주었던 것이다. 하층 계급 젊은이의 출세욕으로 인한 죽음을 통해, 가난하지만 명석한 젊은이가 공정하게 출세하기는 어려운 현실사회를 고발하고, 하층민들에 대한 정치적, 사회적 문제를 거침없이 폭로한 작품이다.

2) 쿠르베의 <돌을 깨는 사람>

쿠르베(Jean-Désiré Gustave Courbet)는 사실주의의 대표적 화가이다(그림 3-15 참조).[17] 쿠르베는 프랑스 혁명의 자유주의 정신에 큰 영향을 받았고, 노동자와 농민들의 초라한 생활을 소재로 한 작품을 창작하였다. 그는 낭만주의 화가들과는 달리 미화하거나 절제하지 않고, 사물을 있는 그대로 묘사하였다. 〈돌을 깨는 사람(The Stone Breakers)〉과 같이 일상적 모습을 그림의 주제로 하여, 현실을 직시해 있는 그대로를 표현했던 것이다(그림 3-16 참조). 이제 예술의 대상은 자연,

16) 스탕달의 〈적과 흑〉은 낭만주의 후기에 출판되었고, 당시에는 통속소설로 여겨져 문학적 가치를 인정받지 못하다가, 사후에 최초의 사실주의 소설로 자리매김하게 된다.

17) 쿠르베는 천사를 그려 달라는 주문에, "천사를 실제로 본 적이 없기 때문에 그릴 수 없다"고 거절했다는 일화가 있다.

그림 3-15 〈L'homme à la pipe〉 1848~49 by Gustave Courbet
출처: en.wikipedia.org

그림 3-16 〈The Stone Breakers〉 1850 by Gustave Courbet, Oil on canvas
출처: en.wikipedia.org

종교, 신화, 왕, 귀족, 부르주아지에서 **서민과 노동자에게로까지 확대**된 것이다. 사실주의는 그 시대의 사상과 풍습을 있는 그대로 묘사하면서, 자연히 계급성과 정치성을 띠게 되었다.[18]

3) 에밀 졸라의 <루공-마카르 총서>

에밀 졸라(Émile François Zola)는 〈루공-마카르 총서(Les Rougon-Macquart)〉에서 천한 계급 출신의 주인공들을 등장시켰고, 그들의 인생을 주제로 삼았다(그림 3-17 참조). 등장인물이 3천 명이 넘는데, 군인, 예술가, 창녀, 배우, 광부, 상인, 예술가, 학자, 농부, 성직자, 술집 종업원, 정원사, 밀수업자, 알콜 중독자,

그림 3-17 에밀 졸라
출처: en.wikipedia.org

18) 쿠르베는 파리코뮌(The Paris Commune)에 참여할 정도로 사회문제에 관심을 갖고 있었다.

정신병자 등 다양한 계층의 다양한 직업을 총망라한다.[19] 졸라는 노동자 집안의 가난한 프롤레타리아(prolétariat) 출신으로, 노동자 계급의 삶을 들여다봄으로서, 그들의 의식과 투쟁을 치밀하고 상세하게 사실적으로 묘사하였다. 그는 노동자들의 속물적 성격이 자본주의의 강요에 의한 것임을 은유적으로 표현하는데, 사회 부조리를 사실적으로 노출시켜, **예술에 계급성 주제를 등장**시켰다. 이러한 졸라의 사실주의는, 후에 무산계급을 옹호하는 정치선동의 수단으로 예술을 사용하는 사회주의 사실주의(socialist realism)에 큰 영향을 미쳤다.

4) 사회고발의 예술

프랑스 시민혁명은 성직자, 귀족, 농노의 봉건제도를 붕괴했지만, 부르주아지의 유산계급을 등장시켰고, 후기 낭만주의가 지적했듯이, 이들은 새로운 착취자로 군림하게 되었다. 예술의 세속화와 상업화가 이루어지고, 대중들도 고딕소설을 즐길 수 있게 되자, 예술가들은 도시 하층민의 일상생활에 관심을 갖게 된다. 작가들이 현실 문제에 관심을 갖고, 이를 해결하기 위한 사회고발적 성격의 작품을 창작하면서 사실주의가 등장한 것이다. 초기 사실주의는 스탕달의 〈적과 흑〉처럼 로맨스 이야기로 포장되었지만, 쿠르베는 〈돌 깨는 사람들〉에서 채석장에서 일하는 가난한 할아버지와 손자를 사실적으로 묘사함으로써 사회현실을 고발하였다. 이제 예술을 위한 예술이라는 예술지상주의는 배척되고, 시대의 아픔을 사실대로 그리면서 **정치성과 계급성이 더해지게 된 것**이다. 사실주의는 자본주의의 폐해를 지적하고, 프롤레타리아의 계급성을 옹호하면서, 사회주의 혁명을 표현하는 문예운동인 사회주의 **사실주의(socialist realism)로 발전하게** 된다.

---

19) 20권으로 이루어져 대하소설 장르의 시초라고 한다. 대하소설이란 큰 강물같이 줄거리가 완만히 전개되고 등장인물이 많으며 사건이 연속적으로 진행되는 소설이다. 수많은 인물이 등장해 사건이 길게 이어지되 현실의 반영보다는 작가의 역사의식이 투영되는 소설로서 박경리의 〈토지〉와 조정래의 〈태백산맥〉이 대표적이다.

5 인상주의

1) 초기 인상주의

19세기 후반 눈부신 과학기술의 발전으로 예술가들은 긴장하게 된다. 엔진, 전기, 자동차, 전화, 녹음기, 영화 등이 발명되면서, 인간의 창조성을 바탕으로 하는 예술을 위협하게 되었다. 예술은 실재의 재현(모방)인데 기계는 인간보다 재현 능력이 우월하다. 사진기의 발명으로 가장 큰 타격을 입은 사람들은 초상화를 그리던 화가들이었다. 이제 예술가는 기계가 할 수 없는, **인간만이 할 수 있는 것을 시도**한다. 그 첫 번째 시도가 19세기 말 모네(Claude Monet)와 마네(Édouard Manet)의 인상주의 운동이다.[20]

인상주의 화가들은 빛에 따라 시시각각으로 변하는 사물의 색채에 주목하였다. 흑백 사진기로는 포착하지 못하는, 빛과 사물의 순간적 인상을 객관적으로 재현하려 했던 것이다. 인상주의는 빛에 따라 순간적으로 변하는 대상의 특징을 잡아 그렸는데, 이는 모네의 〈건초더미 연작〉을 보면 잘 나타난다. 모네는 똑같은 건초더미이지만, 아침의 것과 저녁의 것은 다르다고 하였다. 건초더미(관찰대상)의 모습을 결정짓는 것은, 건초더미 자신이 아니라 빛이라는 것이다. 즉 빛에 따라 건초더미의 인상이 달라진다는 것이다. 모네가 그린 것은 건초더미라는 실체(관찰대상)가 아니다. 그가 그린 것은 **빛에 의해 달리 보여진 그 순간의 인상**인 것이다. 그림 3-18의 건초더미는 황혼 무렵에 그린 것이고, 그림 3-19는 아침에 그린 것이다. 이처럼 똑같은 건초더미라도 다르게 표현되는 것이다. 어느 시간, 어느 위치에서 그리느냐에 따라 건초더미의 모습은 달라진다.

---

20) 인상주의라는 말은 모네의 작품 〈인상, 해돋이(Impression, Sunrise)〉가 전시되었을 때, 비평가가 비판적으로 사용한 것이 그대로 굳어졌다고 한다.

그림 3-18 〈Grainstack at Sunset〉 1890 by Monet, Oil on canvas
출처: www.interagir.com

그림 3-19 〈Grainstack〉 1890 by Monet, Oil on canvas
출처: www.interagir.com

2) 후기 인상주의

후기 인상주의자인 세잔(Paul Cézanne)은 사물 그 자체를 인식할 수 없다는 사실을 인정한다. 관찰 대상은 관찰자에 따라 왜곡되어 인식되기 때문이다. 세잔에게 있어서, 모네의 건초더미(관찰 대상)의 모습을 결정짓는 것은 건초더미 자체가 아니라, 바로 그것을 관찰하던 모네(관찰자)였던 것이다. 이는 현대 미술에서 매우 중요한 전환을 의미한다. 지금까지 미술은 실재의 재현이었다. 신화와 상상의 내용이라도 그림은 실재적으로 그렸던 것이다. 사실주의는 하층계급의 일상생활을 그대로 묘사하였고, 인상주의는 빛이 만드는 대상의 순간적인 모습을 객관적으로 재현하려고 했지만, 세잔은 대상을 객관적으로 재현하는 것은 불가능하다고 한다. 화가의 주관이 개입하기 때문이다. 똑같은 시간에, 똑같은 빛에, 똑같은 사물을 그리더라도 **화가의 주관적 인식**이 다르기 때문에 그림은 달라진다는 것이다. 이런 점에서 세잔을 근대 회화의 아버지라고 하는 것이다. 세잔의 주관성은 피카소의 입체주의로 발전하면서 모더니즘의 기초를 제공한다. 세잔은 자연을 원통형, 구형, 원추형으로 모두 표현할 수 있다고 하면서, 2차원의 평면에 3차원의 실재를 구현하기 위해 대상을 기하학적 형태로 환원하였다(그림 3-20 참조). 이러한 구조를 통해 화가가 표현하고 싶은 것을 마음껏 그릴 수 있다는 것이다.

3) 주관성의 예술

초기 인상주의에서는 예술의 대상인 사물의 재현이 중요한 것이 아니라, 화가의 위치와 시간이 더 중요하다. 후기 인상주의에서는 무엇보다도 화가 자신이 더 중요하다는 것이다. 즉 화가의 주관에 따라 모든 대상은 다르게 인식되고 다르게 표현된다는 것이다. 인간 중심의 그리스 정신이 르네상스의 독창성과 함께 낭만주의를 통해 발현되었지만, 절대왕정의 고전주의와 고딕소설로 인한 예술의 상업화로 주춤하였고, 사실주의의 정치적 계급적 성격으로 사회문제 인식의 중요성으로 발전하였다. 그러나 후기 인상주의는 인간 정신의 주관성을 강조하면서 다시 **예술을 위한 예술**을 지지하였던 것이다.

그림 3-20 〈Les Grandes Baigneuses〉 1898~1905 by Cezanne
출처: en.wikipedia.org

▶04◀

문화정책의 발전 3: 20세기 이후

14~15세기 무역으로 도시상업이 발전하면서 부르주아지가 출현하고, 16~17세기 르네상스는 종교와 신이 아닌 인간을 위한 예술을 창작하였다. 르네상스의 부르주아지는 문화의 세속화를 이끌었고, 르네상스에 대한 반발로 왕정복고가 이루어지고, 프랑스를 중심으로 고전주의 궁정문학이 발전한다. 18세기 시민혁명으로 왕과 귀족이 몰락하고, 부르주아지가 예술의 후원자로 등장하면서, 고딕소설로 예술의 상업화가 급속히 진행된다. 혁명정신을 믿었던 전기 낭만주의와는 달리, 부르주아지의 노동자 착취에 대한 후기 낭만주의의 비판은, 하층민의 비참한 생활상을 그대로 묘사하고 계급성을 띄는 사실주의로 발전하면서 사회주의 사실주의의 기초를 마련한다. 기계가 할 수 없는 빛에 의한 인상을 객관적으로 표현하려 한 초기 인상주의와, 화가의 주관성을 강조한 세잔의 후기 인상주의는 20세기 입체주의와 모더니즘으로 발전하게 된다. 제4장에서는 입체주의, 모더니즘, 포스트모더니즘으로 나누어 문화정책의 발전을 알아보기로 한다.

1 입체주의

1) 예술의 상업화

이성보다 감성을 중시하는 낭만주의 소설은 대중의 흥미를 자극하는 공포와 로맨스의 고딕소설로 이어지면서 예술의 상업화를 가속화시켰다. 물론 뜻있는 작가들은 노동자와 서민들을 위한 사실주의 예술을 발전시키지만, 이제 **예술은 시장에서 거래되는 상품**이 된 것이다. 중세 시대 책은 수도사가 베껴 쓴 필사본뿐이었고, 성직자와 귀족들만이 책을 소유할 수 있었다. 중세 시대 그림이란 교회와 귀족의 저택에서 화가가 직접 그린 것뿐이었다. 그러나 인쇄술의 발전으로 평민들도 책을 읽을 수 있게 되었고, 부르주아지가 화랑에서 전시회를 개최하면서, 누구나 그림을 감상할 수 있게 되었다. 이처럼 부르주아지에 의한 예술의 상업화가 시작되자, 작가들은 다른 사람과 차별화되는 새로운 독창적인 표현방법을 시도하게 된다. 이전 르네상스 예술가들이 처음 독창성을 발휘한 것처럼, 남과 다른 자신만의 색깔을 드러내려 했던 것이다. 이러한 노력은 화가의 주관성을 강조한 세잔의 후기 인상주의에서 시작되었는데, 세잔의 주관성이 꽃을 피운 것은 피카소(Pablo Picasso)의 입체주의이다.

2) 현대미술의 시작

피카소는 세잔의 주관성을 발전시켜, 시각(視覺)에 따른 주관성을 중첩시켜 입체주의[1]를 완성하였다. 입체주의는 시간과 공간의 변화에 따라 달라지는 주관을 중첩적으로 그리는 것을 말한다.[2] 실재하는 자연을 감성적으로 그리는 낭만주의(들라크루아), 있는 그대로를 그리는 사실주의(쿠르베), 빛의 인상대로 그리는 초기 인상주의(마네, 모네), 화가의 주관대로 그리는 후기 인상주의(세잔)와는 달리, 피카소는 **주관을 여러 번 반복하여 중첩적으로 표현**했던 것이다. 이런 이유로 피카소를 최초의 모더니즘(modernism) 화가라고도 한다. 입체주의는 낭만주의처럼 인간의 감성에 호소하거나, 사실주의처럼 감정을 버리고 있는 그대로 사실을 전달하지

---

1) 입체주의는 큐비즘(Cubism)이라고도 한다. 입체주의라는 용어는 피카소와 절친한 브라크(Georges Braque)의 풍경화를 비평가가 입체적 희한함(bizarreries cubique)이라고 풍자한 것에서 비롯된다고 한다.

2) 주관을 중첩적으로 그린다는 것은 이해하기 어려울 수도 있겠다. 여기서는 2D의 평면으로 3D의 입체를 나타내는 방법으로 생각하자. 여러 측면에서 본 2D의 평면들을 모두 한꺼번에 그리면 3D로 나타난다고 이해할 수 있다.

않는다. 입체주의는 화가의 주관(논리)에 따라 창작되어진 그림으로, 이를 개념예술이라고도 한다.[3]

다음의 그림 4-1은 피카소의 〈꿈(The Dream)〉이라는 작품이다. 그는 사물이 가지는 다양한 모습을 하나의 화폭에 중첩시키는데, 서로 다른 시간대에 화가가 본 풍경을 중첩하여 하나의 화폭에 담는 것이다. 즉 시점에 따라 달라지는 대상의 다양한 모습들을 작가의 주관으로 하나의 화폭에 중첩시켜 **기하학적 도형으로 환원**시키는 것이다(그림 4-2 참조). 그림에서 피카소의 의도(주관)는 무엇일까? 17세 소녀의 꿈은 무엇일까? 어느 시점이 소녀의 꿈을 더 잘 표현하는가? 아니면 중첩된 이미지 모두가 그녀의 꿈을 보여주는 것인가?[4]

그림 4-1 〈The Dream〉 1932 by Picasso
출처: art21.com.ne.kr

3) 스페인 내전 당시 나치군의 게르니카 지역의 비행기 폭격 참상을 그린 〈게르니카(Guernica)〉와 6.25전쟁 당시 황해도에서 미군이 35,383명을 학살한 사건을 비난한 〈조선에서의 학살(Massacre in Korea)〉과 같이 이념적으로 창작된 그림이다. 개념예술은 뒤샹의 다다이즘에 의해 계승된다.

4) 피카소는 "나는 보이는 것을 그리지 않고, 알고 있는 것을 그린다."라고 하여, 500년 미술 전통을 파괴하고 현대미술을 시작하였다.

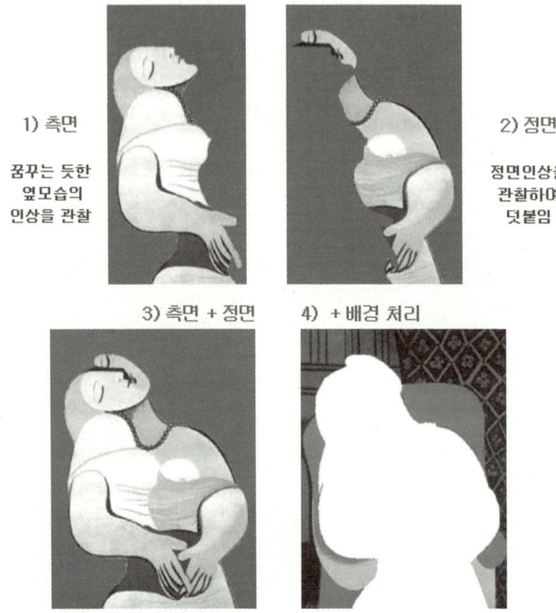

그림 4-2 〈꿈〉의 제작 과정
출처: art21.com.ne.kr

2 모더니즘

1) 모더니즘의 주관성

예술이 실재의 모방 또는 재현이라면 원칙적이든(고전주의), 감정적이든(낭만주의), 실제적이든(사실주의), 인상적이든(인상주의), 중첩적이든(입체주의), 인식할 수 있어야 하는데, 인간인식은 불완전하다. 여기서 모더니즘이 등장한다. 인식이란 자신(개인)의 관점에 의해 왜곡된 실재의 이미지이며, 정확한 인식은 불가능하다는 것이다. 따라서 예술은 실재의 재현을 포기하고, 대신 자신이 느끼는 주관을 표현해야 한다. 결국 **모더니즘은 사람마다 다른 주관의 예술**이라고 할 수 있다.

뭉크(Edvard Munch) 등의 표현주의가 모더니즘의 시작인데, 표현주의란 어차피 완전히 인식될 수 없는 실재를 재현하는 대신 자신의 개인적 감정을 표현하는 것을 말한다. 즉 작가의 감정과 이념을 자유롭게 표현하는 것이다. 다음 그림 4-3 뭉크의 〈절규(The Scream)〉를 보면, 아름다운 노을과 강변의 산책길이 누군가에게는 붉은 구름 속에서 비명이 들려오는 환상으로 표현되고 있는 것이다. 이처럼 **표현주의**는 대자연도 작가의 주관적 분위기에 의해 얼마든지 다르게 느껴지고, 다르게 표현될 수 있다는 것이다.

2) 모더니즘의 추상성

모더니즘은 사람마다 각기 다른 주관을 표현한다. 실재는 재현할 수 없으며, 인식은 불완전하다. 재현할 수 없는 실재를 표현하는 유일한 방법으로 모더니즘은 대상을 추상화한다. 물론 작가마다 다르게 추상화한다. 작가는 대상을 추상화하고 그것을 자의적으로 재구성하여 표현하는 것이다. 추상(abstract)이란 **사물에게서 받은 인상들 중에서 공통된 형태를 추출하는 것**이며, 대상을 어떤 방법으로 추상화할 것인지는 작가에게 달려있다. 또 그렇게 추상화된 대상을 어떻게 화폭에 옮겨 재구

그림 4-3 〈The Scream〉 1893 by Munch
출처: en.wikipedia.org

성할 것인가도 작가의 마음(주관)이다.

러시아 화가 칸딘스키(Wassily Kandinsky)의 경우 사물을 추상화하고 그것을 재구성하는 방식으로 점, 선, 면 등의 순수한 조형요소들을 결합하여 표현한다. 칸딘스키는 미술도 음악처럼 도형화할 수 있다고 주장한다(그림 4-4 참조). 1920년대 비구상회화의 선구자인 칸딘스키로 인해 **추상주의**가 시작되었다. 그와 함께 몬드리안(Piet Mondrian)은 **신조형주의**를 주장했는데, 이는 기하학적 추상 또는 차가운 추상이라고 불리기도 하였다. 몬드리안은 구체적 대상 없이 점, 선, 면 등의 순수 조형요소의 색감으로만 조형을 표현했던 것이다(그림 4-5 참조). 그는 입체주의가 지향했던 자율성의 문제를 가장 순수한 형태로 환원했다는 평가를 받는다.

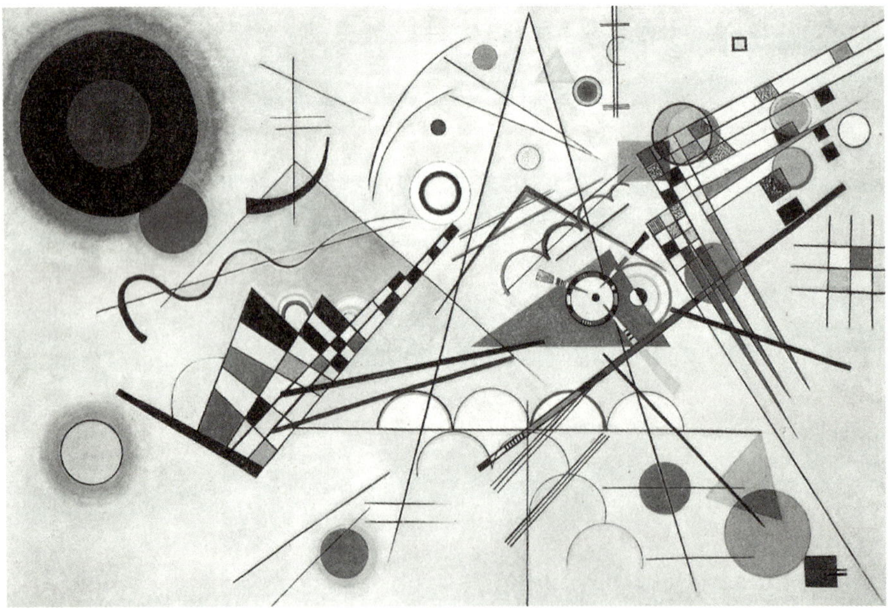

그림 4-4 〈Composition VIII〉 1923 by Kandinsky, Oil on canvas
출처: www.wassilykandinsky.net

그림 4-5 〈Composition II in Red, Blue, and Yellow〉 1930 by Mondrian
출처: en.wikipedia.org

3) 모더니즘의 참신성

보편적 재현방식 없이 자신의 주관만으로 심미를 추구하는 모더니즘 예술가들은 남들이 시도하지 않은 자신만의 독특한 심미 추구 방법을 찾는다. 모더니즘은 **끊임없이 새로운 미학을 추구**한다. 모더니즘의 대표적 화풍으로는 표현주의, 추상주의, 신조형주의, 초현실주의, 추상 표현주의 등이 있다. 표현주의는 인간 감정에 의해 자연현상도 다르게 표현되고, 추상주의는 미술을 점, 선, 면으로 음악처럼 표현하고, 신조형주의는 단순 기하학적 색감으로 표현하였다. 초현실주의(Surrealism)는 자유로운 상상력을 바탕으로, 지식을 초월한 꿈이나 무의식의 세계를 대상으로 초현실적 미를 창조하였고, 추상 표현주의는 단순한 구도와 색채로 인간 심리의 내면을 꿰뚫어 보려 하였다.

1930년대 달리(Salvador Dalí)의 〈기억의 영속(The Persistence of Memory)〉이란 작품은 **초현실주의**에서 가장 유명한 작품이다(그림 4-6 참조). 늘어진 시계

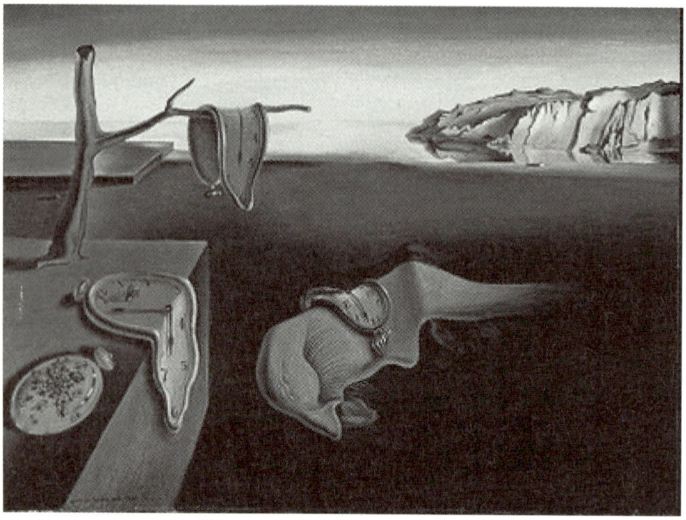

그림 4-6 〈The Persistence of Memory〉 1931 by Dalí
출처: en.wikipedia.org

들은 한번 본 사람이면 절대 잊지 못할 것이다.[5] 달리는 스스로를 천재라고 부르고, "나는 초현실주의 그 자체"라고 하였다. 초현실주의에 깊은 감명을 받은 마크 로스코(Mark Rothko)는 1940년대 **추상 표현주의** 화가이다. 러시아의 유태인 가정에서 태어나고 미국으로 이민했지만, 학교도 제대로 못 다니고 정식 미술 수업도 거의 받지 못했다고 한다. 그러나 로스코는 독학으로 미술을 공부하고 신화와 심리분석학까지 탐독했다고 한다. 그의 그림은 화폭을 수평으로 2~3 등분하여 다른 색을 칠한 것뿐인데(그림 4-7 참조), 많은 사람들은 그림 속으로 빨려 들어가는 느낌을 받는다고 한다.[6] 그림 앞에서 한 없이 울고 있는 사람이 있는 것처럼 보는 사람의 감정에 따라 그림이 대화를 한다는 것이다(그림 4-8 참조).[7]

5) 까망베르 치즈 녹는 모습에서 늘어진 시계의 영감을 얻었다고 한다.

6) 그에 관한 유명한 일화가 있다. 뉴욕의 유명 호텔에서 로스코에게 고가에 그림을 주문했는데, 그림을 완성한 후 호텔 식당에 걸려고 하자, 예술을 이해 못하는 부자들이 밥 먹는 곳에 자신의 그림이 장식용으로 치장되는 것을 참지 못하고 모두 회수해 갔다고 한다.

7) 로스코 자신은 누구에게도 위로받지 못한 채 뉴욕에서 1970년 자살로 생을 마감하였다.

그림 4-7 〈No. 14〉 1960 by Rothko, Oil on canvas
출처: www.sfmoma.org

그림 4-8 Installation view of Selections From The Permanent Collection, MOCA, Photo by Brian Forrest
출처: sites.moca.org

3 포스트모더니즘

1) 모더니즘 반대

모더니즘에서 예술은 실재의 재현이나 모방이 아니라, 주관을 표현하고, 실재를 추상화하고, 그 방법은 예술가 자신의 독특한 방법으로 끊임없이 새로운 미학을 추구한다. 그런데 이런 **모더니즘의 주관성은 예술 밖에서 때로는 다른 사람에 대한 폭력과 억압으로 행사**된다. 진리추구의 중세 교회가 얼마나 많은 사람들을 이단으로 몰아서 죽였던가? 세계대전에 참전한 국가들은 진리추구를 위해 군인들을 사지(死地)로 내몰았던가? 누구의 진리이며 누구를 위한 진리추구인가? 어제의 동지가 오늘의 적이 되는 전쟁에서 진리란 존재하는가? 민간인에게 원자폭탄을 투하하는 것이 진리를 위한 것인가? 모더니즘은 다른 사람이 옳을 수도 있다는 가능성을 인정하지 않는 것이 문제이다.

모더니즘을 반대하는 포스트모더니즘(postmodernism)은 고전과 보편적 가치의 지배 이데올로기를 비판한다. 포스트모더니즘은 **대서사를 비판하고 소서사를 주장**한다. 서구 중심주의, 엘리트주의, 남성 중심주의를 비판하고, 탈식민지주의, 제3세계 시각 등을 주장한다. 포스트모더니즘은 주관성의 진리추구보다 무엇이든지 모두 예술이 될 수 있다고 하였다. 포스트모더니즘은 고급문화나 엘리트주의를 거부하고, 대중 속에 위치하는, 대중의, 대중에 의한, 대중을 위한 예술을 지향하는 것이다.

2) 다다이즘 수용

인간의 인식은 불완전하다. 상대적이고 자의적이기 때문이다. 모더니즘은 인식의 한계를 깨닫고, 우리가 알지 못하는 것을 재현(모방)할 수는 없다고 한다. 모더니즘은 재현을 포기하는 대신, 추상성과 참신성으로 주관을 추구한다. 다다이즘(Dadaism)은 **예술을 파괴하고 예술을 반대하는 예술 운동**이다. 모든 것이 무의미한데 예술과 예술 아닌 것의 구분이 무슨 소용이 있나? 실재가 무엇인지 모르는데 형식과 통일이 무슨 소용이 있나? 거짓을 말할 바에는 차라리 침묵하자는 것이 다다이즘이다.

20세기 초 기계문명은 인류에게 축복이 될 것이라는 희망을 가지게 했지만, 제1차 세계대전으로 많은 사람이 죽게 되면서 기계문명은 축복이 아닌 오히려 재앙이 되고 말았다. 이제 예술가들은 이성도, 감성도, 어느 것도 믿지 못하게 되었다. 진리를 향한 주관이라는 것이 사람들을 죽음으로 몰아넣는 것이라면, 차라리 무의미가 더 낫다고 하여 차라(Tristan Tzara)는 **무의미의 미학이라는 다다이즘(Dadaism)**을 창시한다. 그는 스위스 취리히의 카바레 볼테르(Cabaret Voltaire)에서 뜻을 같이 하는 예술가들과 모여, 밤마다 종치기와 북치기 등 이해 못할 행동으로 다양한 해프닝을 벌인다. 이는 모더니즘의 주관에 대한 반발이고, 기존질서에 대한 반항이고, 모더니즘 예술에 대한 냉소와 조롱과 무관심을 표현한 것이다. 따라서 다다이즘은 허무주의, 무정부주의, 반전주의, 급진주의, 초현실주의 등을 모두 결합한 것이며, 애매모호성, 불연속성, 임의성, 무작위성, 해체성, 다양성, 우연성을 포괄하는 포스트모더니즘의 전신이라고 할 수 있다. 포스트모더니즘은 작가의 주관으로 표현되는 기존질서(모더니즘)을 깨부수고, 무의미(다다이즘)와 무의식(초현실주의) 등 파격적이고 개혁적인 것을 수용하는, **예술을 파괴하고 재창조한 혁신의 예술**이다.

포스트모더니즘은 개념예술을 수용한다. 피카소가 주관과 논리를 위해 전쟁참상을 비난한 〈게르니카(Guernica)〉를 그렸다면, 뒤샹(Marcel Duchamp)은 예술은 의미가 없다는 개념으로 〈샘(Fountain)〉이라는 작품을 만들었다. 그림 4-9를 보면 뒤샹의 작품은 'R. Mutt'라고 서명된 소변기라는 것을 알 수 있다. 뒤샹은 소변기에 예술가가 서명을 하고 미술관 벽에 건다면 작품이 될 수 있다는, 기존 모더니즘 예술의 가치를 비판하고 모더니즘 비평가들의 횡포를 조롱했던 것이다.[8] 무엇이 예술이

8) 실제로 그가 작품 〈샘〉을 출품한 뉴욕의 전시회는, 6달러의 참가비를 낸 모든 작가들에게 문호를 개방하기로 한 내규에도 불구하고, 심사위원회에서 〈샘〉의 전시를 거부하였다.

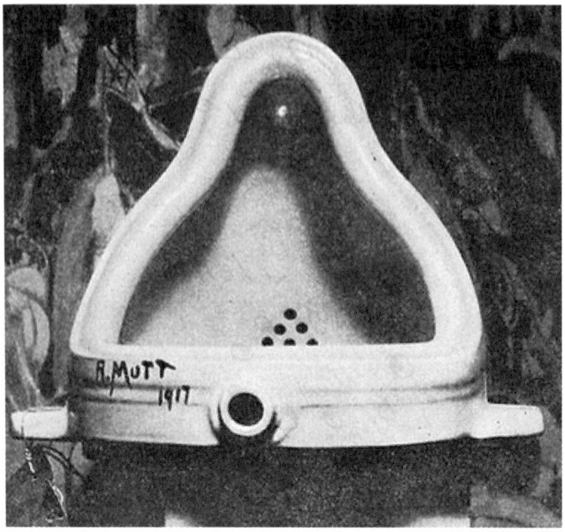

그림 4-9 〈Fountain〉 1917 by Marcel Duchamp
출처: en.wikipedia.org

고 무엇이 예술 아닌가? 다다이즘에 의하면 우리는 희망도 없고 모든 것이 무의미한데, 예술과 예술 아닌 것을 구분할 이유도 없다는 것이다. 작품이 중요한 것이 아니라 작가의 이념(개념)이 더 중요한 것이다. 예술의 주제는 실재가 아니라 개념이다. 미술을 감상하는 사람들이 습관적으로 전시 동선을 따르는 것을 풍자하기 위해 자전거 바퀴를 전시하고(그림 4-10 참조), 모나리자에 수염을 붙이고 낙서를 하여, 예술을 투기 대상으로 보는 졸부들을 조롱한다(그림 4-11 참조). 포스트모더니즘은 예술과 예술 아닌 것의 경계가 없다. 포스트모더니즘은 실재의 모방도 아니고, 주관도 아니고, 기존의 예술을 위한 예술을 벗어나 자신의 존재 속에서 예술을 찾아야 한다. 포스트모더니즘은 자기 안에서 **자신의 무의식 속 이미지를 표현**하는 것이다.

3) 팝아트(pop art)의 예술

1950년대 말 미국에서는 로스코의 추상 표현주의에 반발(또는 그것을 확장)한 앤디 워홀(Andy Warhol)의 작품이 등장한다. 워홀은 자신이 직접 관찰한 이미지가 아닌, 가공과정을 거친 인공적인 이미지, 예를 들면 여배우 마릴린 몬로의 사진

그림 4-10 Metal wheel mounted on painted wood stool, 1951 by Marcel Duchamp
출처: www.moma.org

그림 4-11 〈L.H.O.O.Q.〉 1919 by Marcel Duchamp
출처: en.wikipedia.org

(그림 4-12 참조)과 캠벨 수프 통조림 깡통 사진(그림 4-13 참조)을 실크스크린(silk screen) 기법으로 대량으로 복제하였다. "나는 기계가 되고 싶다."라고 하며, 팩토리(공장, factory)라는 스튜디오(studio)에서 예술 노동자(art worker)를 고용

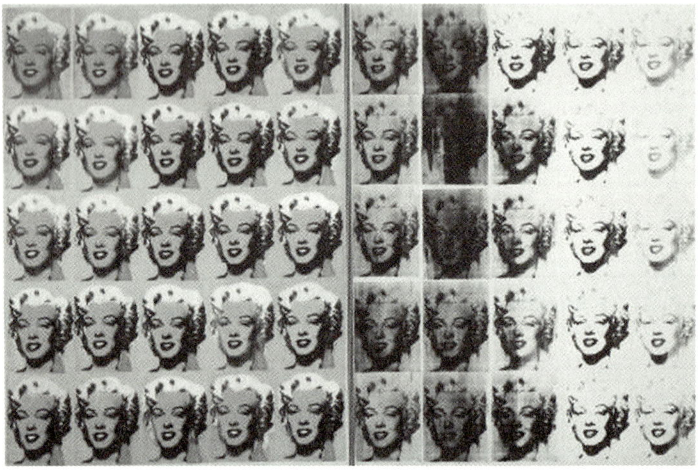

그림 4-12 〈Marilyn Diptych〉 1962 by Andy Warhol, Acrylic on canvas
출처: en.wikipedia.org

그림 4-13 〈Campbell's Soup Cans〉 1962 by Andy Warhol, Synthetic polymer paint on canvas
출처: en.wikipedia.org

하여 작품을 생산하였고, "나를 알고 싶다면 작품의 표면만 봐 주세요. 뒷면에는 아무것도 없습니다."라고 하여, 모더니즘의 심오함은 허위이며 자신의 내면세계(주관)는 없으며 자본주의의 표면만 볼 것을 강조하였다. 워홀은 예술도 공장에서 찍어 내는 대량생산품이 될 수 있으며, 대중문화에 대한 비판보다는 **대중문화도 예술이 될 수 있다**는 것을 보여준 것이다.

포스트모더니즘은 기존질서를 거부하고 무의미와 무의식의 다다이즘을 수용하지만, 적극적으로 심미를 추구한다는 점에서 다다이즘과는 차이를 둔다. 즉 포스트모더니즘에서 다다이즘의 예술 반대는 심미를 추구하는 또 다른 수단이라고 할 수 있는 것이다. 하찮은 일상생활의 소품이나 예술성과 거리가 먼 만화도 훌륭한 예술작품이 될 수 있다. 포스트모더니즘에서의 예술은 **이 세상 모든 것이 예술**이고, 모든 방법으로 심미를 추구할 수 있다는 것이다. 모더니즘 시대에는 그나마 국가의 위양을 과시하기 위한 국제박람회와 국제미술전시회 등을 국가가 지원하였지만, 포스트모더니즘 시대 예술가들은 철저히 시장의 상업논리에 내몰리게 된다. 이제 교회, 왕, 귀족, 부르주아지, 정부의 후원이 끊긴 예술가들은 자본주의 시장에서 살아남기 위해 처절한 투쟁을 벌여야 하는 것이다.

4 문화정책의 발전 요약

1) 고대에서 르네상스까지

구석기 시대는 주술가인 사제가 자연을 숭배하는 도구로 예술을 사용하였고, 신석기 시대는 강대해진 왕의 권한을 과시하기 위해 예술을 사용하였다. 이집트 시대는 왕이 신격화되면서, 집단창작의 대규모의 획일적 예술이 백성을 세뇌시키기 위해 동원되었다. 그리스 시대는 비록 귀족 출신의 영웅이 주인공이지만 신이 아닌 인간 중심의 예술이 시작되었다. 귀족들에게 복종하라는 도덕교육의 목적은 있었지만, 평민들이 디오니소스 축제에 참가하고, 비극을 관람할 수 있는 민주주의가 실현되었다. 정치귀족들이 극장을 짓고 비극작가와 무대 연출자를 후원하는 등 메세나 전통이 시작되었고, 예술을 실재의 재현으로 보는 서양 예술의 전통이 확립되었다.

중세 시대는 교회가 세상의 중심이었던 만큼, 예술도 종교와 교리의 굴레에서 벗어날 수 없었고, 익명의 수도사들에 의한 집단창작이 많았다. 그러나 기나 긴 십자군 전쟁은 이슬람 문화를 수입하는 계기가 되었고, 그리스의 인본주의(인간 중심)를 내포하고 있었던 이슬람 문화는 유럽에 큰 영향을 미치게 된다. 음유시인의 기사문학은 중세의 교회와 관습에 항거하는 사랑 이야기(〈트리스탄과 이졸데〉)를 창작하고, 교회의 억압에서 벗어나 자유로이 자기(인간)를 탐색하게 한다.

르네상스 시대에 그리스의 인본주의는 꽃을 피우는데, 단테의 〈신곡〉을 거쳐 보카치오의 〈데카메론〉에서는 신이 내린 불행 속에서도 인간은 행복할 수 있다는 믿음을 보여준다. 비록 교회와 귀족영주를 위한 예술이지만, 예술가들은 독창력을 발휘하여 신이 아닌 인간 중심의 작품을 창작하였던 것이다. 길드(guild)라는 예술 공방의 경쟁 속에서 미켈란젤로, 라파엘로, 다빈치 3대 거장이 탄생하였고, 신의 시선이 아닌 인간의 시선으로 예술의 대상을 바라보게 된 것이다.

2) 17~19세기

르네상스의 인간 중심 정신이 부흥하고, 교회가 쇠퇴하면서 의지할 곳이 없어진 사람들의 정신적 혼란을 틈타 절대왕정이 들어선다. 루이 14세는 적극적 예술 지원으로 프랑스를 유럽의 예술 중심지로 만들었다. 프랑스 고전주의 궁정문학은 그리스 고전철학으로의 복귀인데, 민주정신보다는 도덕교육의 목적이 더 강했다. 18세기 고전주의 음악은 소나타 형식을 완성하고 바흐, 하이든, 모차르트, 베토벤 등의 작품을 남겼는데, 대부분 귀족들의 후원에 의한 것이었다. 고전주의에 반발하여 이성보다 감성을 중시하는 낭만주의가 등장한다. 루소는 인간 본성을 되찾으라며 "자연으로 돌아가라"고 하였고, 들라크루아는 마음이 원하는 대로 그려야 한다고 하였다. 부르주아지는 문화의 세속화와 함께 예술의 상업화를 가속화시켰다. 인쇄술의 발전으로 출판이 가능해지면서, 고딕소설의 상업소설이 등장하게 되었고, 공포와 로맨스가 결합된 다양한 장르 소설이 시작되었다. 노동자와 서민의 일상을 객관적으로 보여주는 사실주의는, 사회현실을 비판하고 부르주아지의 모순을 드러내어 계급성과 정치성을 띠면서, 나중에 사회주의 사실주의로 발전하게 된다. 19세기 말 부르주아지의 속물성에 실망한 많은 지식인들과 예술가들은 세기말주의, 회의주의, 허무주의에 빠지게 된다. 기계문명의 등장은 예술가들에게 또 다른 도전이었다. 초기 인상주의는 사진기가 아닌 빛의 인상을 그림으로 표현하려 하였고, 후기 인상주의는 빛의 인상이 아닌 화가의 주관을 그림으로 표현하려 하였다. 그리스 시대에서 시작한 인간 정신은 르네상스와 낭만주의를 거쳐 후기 인상주의의 주관성으로 발전한 것이다.

3) 20세기 이후

후기 인상주의의 주관성은 입체주의에 와서 극대화된다. 인식은 고정되지 않고 중첩된다. 다른 시간과 다른 방향의 중첩된 주관은 입체이며 개념이다. 모더니즘은 재현의 위기를 극복하기 위해 주관을 강조한다. 실재를 재현할 수 없지만, 그것이 있다는 것은 어떻게든 표현하려는 것이다. 그 방법으로 추상을 사용하고, 나름의 새로운 표현방식을 추구하는 것이다. 그러나 모더니즘 시대 전쟁의 잔혹함은 기계문명에 대한 심각한 회의를 들게 하였다. 포스트모더니즘은 모더니즘을 반대한다. 대서사를 반대하고 기존의 예술을 반대하고 엘리트주의를 반대하고 서구 중심주의를 반대하고 남성 중심주의를 반대한다. 포스트모더니즘은 실재가 있음을 표현하려는 노력마저 포기하면서 대중의, 대중에 의한, 대중을 위한 예술을 지향한다.

왕과 신을 위한 문화정책에서, 귀족과 부르주아지의 소수 특권층을 위한 문화정책으로 발전하였고, 최근에는 모든 인간을 위한 문화정책으로 발전하였다. 백성 통치를 위한 정치적 목적의 문화정책에서 국위선양을 위한 홍보적 문화정책으로 발전하였고, 최근에는 문화산업을 위한 경제적 목적의 문화정책으로, 대중을 위한 사회적 목적의 문화정책으로, 문화진흥을 위한 문화복지적 목적의 문화정책으로 발전하였다. 주술가와 족장의 문화정책에서 왕과 교회의 문화정책으로, 또한 귀족과 부르주아지의 문화정책으로 발전하였고, 국가의 문화정책에서, 정부, 기업, 시민, 예술조직의 문화정책으로 발전하였다.

PART II

문화정책의 이론

05

문화연구

문화정책은 인류의 탄생과 함께 인류의 역사 속에서 발전하였지만, 문화정책이라는 용어가 등장하고 학문으로서 연구가 시작된 것은 1950년대 문화연구 이후이다. 문화연구는 1950년대 영국 노동자의 삶에 관심을 가지면서, 계급적 관점에서 노동문화를 연구한 것이 시초이다. 제5장에서는 문화정책의 학문적 뿌리인 문화연구에 대해 알아보기로 한다. 우선 문화연구의 정의와 문화연구가 대두하는 배경을 알아보고, 문화연구의 방법론으로서 기호, 담론분석, 타자의 표상을 공부하기로 한다. 문화연구의 주요 내용은 소쉬르(Saussure)와 레비스트로스(Levi-Strauss)의 구조주의, 데리다(Derrida), 라깡(Lacan), 푸코(Foucault)의 후기구조주의, 프랑크푸르트 학파, 호크하이머(Horkheimer), 아도르노(Adorno), 보드리야르(Baudrillard)의 문화산업 비판, 사이드(Said)의 오리엔탈리즘(orientalism) 비판, 탈식민주의, 디아스포라(diaspora) 등이다. 마지막으로 영국, 미국, 캐나다, 호주, 프랑스의 문화연구 경향을 살펴본다.

1 문화연구의 정의

문화연구란 무엇인가? 쉽게 생각하면 문화연구의 정의는 문화의 정의와 연구의 정의를 합한 것이다. 연구란 어떤 문제에 대해 깊이 있게 조사하는 것이다. 그렇다면 문화연구는 문화를 깊이 있게 조사하는 것이다. 문제는 문화가 무엇인가인데, 우리는 제1장에서 넓은 의미로는 인류의 생활양식이라 하고, 좁은 의미로는 예술이라고 정의하였다. 따라서 문화연구는 넓은 의미의 문화를 연구하는 것으로, 사회 생활양식을 깊이 있게 조사하는 것이라고 정의할 수 있다. 즉 한 시대 한 집단의 공유하는 생각, **우리의 삶과 생활양식의 총체를 연구**하는 것이다.

문화연구가 우리의 삶과 생활양식에 대한 연구라고 한다면, 예술과 관련한 연구는 포함하지 않는가? 그렇지 않다. 예술 또한 아놀드(Arnold)의 주장대로라면, 인간사고의 표현이며 실천으로서 인간정신의 완성을 추구하는 것이기 때문이다.[1] 윌리엄스(Williams) 역시, 예술적 활동은 우리의 사고양식이 표현되고 생산되는 행위라고 하였다. 결국 문화연구가 우리의 삶과 생활양식을 연구하는 것이라고 할 때, 예술 역시 포함되는 것이 당연하다. 다만 문화연구의 태생상 노동자의 생활상에 관심을 가지면서 계급적 사회성을 더 강조한 점이 있다는 것이지, 예술에 관한 연구가 배제된 것은 아니다. 1960년대 문화정책은, 문화연구의 정신과는 달리, 예술가들에 대한 후원과 국가적 홍보 등, 공급 차원에서 최소한의 예술지원에 머물게 된다. 이후 1990년대 문화정책은 경제적 유인을 위한 대중예술의 문화산업 지원으로 확대된다. 그 결과 문화정책은 우리의 삶과 생활양식에 대한 연구로 돌아가야 한다고 비판을 받게 되는데, 이것이 바로 '비판적 문화정책'이다. 즉 문화정책이 좁은 의미의 예술에 국한하지 않고, 넓은 의미의 문화인 우리의 삶과 생활양식, 심지어는 우리의 사고양식에 집중해야 한다는 것이다. 정리하면 **문화연구는 문화의 광의의 정의인 생활양식에 대한 연구**이고, **문화정책은 문화의 협의의 정의인 예술을 대상**으로 한다. 또한 비판적 문화정책은 문화정책을 협의가 아닌 광의의 정의 즉 우리의 삶과 생활양식에 대한 정책을 연구할 것을 주장하여, 문화연구의 정신을 되살려야 한다고 주장한다.

1) 물론 아놀드는 대중문화를 제외시킨 고급문화 즉 클래식만을 예술이라고 하였다.

2 문화연구의 등장배경

제2차 세계대전 이후 영국은 "요람에서 무덤까지"의 획기적 복지제도를 실현하고, 국민의료법, 국민보조법, 의무교육 확대 등을 실시하여, 노동자들의 안정된 고용과 생활수준의 향상을 이루었다. 그 결과 소비문화가 번성하고, 물질주의가 확산되면서 엘리트 문화가 아닌 그들만의 문화, 즉 **노동자 문화**가 형성되었다. 문화연구는 영국 노동자의 일상을 들여다봄으로써 시작한다.

리비스(Frank Raymond Leavis)는 〈대중문명과 소수문화(Mass Civilization and Minority Culture)〉에서 문화 엘리트의 중요성을 역설하고, 문학을 이해하고 최선의 상태로 이끄는 문화 엘리트가 필요하다고 주장하였다(그림 5-1 참조). 무

그림 5-1 Frank Raymond Leavis
출처: leavissociety.com

지한 노동자(대중)에게 문화를 맡기면, 고상함과 거리가 먼 저질의 작품이 판을 치게 된다. 문학을 노동자(대중)에게 맡기면 저질의 연애소설만 양산될 것이고, 민주주의로 투표하면 저급하고 통속적인 소설만 출판된다. 따라서 문화 엘리트가 고급문학을 이해하고 최선의 상태로 이끌어야 한다. **고급문화**는 지적 자극과 정서적 즐거움을 주지만, **저급문화**(대중문화)는 상업주의와 속물주의로 찰나적 즐거움만 준다.[2] 리비스는 저급한 대량문화의 야만성에 대항하기 위해 교육이 필요하며, 특히 대학교육이 중요하다고 하였다.

호가트(Hoggart)는 1950년대 영국 노동계급의 소득증가와 교육수준 향상으로 그들의 삶의 방식이 변화하고, 미국 소비문화의 유입으로 영국 노동자 문화가 변화함을 간파하였다(그림 5-2 참조). 노동자들은 값싼 대중문학과 현실도피적 상업가요로 환상을 꿈꾸게 되고, 일상의 말초적 즐거움을 위한 잡지, 라디오, 드라마(drama), 주크박스(juebox)로 시간을 때우게 된다. 호가트는 이러한 1950년대 소비의 대중문화가 1930년대 노동자 문화와는 판이하게 다르며, 리비스가 비판한 1930년

그림 5-2 Richard Hoggart
출처: www.thetimes.co.uk

2) 리비스에 의하면 위대한 문호의 작품은 고급문화이고, 신문과 라디오 그리고 영화는 저급문화이다, 특히 연애소설과 영화는 환상을 실제로 오인하게 하여 대중을 최면에 들게 한다고 하였다.

대 노동자 문화야말로 오히려 상업주의에 물들지 않은 공동체 의식에 기초한 진정한 노동계급 문화였다고 동경하였다. 그는 목가적 시골 풍경을 통해 노동자 문화를 묘사하였다. 밭일을 하고 돌아오는 아버지, 집 앞 마당에서 빨래 걷는 어머니, 강아지와 뛰어다니는 아이들과 같은 시골 풍경이 보여주는 공동체적 가정생활의 노동자 문화를 동경하였던 것이다. 1950년대의 상업적 대중문화는 쾌락적이며 찰나적이고 도덕성을 말살하기 때문에, **1930년대의 자생적, 도덕적, 공동체적 노동자 문화로 대중문화의 조작적 성격에 대항**해야 한다는 것이다.[3]

호가트(Hoggart), 윌리엄스(Williams), 스튜어트 홀(Stuart Hall)과 같은 좌파 비평가들은 문화생산과 소비에 있어 인간의 주체성을 강조하고, 인간의 경험, 투쟁, 역사를 중시하여 **문화주의(culturalism)**를 주장하였다. 1964년 영국 버밍엄(Birmingham) 대학에 현대문화연구소(Center for Contemporary Cultural Studies)가 설립되고(그림 5-3 참조), 호가트가 현대문화연구소의 초대 소장이 되면서

그림 5-3 버밍햄 대학 현대문화연구 센터
출처: eachoneteachone.se

3) 그가 비난한 1950년대는 상업적 대량문화의 대중문화 시대이고, 대중문화의 문제는 소비자가 아닌 생산자인 자본가 때문이라고 하였다.

문화주의를 받아들여 문화연구가 시작되었다.[4] 문화연구는 현대문화연구소가 고급 문화의 엘리트 문화를 비판하고, 1950년대 영국 노동계급인 **서민들과 소외계층의 하위문화를 연구**하면서 시작하였는데, 예술만이 아닌 노동, 무역, 정치 등 삶의 방식 전체에 내재한 모든 요소들의 관계를 연구하였다. 또한 문화연구는 당시 엘리트 문화에 대한 비판적 연구로서, 노동자 교육의 필요성을 주장하는 등 다소 정치적이고 계급적인 좌파적 사회운동 성향으로 전개되었고, 이러한 경향은 미국으로 건너가 문화인류학에 영향을 주면서 페미니스트(feminist), 흑인 인권, 탈식민주의 등의 주제로 발전하였다. 우리나라에서는 문학, 커뮤니케이션학, 여성학, 사회학, 미학, 인류학, 정치학, 역사학에 영향을 주었다.

3 문화연구의 방법론

1) 기호

우리의 생활양식을 연구하기 위한 문화연구의 방법론에는 기호, 담론분석, 타자의 표상이 있다. **기호란 어떤 뜻을 나타내는 표시**이다. 비둘기는 평화를 상징하고, 빨간 신호등은 멈춤을 상징한다. 이는 모두 시각기호인데, 이 외에도 청각, 촉각, 후각, 미각 등 다양한 기호가 있다. 한글과 같은 문자는 대표적 시각기호이다. 수화 역시 시각기호이다(그림 5-4 참조). 그레고리안 성가를 들으면 종교의 경건

그림 5-4 시각기호의 수화

출처: 123000.synology.me

4) 문화주의는 1950년대 영국의 문화연구를 촉발하는 기제였고, 엘리트 문화보다는 노동자와 서민의 문화를 비롯해 다양한 계층의 문화를 연구하는 계기가 되었다.

함을 느끼는데, 이는 청각기호이다(그림 5-5 참조). 점자는 맹인에게 지식을 전해 주는 촉각기호이다(그림 5-6 참조). 분향 냄새는 후각기호로서 순국선열과 현충원 등이 생각난다(그림 5-7 참조). 송편을 먹으며 추석을 떠 올리고, 수제비를 먹으며 고향과 어머니의 손맛을 추억하는 것은 미각기호이다(그림 5-8 참조). 이처럼 우리는 기호를 통해 동일한 의미를 공유한다. 즉 같은 문화를 갖는 것이다. 호가트(Hoggart)는 농촌의 평화로운 풍경을 묘사하여 공동체적 노동자 문화를 찬양하였는데, 이는 시각기호를 통해 일상의 노동문화에 의미를 부여하였던 것이다.

기호는 기표와 기의로 구성된다. 기표는 시니피앙(signifiant), 기의는 시니피에(signifie)이다. 물리적인 형태로 표시되어 보여지는 것이 시니피앙이고, 기호에 의해 표현되는 의미가 시니피에이다(그림 5-9 참조). **시니피앙은 이름이고 시니피에**

그림 5-5 청각기호의 그레고리언 성가 악보
출처: commons.wikimedia.org

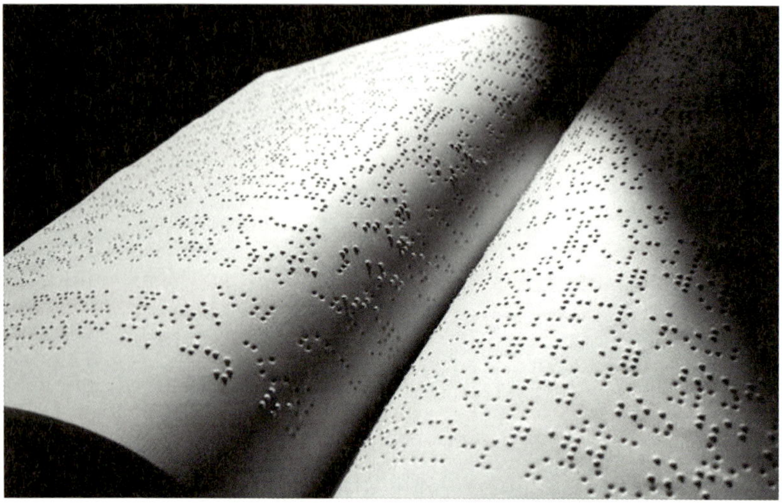

그림 5-6 촉각기호의 점자책
출처: www.hsb.or.kr

그림 5-7 후각기호의 분향
출처: 이투데이 2013.10.1

그림 5-8 미각기호의 송편
출처: www.asiae.co.kr

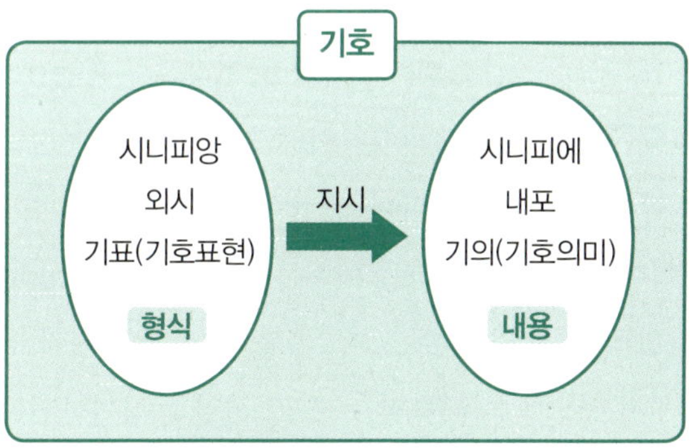

그림 5-9 기표와 기의
출처: goodtext.co.kr

는 의미이다. 예를 들면 소년, boy는 시니피앙으로 서로 다르지만, 남자 아이라는 의미의 시니피에는 같다. 그렇다면 시니피앙과 시니피에는 어떻게 연결될까? 기호의 목적은 의사소통인데, **의사소통을 위해서는 코드(code)가 필요**하다. 코드는 시니피앙이 시니피에를 전달할 수 있도록 양자를 연결하는 것이다. 우리는 boy라는 시니피앙의 코드를 알아야 소년이라는 시니피에를 알 수 있는 것이다. 이 경우는 영어를 찾아 한국어 번역을 볼 수 있는 영어사전이 코드이다. 사과는 무엇을 상징하는가? 기독교의 선악과(善惡果)? 트로이(Troy)의 황금사과? 뉴턴(Newton)의 만유인력 사과? 세잔(Cezanne)의 사과? 빌헬름 텔(Wilhelm Tell)의 사과? 스피노자(Baruch Spinoza)의 사과? 백설공주(Snow White)의 사과? 아니다. 이 시대의 사과는 혁신(innovation)을 상징한다. 스티브 잡스(Steve Jobs)의 애플(Apple)의 사과이다. 사과는 시니피앙이고 혁신은 시니피에이며 잡스의 애플(회사)은 코드이다. 입체주의의 피카소는 측면, 정면, 상하에서 관찰한 인상을 중첩적으로 재구성했다. 즉 대상을 분해하여 과거, 현재, 미래 이미지를 추상으로 표현했던 것이다. 시니피앙은 피카소의 그림이고, 시니피에는 그가 보여주려 했던 주관이며, 코드는 주관을 이해하기 위한 중첩과 추상의 표현방식인 것이다.

2) 담론분석

담론이란 담화(談話), 언술(言述), 언설(言說)이라고도 하는데, 규칙을 가진 말의 덩어리라고 할 수 있다. 담론이란 하나 이상 일련의 말과 문장들을 가리키는 언어학적 용어인데, 담론분석이란 한 마디 말 또는 한 문장이 의미하는 것이 무엇인가를 밝혀내는 것이다. 담론분석을 하는 이유는 담론이 **사회구성적 능력**이 있기 때문이다. 담론은 사회 현실을 만들 수 있다. 예를 들면, 우리나라 1990년대 TV 드라마에 등장하는 부자 주인공은 서울말을 쓰고, 서민 등장인물인 운전기사와 일하는 아주머니는 사투리를 쓴다. 이처럼 허구의 드라마로 인해 사투리를 사용하는 사람은 저급한 지위라는 담론이 저절로 형성되는 것이다. 영화에서 조폭은 항상 특정 지역의 사투리를 사용하는 것도 담론이다. 미국의 포장음식(take-out) 전문의 중국 식당과 영국의 식당 라지발티(Raj Balti)는 전형적 담론으로서, 싸구려 저급의 의미를 가진다. 이민자인 중국인의 음식과 식민지인 인도의 식당은 무조건 싸구려 취급을 받는 것이다(그림 5-10 참조). 즉 동양인 이민자와 식민지 원주민은 열등하다

그림 5-10 미국 테이크아웃 중국식당과 포장 음식
출처: www.mightysweet.com, www.tripadvisor.com

는 담론이 미국과 영국에서 형성되어 있으며, 우리는 우리도 모르게 우리의 일상생활에서 그들을 열등하게 취급하게 된다. 이것이 담론의 힘이다.

담론분석은 왜 이런 담론이 만들어졌으며, 누가 어떤 의도로 만들었는지, 그리고 그 사회적 영향은 무엇인지를 밝혀내는 작업이다. 무슨 말을 했는가보다 무엇을 의도했는가가 더 중요하다. 담론에는 사회적, 문화적, 이념적, 심리적으로 축조된 현실이 내재하는데, 이를 찾아내는 것이 담론분석이다. 즉 담론의 의미와 **담론 생산자의 의도가 무엇인가**를 밝혀낸다. 때로는 정치가들이 담론을 생산한다. 권력에의 의지가 내장된 정치행위로서 담론이 생성되는 것이다. 사실이든 사실이 아니든 담론이 형성되면, 그것은 우리 생각을 지배한다. 고려장(高麗葬)이라는 허무맹랑한 내용도 일제에 의해 담론으로 형성되면서, 아직도 사실이라고 믿는 사람이 많은 것이다.

3) 타자의 표상

타자란 나와 다른 존재이며, 표상이란 나와 다른 타자를 개념화한 것이다. 타자의 표상이란 자신과 타자라는 이분법적 사고로서, 나와 어떻게 다른가는 표상을 통해 의미를 가지게 된다. 서울 사람이 지방 사람을 시골뜨기라고 할 때 시골뜨기는 타자의 표상이다. 열등한 동양인, 게으른 식민지 원주민, 부도덕한 동성애자는 모두, 우월한 서양인, 근면한 본국인, 건전한 이성애자의 타자의 표상이다. 영화 〈미션(The Mission)〉에서는 18세기 스페인과 포르투갈의 식민지인 남아메리카에서 원주민을 집단 학살하는 장면이 등장하는데, 제국주의자들에게 신대륙은 정복의 대상이고, 원주민은 인간이 아닌 동물과 같은 존재로서 타자의 표상인 것이다.(그림 5-11 참조)

그림 5-11 영화 〈미션〉에서 오보에를 부는 선교사
출처: www.imdb.com

4 문화연구의 이론

인간 삶과 생활양식에 집중한 문화연구는 구조주의, 후기구조주의, 문화산업 비판, 오리엔탈리즘 비판, 탈식민주의, 디아스포라 등으로 발전하였다.

1) 구조주의

구조주의에 의하면 우리는 결코 자유롭게 사고하지 못한다. 구조에 의해 사고가 지배되기 때문이다. 우리는 스스로 사고한다고 생각하지만, 실제로는 시간과 공간 그리고 소속에 따라 다르게 사고한다. 어느 지역, 어느 시대, 어느 집단에 속해 있는가에 따라 달리 사고하는 것이다. 미국의 베트남 전쟁에 대해서, 미국 시민과 베트남 시민의 생각이 다르고(지역), 1960년대의 미국 시민과 2010년대 미국 시민의 생각이 다르고(시대), 2010년대 미국 시민이라도 보수 진영과 진보 진영의 생각이 다른 것이다(집단). 구조주의에 의하면, 작가는 경험(역사)으로서 작품을 창작하는 것이 아니라, 작가(개인)를 지배하는 구조에 의해 작품이 만들어지는 것이다.[5] **우리의 사고는 구조에 의해 결정**되는데, 문제는 구조가 어떻게 형성되는가이다.

구조주의는 문화를 분석하기 위해 구조를 사용한다. 우리의 사고(생각하는 방식, 문화)는 사회 구조에 따르기 때문에, 먼저 사회가 어떤 구조로 되어 있는지를 분석해야 한다. 사회 구조는 사회 요소들 간의 관계이다. 구조주의는 즉 **사회 요소들 간의 관계**가 어떻게 구조되어 있는지, 그리고 그것이 무엇인지를 밝히는 것이다.[6] 구조주의는 사회 요소들 간의 관계에 어떤 구조가 있음을 주장하고, 정신, 언어, 사회, 문화를 분석하기 위해 구조를 사용하였다.

구조주의자 소쉬르(Saussure)는 구조언어학에서, 언어는 시니피앙과 시니피에의 차이에 의한 기호에 불과하며, 관계적 형식과 질서(구조)를 가진다고 하였다(그

5) 스탕달의 〈적과 흑〉은 그 당시 위선과 부조리로 가득 찬 사회 현실에 의해 창작될 수 있었다.

6) 니체는 우리가 스스로 누군지 알 수 없다고 하였고, 프로이트는 우리가 어떻게 생각하는지도 모르고 생각한다고 하였으며, 마르크스는 인간이 자유롭게 사고하지 못하고 계급적으로 사고한다고 하였다.

림 5-12 참조).[7] 언어는 규칙이라는 코드(구조)에 의해 실재를 표현하는 것에 불과하다. 소년과 boy 중 어느 것도 더 실재와 가깝다고 얘기할 수 없는 것이다. 소쉬르는 **언어가 랑그(langue)와 빠롤(parole)로 구성**되며, 랑그는 의미를 만드는 규칙, 즉 문법이나 사회적 제도이고, 빠롤은 개별적 발화, 즉 개별적 언어의 사용이라고 한다.[8] 소쉬르는 빠롤이 아닌 랑그를 연구해야 한다고 주장하는데, 빠롤은 시간과 장소에 따라 다르지만 랑그는 언제나 일정하기 때문이다.[9]

그림 5-12 Ferdinand de Saussure
출처: en.wikipedia.org

7) 언어는 인간 주관을 표현하는 실재의 모사이다. 그러나 소쉬르는 언어를 인위적으로 코드화된 자의적 기호라고 하여, 언어는 실재가 아니라고 하였다. 언어는 관계적 형식과 질서(구조)를 부여하여 실재를 구성할 뿐이다. 소쉬르는 이를 언어학적 판단중지라고 하고, 언어가 가리키는 실재를 판단할 수 없다고 하였다. 언어는 실재와 관련 없고, 사회적 약속일 뿐이며, 기호로서 본질(실재)이 아닌 인위적으로 코드화된 것이라고 하였다. 언어는 기호에 대한 약속으로서, 필연적 관계가 아니라 자의적 관계이다.

8) 예를 들어 바둑의 규칙은 랑그이고, 실제 바둑을 두는 행위는 파롤이다.

9) 바둑을 두는 빠롤은 속기파, 장고파로 나눌 수 있지만, 바둑의 규칙이 변하지는 않는다.

레비스트로스(Levi-Strauss)는 〈야생의 사고(La Pensée Sauvage)〉에서 신화의 광범위한 이질성(파롤) 속에 동질적 구조(랑그)가 존재함을 밝혀내었다(그림 5-13 참조).[10] 레비스트로스는 서로 왕래한 적도 없고 서로의 존재를 전혀 몰랐던, 그야말로 단절된 고대 부족들에게서 근친상간(近親相姦)의 금지와 같은 법칙이 동시에 존재함을 알았고, 이를 사회적 무의식이라고 하였다. 즉 레비스트로스의 구조는 **사회적 무의식이라는 랑그**인 것이다. 서로 알지도 못하고 왕래도 없었지만, 언어, 제도, 문화에서 동일한 신화와 관습이 존재한다. 인류의 모든 부족에게서 결혼과 장례의 관습을 만들게 한 것은 사회적 무의식이다(그림 5-14 참조). 언어와 제도를 모든 사람이 따르는 것도, 사람들이 똑같이 행동하고 생각하는 것도, 모두 사회적 무의식이다. 결국 문화는 사회적 무의식이라는 랑그에 의해 형성되는 것이다.

경험하는 현상의 이면에는 항상 구조가 존재한다. 구조는 보이지 않지만 존재하고, 모든 사람을 똑같이 행동하게 한다. 문화주의가 노동계급의 대중문화가 인간

그림 5-13 Claude Lévi-Strauss
출처: en.wikipedia.org

10) 그는 아메리카 인디언의 신화를 연구하였지만, 쉬운 예를 든다면 서구의 〈신데렐라(Cinderella)〉와 우리나라의 〈콩쥐 팥쥐〉는 거의 비슷한 이야기 구조를 이루고 있다는 것이다.

그림 5-14 세계의 결혼식 신부들
출처: thinkeventsplanning.com

에 의해 창조됨을 강조한 반면, 구조주의는 인간의 주체성을 부정한다. 인간은 개인의 주관적 의지보다는 사회적 무의식의 구조에 의해 움직이기 때문이다. 따라서 구조주의에서는 **개별적 빠롤보다는 전체를 표상하는 랑그가 더 중요**하다. 구조주의는 스위스 언어학자 소쉬르, 민속인류학자 레비스트로스, 사회학자 데리다(Derrida), 심리분석학자 라캉(Lacan), 철학자 푸코(Foucault)에 의해 발전하였다.

2) 후기구조주의

후기구조주의는 구조주의의 절대적, 합리적, 과학적 이성을 반박한다. 빠롤과 랑그, 시니피앙과 시니피에 등의 이원적 대립구조를 비판하고, 다양성과 상대성으로 수용자를 연구하기 시작한다. 후기구조주의는 소쉬르 구조언어학의 시니피앙과 시니피에의 대응 구조를 부정한다. 구조주의에서는 시니피앙을 통해 시니피에를 가지며, 시니피앙과 시니피에의 관계를 구조로 보았지만, 후기구조주의에서는 **하나의 시니피앙에 대응하는 하나의 시니피에는 없다**고 한다. 하나의 시니피앙은 시니피에가 아닌 또 다른 시니피앙을 불러내는데, 이는 우리가 사전으로 한 단어를 찾으면 여러 의미가 있고, 그 의미들 중 하나를 찾으면 또 다른 의미가 있는 것과 같다. 결국 시니피앙에 의해 만들어지는 최종 시니피에란 없다. 즉 시니피에(의미)란 고정되어 있지 않다.

시니피앙과 시니피에의 관계는 시간과 공간에 따라 달라진다. 똑같은 시니피앙이라도 시간이 지나면 시니피에가 달라진다. 파란색은 로마인들에게 어두운 색이었고, 타자의 표상인 동양적이고 우울한 색이었다.[11] 중세 시대 성모 마리아 초상화의 옷은 거의 파란색인데, 이는 아들 그리스도의 죽음을 애도하는 상징이었기 때문이다. 그런데 교회를 숭배하는 12세기 왕들은 마리아를 본받아 모두 파란색 옷을 입기 시작하였고, 영주와 귀족들도 파란색 옷을 입으면서 파란색은 서구에서 가장 유행하는 색이 되었다(그림 5-15 참조). 이제 파란색은 슬픔이 아닌 고결, 고상, 권위를 상징하는 시각기호로서 담론이 되었던 것이다. 프랑스 혁명 당시의 깃발 역시 파란색인데, 이는 왕과 귀족의 파란색을 우리도 사용할 수 있다는 과시였으며, 이후 파란색은 자유를 상징하는 색이 되었다. 후기구조주의자인 데리다(Derrida)는 구조를 해체하였고, 라캉(Lacan)은 언어학적 정신분석학으로 자아와 무의식을 연구하였으며, 푸코(Foucault)는 정치적, 사회적 맥락에서 담론을 연구하였다.

데리다(Derrida)는 소쉬르의 구조주의적 기호학을 부정하고, 언어는 다양한 의미를 가지며, 다양한 해석이 가능하다고 하였다(그림 5-16 참조). 시니피앙은 다른 시각에, 다른 해석으로, 또 다른 시니피에를 의미할 수 있다. 언어는 실재 세계를 객관적으로 표현한 것이 아니며, 인간의 의식을 주관적으로 관념화한 것도 아니다. 단지 기호학적 차이로 구조화한 것일 뿐이다. 따라서 시니피앙과 시니피에는 일대

---

11) 미국 흑인 노예들의 애환을 담은 흑인 영가를 블루스(blues)라고 한다.

그림 5-15 성모 이콘(Icon)
출처: ikolbe.com

그림 5-16 Jacques Derrida
출처: en.wikipedia.org

일 관계로 의미가 고정되지 않고, 시간과 공간에 따라서 다양한 의미를 가질 수 있다.[12] 이를 차연(deférance)이라고 하는데, 지연되다(defer)와 차이(difference)를 결합한 용어이다. 결국 시니피앙과 **시니피에는 구속되지 않고 계속적으로 재해석되면서 의미화가 진행된다**는 것이다. 의미는 항상 지연되고(시간 차) 완전히 드러나지 않기 때문에(공간 차, 해석 차), 순간순간 다르게 존재할 수밖에 없다. 후기구조주의는 차이와 대립을 통한 보편적 구조를 부정하고, 해석과 재해석의 과정(해체)을 되풀이하여, 의미가 계속 달라지는 텍스트의 상호관련성을 강조하였다.[13]

라캉(Lacan) 역시 시니피앙과 시니피에는 고정되어 있지 않으며 하나의 시니피앙에 여러 개의 시니피에가 존재한다고 한다. 그런데 라캉은 시니피에를 가르키기 위해 어떤 시니피앙이 언어로 튀어나오는가는, 결국 프로이트(Freud)의 무의식에 좌우된다고 하였다(그림 5-17 참조).[14] 즉 무의식이 우리의 일상에 영향을 미

그림 5-17 Jacques Lacan
출처: en.wikipedia.org

12) 시니피앙을 시니피에에 일치시키려는 노력은 사전을 찾는 것과 같이 끊임없는 상호텍스트적 의미의 지연일 뿐이다.

13) 해석과 재해석의 끊임없는 의미화의 진행을 상호텍스트라고 한다. 상호텍스트란 텍스트의 텍스트에 대한 텍스트의 텍스트에 대한 텍스트의 텍스트에 대한 .... 텍스트이다.

14) 여기서 무의식은 개인이 자각하지 못하는 자신의 뇌 속의 무의식이며, 구조주의 레비스토로스의 사회적 무의식(랑그)과는 다르다.

치며, 때로는 우리가 의도하지 않았던 단어가 무심결에 튀어나오게 한다는 것이다. 결국 무의식이 내 행동을 지배하는 것이다. 라캉은 프로이트를 재해석하여, **인간 주체는 불확실하고 결핍된 존재**라고 하였다. 인간은 통일성과 전체성을 지향하면서도 이를 달성할 수 없는 존재이다. 인간은 결핍의 상태를 극복하기 위해 욕구를 추구하지만, 욕구를 충족하면 또 다른 결핍 상태에 빠지게 되고, 이를 충족하면 또 다른 결핍에 빠지는 악순환을 거듭하게 된다. 결국 인간은 욕망과 상실을 동시에 갖고 있는 불확실한 주체이다.[15] 아기가 자아를 인식하기 위해서는 어머니와의 분리(결핍)를 경험해야 하는데, 분리된 자아는 자신의 욕구를 언어를 이용해 표현한다. 그러나 자신의 욕구를 정확히 표현할수록, 다른 사람과의 차이와 갈등으로 결핍을 깨닫게 된다.[16] 언어를 통해 사회속의 자아를 인식하고 문화를 알게 되지만, 다른 사람과의 갈등에서 본능적 욕구는 결핍될 수밖에 없는 것이다. 누구든지 오이디푸스와 같이 어머니와의 분리 후 결핍된 욕망을 계속 추구하면 사회적 지위를 박탈당한다는 사실을 깨닫게 되므로, 사회일원으로 자신의 욕망을 포기하고 법과 규범의 아버지께 복종하게 되는 것이다.[17]

푸코(Foucault)는 합리성과 보편적 법칙의 랑그 그리고 사회적 무의식의 구조주의에 반대하고, 담론분석을 통해 권력 작용을 연구하였다(그림 5-18 참조). 푸코에 의하면, 그 시대의 무의식적이고 일반적으로 숨겨져 있는 문화는 담론의 형태로 존재하며, 이러한 담론을 이끄는 것은 지식층이다. 그런데 담론의 형성, 유통, 분배, 소멸의 과정은 권력과 불가분의 관계가 있다. 결국 지식이 그 시대의 권력을 좌우하는 것이다. 즉 권력은 지식을 통해 시민을 억압하고, 시민을 국가에 맞춤 생산한다. 법과 제도 등 순수 국가장치도 합법성을 가장한 권력의 도구인 것이다. 푸코에 의하면 권력 작동을 가능하게 하는 것은 담론이고, **담론을 이끄는 사람은 유**

15) 즉 사랑을 하면 행복하기보다 더 외로워지고 결핍만 깨닫게 된다.

16) 즉 언어를 통해 자아를 깨닫지만 결핍이라는 대가는 치러야 하는 것이다. 상징의 세계에서 언어를 통해 자아를 느끼고 욕망을 표현하지만 그 기대가 충족되지 못하면서 결핍을 느끼게 된다.

17) 근원적 상실의 대상, 즉 어머니의 대체물을 찾는 것이 우리의 인생인지도 모른다.

그림 5-18 Michel Foucault
출처: en.wikipedia.org

기적 지식인이다. 예술 또한 권력을 위한 지배계층의 담론 생산을 위해 이용된다. 결국 담론의 생산과 재생산에는 지식인의 특정 정치성향을 절대화하려는 자본과 문화권력이 존재하는 것이다.

푸코는 〈감시와 처벌(Surveiller et Punir)〉에서 형행제도의 비합리성을 간파하고, 형벌제도를 연구하여, **권력의 개인통제와 예속을 고발**하였다. 형벌제도란 개인의 교화라는 명분하에, 객관적 기준을 가진 사법체계를 내세워 체계적으로 개인을 통제하기 위한 수단이다.[18] 형벌제도의 변화는 개선이 아니라 더 잘 처벌하기 위한 것이고, 범죄자에 대한 평가와 규정은 제도적으로 더 치밀하게 만들어진다. 유기적 지식인은 이러한 제도를 효과적으로 수행하기 위해 필요하다. 권력은 개인의 행동양식을 규정하고 이를 강요한다. 재소자는 원형 망루에서 감시당하고(그림 5-19

18) 감옥이란 신체의 자유를 뺏는 것보다 정신(인격)의 자유를 뺏는 곳이다. 처벌은 행위에 대한 것인데 실제 처벌받는 것은 정신(인격)인 것이다.

그림 5-19 쿠바의 원형감옥과 그 내부
출처: en.wikipedia.org

참조), 훈련받은 생산력으로서의 노동자는 효율적인 기계처럼 일한다. 개인은 권력의 기술에 의해 그 대상이자 도구로 전락하고, 권력의 기술(제도와 법)을 위해 유기적 지식인이 필요한 것이다.

3) 문화산업 비판

문화산업 비판의 이론적 기초는 프랑크푸르트 학파(Frankfurt School)에서 시작한다. 그들은 프랑크푸르트 대학 사회연구소의 주도로, 꽁트(Auguste Comte)의 실증주의(positivism), 비엔나 학파(Vienna Circle)와 포퍼(Karl Popper)의 논리실증주의(logical positivism) 등을 비판하였는데, 대상세계를 경험적 귀납법의 과학적 연구방법으로 고찰하자는 가치중립(value-free)이 오히려 인간 억압의 도구로 사용되었다고 주장한다. 즉 가치가 개입되지 않고 객관성만 부각하면, 사회문제가 소외된다는 것이다. 예를 들어 가치중립의 입장에서 가난한 서민에게 10만원씩 보조금을 지급하는 정책은 평등한 것이지만, 모든 사람이 10만원을 똑같은 가치로 여기지는 않는다. 돈의 가치는 절실히 필요한 사람에게 더욱 큰 가치를 지닌다. 프랑크푸르트 학파의 비판이론은 **경험적 객관성보다 사회적, 역사적 맥락이 더 중요**하다는 것이다. 이론보다 현실이 더 중요하다.[19]

호크하이머(Horkheimer)와 아도르노(Adorno)는 **도구적 이성을 비판**한다(그림 5-20 참조). 도구적 이성이란 이성 자체가 도구가 되는 것을 말한다. 즉 목적 달성을 위한 효과적 수단으로서의 이성이며, 지배하고 착취하는데 필요한 지식과 기술로만 사용되는 이성이다. 도구적 이성은 자기반성과 성찰이 결여된 이성이다. 실증주의와 과학의 발전(이성)은 지배기구를 양산하고, 시민을 물질만능의 자극적이고 퇴폐적인 문화에 물들게 하여, 새로운 지배와 억압에 들어가게 한다. 자본주의의 도구적 이성은 독점자본가가 문화산업으로 노동자를 수탈하는 데에 이용된다.

문화산업은 유행으로 누구나 똑같이 만들어 문화의 동질화를 이룬다. 문화산업은 모든 것을 동질화시켜 획일적 문화를 만든다. 우리나라 인기 드라마는 천편일률적으로 모두 재벌 2세, 출생의 비밀, 파혼, 불륜 등의 줄거리이고, 아이돌 그룹의 노래는 대개 후렴구를 반복하는 '후크(hook)송'이다.[20] 노래도 비슷, 외모도 비슷, 춤도 비슷, 모두 다 비슷하다. 우리는 동질화된 문화상품이 넘쳐나는 상업적 문화를 무조건 따라한다. 일반문화의 비판적 기능은 상실하고, 현재의 상황 내에서만 생각한다. 문화산업은 대중문화를 누구나 쉽게 접할 수 있게 하였지만, 다른 한편으로는 비판을 망각한 채 기존질서를 유지하게 함으로써 노동계급의 정치성을 말살하고 민주화

---

19) 헤겔(Hegel)의 변증법적 비판정신에서도 인간의 능동적, 창조적 정신이 사회구조와 권력의 억압을 극복할 수 있다고 한다. 헤겔 법철학 서문에 유명한 경구인 "미네르바(Minerva)의 부엉이는 황혼이 저물어야 그 날개를 편다"를 보면, 부엉이(지혜 또는 철학)가 밤이 되어 나는 것처럼, 철학은 이미 이루어진 역사적 조건이 지나간 이후에야 그 뜻이 분명해지기 때문이다.

20) 2009년 소녀시대 '지'에는 '지'라는 단어만 52번이 나온다. 후크송이란 중독성이 강한 후렴구, 예를 들면 링딩동, 쏘리 쏘리, 보핍보핍, 핸즈업, 롤리폴리 등의 후렴구를 사용하는 노래를 말한다.

그림 5-20 Theodor Adorno and Max Horkheimer
출처: www.revistaforum.com.br

를 가로막는 이율배반적 성격을 가진다. 결국 문화산업은 문화적 기준을 약화시키고, 노동계급의 정치성을 희석시키고, 궁극적으로 자본주의의 권력에 복종하게 한다.[21] **문화산업은 자신도 모르게 문화의 동질화에 빠지게 하여, 창조와 비판 기능을**

21) 혁명의 기운이 비치면 곧 허구를 충족시키는 문화산업이 나타나 그 기운을 진정시킨다. 대표적으로 3S 정책이 있다. 3S는 Screen(영화), Sports(스포츠), Sex(섹스)의 첫 글자를 의미한다. 전두환 정권은 3S정책으로 1982년 프로야구와 1983년 프로축구를 출범시키고, 1982년 야간통행금지를 해제하고, 1980년 컬러TV를 보급하였다.

상실하고 자본주의 권력에 복종하게 되면서, 속박과 억압의 굴레에 들어가게 한다.

보드리야르(Baudrillard)는 소비자본주의 시대에는 기호(記號)에 의해 강제로 개인의 자유가 상실된다고 하였다(그림 5-21 참조). 새 이미지가 등장하면 자신의 의지와 관계없이 기호에 의해 소비가 강제되는 것이다. 시니피앙의 시대는 의미화보다는 기호의 배열과 조합에 집중하였지만, 무의미성의 포스트모더니즘 시대는 소비자본주의 시대로서 기호에 의해 강제되면서 자유를 잃게 된다. 보드리야르는 원본 없는 동일한 복제물, 즉 시뮬라크라(Simulacra)에 의해 휘둘리면서 자유를 잃게 된다고 한다. 거장의 걸작에서 느끼는 감동(아우라, aura)은 사라지고, 복제된 이미지에 반복적으로 노출되면서 자신도 모르게 시뮬라크라의 의도대로 행동하게 된다. **사람들의 모든 일상행동이 시뮬라크라에 의해 조종**되는 것이다. 시뮬라크라는 실재가 아닌 가상실재(hyperreal)로서 시뮬라크라가 반복되면 실재는 사라지고 가상실재로 대치된다. 가상실재는 미디어를 통해 우리의 의식을 지배하고 욕구

그림 5-21 Jean Baudrillard
출처: en.wikipedia.org

를 왜곡시키고 기호와 이미지를 소비하게 한다. 시뮬라크라의 반복적 경험은 가상 실재가 실재인 것처럼 믿게 하여, 드라마의 주인공과 자신을 동일시하고(보바리즘, Bovarism), 남들과 똑같은 상품을 소비하게 하는 것이다. 우리는 복제된 이미지인 시뮬라크라를 실재로 착각한다. 따라서 저질 상품도 반복적으로 광고하면 무조건 팔리게 된다.[22]

4) 오리엔탈리즘 비판

동양과 서양을 구분하는 기준은 무엇인가? 러시아는 동양인가, 서양인가? 헝가리와 폴란드는? 서양은 미국, 영국, 프랑스 등 몇몇 국가만 해당되는가? 그렇다면 아프리카와 남미는 동양인가, 서양인가? 여기서 동양은 전형적인 타자의 표상이다. 서구인들의 입장에서 동쪽에 있는 국가들을 지칭하여 동양이라 하였고, 이것이 담론으로 굳어진 것이다. **오리엔탈리즘(orientalism)이란 서양은 우월하고, 타자의 표상인 동양은 열등하다는 담론**이다. 즉 오리엔탈리즘은 서구의 인식 주체가 만들어 낸 허구적 이미지이다. 19세기 제국주의의 유산이며 영국과 프랑스의 식민정책의 결과다. 사이드(Said)는 오리엔탈리즘이란 동양을 서양의 잣대로 재구성하고 지배하는 서양의 방식이며, 열등한 동양 식민지 주민을 교화하기 위한 제국주의의 한 형태라고 비판하였다(그림 5-22 참조).[23]

오리엔탈리즘은 우리의 일상생활에서 쉽게 찾아볼 수 있다. 영화 〈300〉을 보면 동양을 제멋대로 재구성하고 지배하는 서양의 오만을 볼 수 있다. 페르시아(Persia)의 왕은 요괴와 괴물 같은 모습으로 묘사하고 있으며, 병사들의 복장은 닌자와 같은 모습이다(그림 5-23, 5-24 참조). 서부영화 〈역마차(Stagecoach)〉에서, 인디언은 평화로운 가족을 습격하여 머리 가죽을 벗기는 야만인으로 묘사하고, 기병대

---

22) 미디어는 무엇인가? "걸프전은 일어나지 않았다." 왜냐하면 현실의 전쟁은 참혹하지만 TV의 CNN 뉴스 화면은 게임 화면 같기 때문이다. 실제 전쟁을 겪는 사람과 TV 이미지로 보는 우리는 얼마나 다른가?

23) 제국주의란 한 나라가 다른 지역에 대해 지배권을 행사하는 것, 즉 한 나라의 정치 · 경제적 지배권과 헤게모니를 다른 나라에 확대시키려는 정책이나 사상이다.

그림 5-22 Edward Said
출처: en.wikipedia.org

그림 5-23 영화 〈300〉에 묘사된 스파르타의 왕(왼쪽)과 페르시아의 왕(오른쪽)
출처: www.mediatoday.co.kr

그림 5-24 영화 〈300〉에 묘사된 페르시아군의 모습(위쪽)과 스파르타군의 모습(아래쪽)
출처: www.mediatoday.co.kr

는 제복에 질서정연하게 나팔소리와 함께 등장하여 가족을 구출하는 영웅으로 묘사한다. 그러나 실제로 평화로운 인디언 마을에 침입한 자는 누구인가? 소설 〈로빈슨 크루소(Robinson Crusoe)〉에서는 주인공이 원주민을 구해 주고 '프라이데이(Friday)'라는 이름을 지어 준다. 금요일에 구해 주어 '프라이데이'라고 했다는데, 원주민도 태어나서 부모님이 지어주신 자신의 이름은 있었을 것이다. 이는 식민지 주민을 타자로 보는 제국주의의 전형으로, 본국의 문화를 강요하고 개종과 개명을 강요한 것이다.[24] '프라이데이'는 서구의 상상으로 만든, **착한 식민 타자의 전형**이다.

5) 탈식민주의

탈식민주의 문화연구는 식민지 문화에 관한 연구이다. 주로 식민지 국가들이 독립 이후에 서구와 어떤 관계에 있는지를 분석한다. 예를 들면 독립 이후 문화적

24) 우리나라도 일제 강점기에 이러한 경험을 갖고 있다.

으로 본국에서 어떤 영향을 받았는지, 또 서구와 비서구의 관계에는 어떤 영향을 미쳤는지를 분석한다. 탈식민주의는 **식민주의가 식민 역사에 미친 영향**을 바로 잡는 일을 주로 하면서, 인도의 독립과 제3세계의 등장으로 다소 좌파적 성격을 띄게 되었다.

탈식민주의자 스피박(Spivak)은 제3세계라는 용어 자체가 비서구 문화를 제국주의 안에 가두는 것이라고 하고, 동양이 아닌 **비서구**는 서구 식민지주의의 제국주의 잣대가 아닌, 비서구만의 새로운 세계, 새로운 공간으로 재창조되어야 한다고 하였다(그림 5-25 참조).[25]

호미 바바(Homi K. Bhabha)는 식민지의 이중의식을 주장하였다(그림 5-26 참조). 식민지인들에게는 지배자에 대한 우호와 대립이라는 **이중의식**이 존재한다

그림 5-25 Gayatri Chakravorty Spivak
출처: en.wikipedia.org

25) 현재 제국주의적 식민지는 사라졌지만, 제임스 페트라스(James Petras)에 의하면 새로운 형태의 식민지 즉 다국적 기업의 신식민지가 진행되고 있다고 한다.

그림 5-26 Homi K. Bhabha
출처: en.wikipedia.org

는 것이다. 같은 맥락으로 식민지배자는 착취와 시혜의 이중의식을 갖고, 피식민자는 저항과 무저항의 이중의식을 갖는다. 식민지배자와 피식민자 사이에 우호와 대립이라는 복잡성이 존재하기 때문에, 식민적 이중의식은 서로 다른 문화적 잡종성을 야기하고, 잡종성은 문화접변으로 새 문화를 창조하면서 권력에 저항하는 수단이 되는 것이다.

아시스 난디(Ashis Nandy)는 인도의 문화연구가 서구의 것과 분리되어야 한다고 주장하고, **탈식민주의와 비활동의 저항**을 실천강령으로 삼았다(그림 5-27 참조). 식민주의가 동양을 서양에 대한 타자로 야만적, 미신적, 폭력적으로 간주하고, 식민지 문화 즉 저급한 대중문화로 원주민들을 비인간화시키기 때문에, 비활동의 저항으로 극복할 것을 주장했던 것이다. 서구의 제도화된 문화권력에 대항하기 위한 방법은, 서구식으로 활동하지 않는 비활동의 저항뿐이다. 그는 서구가 뺏은 진정한 자아를 되찾기 위해서는 인도 고유의 언어와 문화를 가꾸어야 하고, 인도의

그림 5-27 Ashis Nandy
출처: en.wikipedia.org

문맹률을 낮추기 위해 서구식으로 책을 만드는 것은 히말라야 숲을 파괴할 뿐이라고 까지 하였다.

6) 디아스포라

디아스포라(diaspora)는 그리스어로 이산, 히브리어로 유배를 의미한다.[26] 문화연구에서는 망명 생활을 하는 소수 공동체를 일컫는데, 둘 이상의 이질적 사회나 집단에 동시에 속하는 경계인이라고 할 수 있다. 양쪽 영향을 받으면서, 그 어느 쪽에도 완전히 속하지 못하는 이들이 디아스포라인 것이다. 유대인, 화교, 난민 등과 중국의 조선족, 우즈베키스탄의 고려인, 해외교포, 외국인 노동자 등이 모두 디아스포라이다(그림 5-28 참조). 문화연구는 이들의 **귀속성과 타자성**에 주목한다. 귀

26) 이산 즉 흩어진 사람들이라는 디아스포라는 유대 왕국이 망한 후 바빌로니아에 유배 당한 유대인들을 뜻하는 용어였으며, 이후 팔레스타인을 떠나 유대 교리를 지키며 사는 유대인을 지칭하기도 하였다.

그림 5-28 미국 브루클린의 유대인(Hasidic Jews)
출처: www.wsj.com

속성이란 이주한 국가의 문화에 완전 동화되는 것을 말하고, 타자성이란 고향의 문화를 그대로 고수하는 것을 말한다. 해외 입양된 한국 아이가 외국 부모 밑에 자라 한국말을 전혀 하지 못하는 것은 귀속성이며, 세계 어디에 있든 정통파 유대인들이 공동체를 구성하여 단절하고 생활하는 것은 타자성이다.

그러나 이러한 극단적 경우는 예외적이고, 많은 디아스포라는 귀속성과 타자성의 경계에서, 정체성의 혼란, 고난의 역사적 경험, 고향에 대한 향수 등 복잡한 문화를 형성한다. 길로리(Guillory)는 흑인 디아스포라를 검은 대서양 즉 서구의 문화도 아니고 그렇다고 아프리카 문화도 아닌 그들만의 독특한 문화라고 하였고, 초우(Chow) 교수 역시 홍콩의 문화에는 식민주의에 대한 반감과 공동체 번영이라는 **이중의식**이 존재한다고 하였다.

5 세계 각국의 문화연구

1) 영국의 문화연구

1956년 소련이 탱크를 동원하여 헝가리 민중혁명을 진압하고, 영국군과 프랑스군이 수에즈 운하를 침공하자, 영국의 신좌파는 스탈린주의와 제국주의적 폭력성을 맹비난하였다. 따라서 영국의 문화연구는 지배계급에 대한 저항과 대립을 연구하면서 자연스럽게 신좌파적 성격을 띄게 되었다. 1968년 스튜어트 홀(Stuart Hall)이 버밍엄 현대연구소 소장으로 취임하면서, 초대 소장인 호가트의 노동문화 전통을 이어받았다(그림 5-29 참조). 홀은 노동자는 스스로 사상과 문화를 창조하는 주체적 계급이라고 하며, **문화 생산과 소비에 있어 능동적 주체인 노동자의 경험, 투쟁, 역사를 연구**하였다. 영국의 문화연구는 엘리트 문화보다 노동자와 서민 문화를 강조하며, 버밍엄과 런던 대도시 문화를 변방문화와 비교 연구하고, 노동계

그림 5-29 Stuart Hall
출처: en.wikipedia.org

급, 여성, 흑인과 소수민족 등 주변부 문화를 연구하는데 몰두하였다. 영국의 신좌파적 문화연구는 대중을 문화의 소비자인 수동적 입장에서 문화의 생산자인 능동적 주체로 바꾸어 대중문화 연구를 촉발하였다.

2) 미국의 문화연구

1980년 이후 영국의 문화연구는 미국으로 수입되는데, 영국의 계급체제 논의는 환경이 다른 미국에 적용하기에는 부적합하였다. 자본주의의 미국에서 영국의 신좌파 지식은 약화될 수밖에 없었다. 미국은 이민자들로 세워진 나라로 다원주의 전통이 강하다. 따라서 미국의 문화연구는 **사회적 정체성과 민중문화에 관심**을 가진다. 사회적 정체성은 학문적으로 심미적 텍스트를 분석하는 등 과학주의를 채택하였고, 민중문화는 소외계층과 주변부를 대변하는 정치적 성격의 사회운동으로 발전하였다. 예를 들면 민중문화는 학문적 연구보다는 여성운동, 인종과 성소수자 인권운동 등 사회적 실천운동으로 발전하였다(그림 5-30 참조). 사회정체성을 연구

그림 5-30 1960년대 미국의 여성운동
출처: 60sproject2014.wordpress.com

하기 위한 과학주의는 다양한 집단의 정체성 확보를 위한 대중문화를 연구하였고, 문화연구가 전문적 학문으로서 발전할 수 있는 이론적 근거를 마련하였다. 미국의 문화연구는 정치, 권력, 계급 등의 내용보다 사회정체성의 사회과학적 이론화에 집중하였던 것이다.

3) 캐나다의 문화연구

캐나다는 미국과 같은 시기에 영국의 문화연구가 유입되었고, 미국과 같이 이민국가로서 사회정체성에 관한 연구가 주를 이루었다. 그러나 미국과 같은 다원주의보다는 영어권, 불어권, 원주민 간의 갈등이 더 문제였고, 따라서 다문화주의(multiculturalism)와 함께 강력한 인종차별금지를 강조하였다. 이와 함께 캐나다의 문화연구는 이질적 문화와 **주변부 문화를 제도권 안으로 수용**하는 방안을 강구하였다. 예를 들면 각 민족 고유의 문화를 인정하고 계승 발전하기 위한 인디언과 이누이트(Innuit)[27] 원주민 학교를 설립하고, 긴급 전화번호(911)를 한국어를 비롯한 100여개 소수민족 언어로 가능한 시스템으로 구축하였다(그림 5-31 참조). 캐

그림 5-31 150개 언어로 서비스 가능한 캐나다의 911
출처: www1.toronto.ca

27) 그린란드, 캐나다, 알래스카, 베링해 연안에 사는 종족으로 에스키모라고 알려져 있는데, 비하하는 의미가 있다고 해서 이뉴이트(인간)로 부르고 있다.

나다의 문화연구는 사회정체성 연구를 위해 인종문제에 대한 활발한 토론과 연구를 강조한다.

4) 호주의 문화연구

호주는 영국의 영향을 받아 문화연구 역시 영국의 영향을 받았지만, 호주 정부의 문화정책은 영국의 문화연구와는 달리 국가주의를 채택하였다. 예를 들면 정부가 영화산업을 지원하여 호주를 국제사회에 홍보한 것이다. 반정부적 영화는 지원을 받지 못하고, 친정부적 영화 특히 유럽 식민지 사관을 지지하는 보수적 영화만 지원을 받았다. 결국 호주의 문화연구는 호주의 영화, 문학, 역사 등에서 국가적 성격을 담론으로 끌어내는 것이 중요하였다. 다행히 최근 호주 정부는 복합문화에 관심을 가지고 차별 없는 이민정책으로, 민주주의 가치를 신장시키기 위한 노력을 하고 있다. 즉 **원주민 문화와 영국 식민지 유산 그리고 세계 각국의 이민자 문화를 모두 융합**하려는 정부의 노력으로 문화연구의 새 장을 열고 있는 것이다(그림 5-32 참조).

그림 5-32 호주 다문화 정책 Harmony Day 포스터
출처: library.cgg.wa.gov.au

5) 프랑스의 문화연구

프랑스는 다양한 인종과 민족으로 구성되어 있다. 프랑스령 식민지 국민까지 포함하면 더욱 복잡한 문화를 가지고 있다. 따라서 문화연구 역시 국민의 정체성과 문화의 정체성에 초점을 두고 있다. 프랑스는 통합문화를 위한 이민자 동화정책으로, 이민자에게 프랑스 문화를 동화시켜 프랑스 국민의 수준까지 끌어올리려고 하였다. 그러나 이러한 프랑스 정부의 연합이론은 실패하는데, 문화의 동화란 쉽게 되지 않기 때문이다(그림 5-33 참조). 아니 불가능할지도 모른다. 프랑스 정부는 여전히 미련을 버리지 못하고 **계속 연합이론을 시도**하는 것으로 보이는데, 예를 들면 이슬람 히잡(hijab), 유대교 챙 없는 모자, 십자가 등의 교내사용을 금지하고 있는 것이다. 그 외 프랑스 식민지인 북부 아프리카 문화연구와 미국의 대중문화에 대항하는 프랑스 문화의 정통성에 관한 연구도 진행되고 있다.

그림 5-33 프랑스 이민자 동화정책의 실패(프랑스 국기로 만든 히잡을 착용한 여인)
출처: www.frumforum.com

06

문화경제학

1950년대 영국에서 시작한 문화연구는 미국으로 수입되면서, 사회정체성 연구와 민족문화 연구에 과학주의를 채택하여 일반학문으로 발전하게 된다. 그러나 사회정체성 연구는 사회학과 인류학의 분야에 속하게 되고, 민족문화 연구는 사회운동으로 성장하면서, 현재의 문화정책으로 발전하지는 못하였다. 현재의 문화정책은 문화연구보다 오히려 문화경제학(culture economics)에 힘입은 바 크다. 1960년대 미국의 문화 붐(culture boom)으로 예술 시장이 확대되자, 이에 대한 경제적 연구가 시작되었고, 예술에 대한 정부지원의 필요성으로 문화정책이 발전하였다. 제4장에서는 문화경제학의 정의, 등장배경, 발전과정을 알아보고, 기초 개념과 주요 이론을 공부하기로 한다.

1 문화경제학의 정의

경제학이란 경제 현상을 연구하는 사회과학으로서, 재화나 서비스를 생산, 유통, 소비하는 인간행동을 연구하는 것이라고 할 수 있다. 따라서 문화경제학은 문화 현상을 연구하는 것으로, 문화 재화나 서비스를 생산, 유통, 소비하는 인간행동을 연구하는 것이라고 정의할 수 있다. 문화경제학은 문화의 가치에 대한 경제적 연구이며, **문화의 생산, 유통, 소비에 대한 경제적 연구**이다. 물론 문화의 정의가 광의의 인간 삶의 생활양식이냐, 아니면 협의의 예술이냐에 따라 문화경제학의 범위는 달라지는데, 아직까지는 협의의 예술을 대상으로 한다. 따라서 문화경제학을 예술경제학(arts economics), 또는 문화예술경제학이라고도 한다(그림 6-1 참조).

20세기 초 정부의 국가홍보를 위한 박물관 건립, 국제박람회, 국제전시회 등의 문화정책이 있었지만, **학문으로서 문화정책은 문화경제학에서 예술에 대한 정부의 지원을 연구하면서 시작**한다. 즉 시장에서 예술을 공급하는 예술조직들이 만성 적

그림 6-1 다양한 제목의 문화경제학 서적
출처: www.amazon.com

자에 시달리게 되어, 정부의 지원을 요구하면서 문화정책이 시작된 것이다. 문화경제학의 내용은 크게 두 가지인데, 첫 번째는 예술 재화와 서비스의 가치에 대한 경제적 측정이고, 두 번째는 예술 재화와 서비스의 경제적 특성이다. 첫 번째는 예술이 인간과 사회에 유익하다는 가치를 어떻게 경제적으로 표현할 것인가의 문제이고, 두 번째는 예술이 시장에서 생산, 유통, 소비되는 특성이 일반 재화와 어떻게 다른가의 문제이다. 문화정책은 예술이 가치재로서 공공재적 성격을 가졌다면 정부가 제공하는 것이 당연하다는 문화경제학의 주장에서 시작되었고, 이후 예술의 정부지원에 대한 경제적 효과를 평가하기 위한 학문으로 발전하였다.

예술에 대한 정부지원의 경제적 효과를 평가하기 위한 초기 문화정책은, 예술단체들의 역할에 대한 연구와 소비자(향수자) 지원에 대한 연구로까지 발전하게 되고, 최근에는 문화산업의 지역경제 활성화와 도시 재창조 등의 영역으로 확대되었다. 더구나 **비판적 문화정책은 예술에 대한 정책은 물론 인간 삶의 생활양식에 대한 총체적 연구까지 포함할 것을 주장**한다. 초기 문화정책의 주제는 정부가 예술을 지원하고 그 경제적 효과를 측정하는 것이었지만(좁은 의미의 문화), 최근의 비판적 문화정책은 경제적 효과와 함께 모든 정책이 우리 삶의 생활양식에 어떤 영향을 미치는지, 문화영향평가를 수행할 것을 주장한다(넓은 의미의 문화).

2 문화경제학의 등장배경

문화경제학은 1960년대 미국에서 처음 등장하였다. 당시 미국은 1950년대 이후 시작된 문화 붐(culture boom)으로 순수예술 즉 클래식 문화에 대한 수요가 급증하였다.[1] 이에 대응하여 많은 예술단체들이 조직되고, 다양한 공연이 시장에서

1) 클래식(classic)이란 고전을 뜻하는데, 사전의 정의에 의하면 "옛날에 만들어진 것으로 오랜 시대를 거쳐 현재도 아직 높이 평가받고 있는 예술작품"을 의미한다. 클래식은 모차르트와 베토벤 등 고전주의 음악을 지칭하는 경우가 많은데, 여기서는 대중문화와 반대되는 개념으로 사용하며, 고급문화와 동의어로 사용하기로 한다. 물론 엘리트주의 시각이긴 하지만, 대중문화가 저급문화라면 클래식은 고급문화라는 등식이 성립한다.

공급되었다. 그러나 예술의 수요와 공급은 일반 경제학의 이론과 일치하지 않았고, 이에 경제학자들은 기존 재화와 다른 예술의 생산, 유통, 소비에 대한 경제적 연구를 시작하였다. 당시 미국의 문화 붐에도 불구하고 순수예술 공연은 만성 적자에 시달리고 있었는데, 보몰(William J. Baumol)과 보웬(William G. Bowen)은 이 문제를 실증적으로 분석하여, 예술 재화가 일반 재화와 다른 특성을 갖고 있기 때문에, **시장이 문제가 있다면 정부가 지원할 수밖에 없다**고 하였다(그림 6-2, 6-3 참조). 보몰과 보웬은 1966년 출판된 〈공연예술의 경제적 딜레마(Performing Arts: the Economic Dilemma: A Study of Problems Common to Theater, Opera, Music, and Dance)〉에서, 당시 자본주의로 예술의 수요와 공급을 전적으로 시장에 맡긴 미국 정부에게 문화정책의 필요성을 최초로 제기하였다(그림 6-4 참조). 이후 미국 연방정부는 국립예술기금(National Endowment for the Arts: NEA)을 설립하고, 지방정부의 예술지원을 증가하는 등 실질적 문화정책을 수행하게 된다.

그림 6-2 William J. Baumol
출처: www.stern.nyu.edu

그림 6-3 William Gordon Bowen
출처: www.princeton.edu

그림 6-4 〈공연예술의 경제적 딜레마〉 1966
출처: www.amazon.com

3 문화경제학의 발전과정

문화경제학의 초기인 1960년대에서 1970년대는 공연예술의 만성적 재정압박에 대한 연구로 시작하여, 예술가와 공급시장 구조에 관한 연구가 주를 이루었다. 예를 들면 관객조사를 통해, 공연을 관람하는 수요자의 특성을 파악하고, 수요 결정요인이 무엇인지 연구하였다. 또한 미국의 문화 붐으로 문화예술에 대한 관심이 증대하고 문화예술 향수의 욕구가 확대되면서, 정부지원의 필요성이 대두하고 정부도 문화예술의 중요성을 인식하였다. 따라서 연방정부는 문화예술 관련 조직과 기구를 신설하고 예술조직의 정부지원을 확대하였고, 이러한 **정부지원의 효과를 측정하기 위해 문화경제학이 필요**하였던 것이다. 문화경제학의 초기연구로는 무어(Moore, 1968)의 〈The Economics of the American Theater〉, 피콕과 와이어(Peacock & Weir, 1975)의 〈The Composer in the Marketplace〉, 네처(Netzer, 1978)의 〈The Subsidized Muse: Public Support for the Arts in the United States〉 등이 있다.

1980년대 문화경제학은 계량분석을 도입하였다. 예술조직에 대한 정부지원의 정당성을 계량적으로 나타내어 정치가들을 설득해야 했기 때문이다. 당시 레이거노믹스(Reaganomics)의 신연방주의(New Federalism)로 예산이 축소되자, 문화예술 분야 예산을 확보하기 위해서는 경제적 효과를 숫자로 보여주어야만 했다. **문화예술의 계량분석적 접근은 이후 문화예술이 지역경제에 미치는 영향에 대한 연구로 발전**하였다. 1989년 영국 예술위원회(The Arts Council of Great Britain)의 정책 보고서에서는 예술경제(Arts Economy)의 중요성을 주장하면서, 예술조직의 생존을 위한 적자 보전이라는 측면보다는, 예술조직의 발전을 위한 성과향상의 적극적 차원에서 정부지원이 필요하다는 점을 강조하였다.

공연예술에 대한 재정압박의 초기연구와 계량적 방법으로 정부지원을 정당화하였던 연구에 이어, 1990년대 문화경제학은 합리적 선택이론의 한 분야로 연구된다. 합리적 선택이란 모든 사람이 합리적으로 행동한다는 전제하에서, 행동을 하기 전에 먼저 그 비용과 편익을 계산한다는 것이다.[2] 이는 문화경제학을 심리학적, 동기부여적 측면의 연구로까지 발전시켰다. 심리학적 연구는 예술의 심미적 가치, 교육가치, 유산가치 등의 무형의 가치에 대한 심리적 변화를 계량적으로 분석하려는 시도를 하였고, 동기부여 연구는 예술가와 소비자의 금전적 인센티브(incentive)에 따른 행동의 변화를 연구하였다. 이러한 연구들은 정부지원이 예술가와 소비자에게 어떤 영향을 미쳤는가에 대해서 중요한 단서를 제공한다. 1990년대는 기업 등 민간부문의 예술지원이 증대하면서, 기업메세나 연구와 **예술조직의 효율적 운영을**

2) 펠드스타인(Martin Feldstein)은 〈박물관 경제학(Economics of Museums)〉에서 합리적 선택의 인간 행동을 연구하였다.

위한 예술행정의 중요성이 대두한다. 이어서 2000년대는 문화산업, 도시재생, 창조도시, 공공예술, 창조경제 등의 연구가 등장한다.

4 문화경제학의 기초개념

1) 러스킨의 부(富)와 풍요(豊饒)

일반 경제학에서 가장 중요한 것은 재화와 서비스의 가치를 경제적 수치로 나타내는 것이다. 문화경제학에서는 예술의 가치를 경제적 수치로 나타내야 하는데, 문제는 예술의 가치는 일반 재화와는 다른 무형의 가치를 가진다는 점이다. 예술의 가치를 경제적으로 나타낸 최초의 학자는 러스킨(John Ruskin)이다(그림 6-5 참조).[3] 그는 엘리트주의자로서 클래식의 예술이 인간의 삶을 풍요롭게 한다는 전제

그림 6-5 John Ruskin
출처: en.wikipedia.org

3) 작가, 비평가, 자연과학자(지질학과 조류학), 정치학자, 경제학자, 사회학자, 사회운동가, 미학자, 화가이며 동시에 알프스를 사랑해 산악인이 되려 한 사람이다.

하에, 인간의 능력을 평가하기 위해서는 금전적 기준이 아니라 문화와 인간성으로 평가할 것을 주장하였다. 즉 그 사람이 얼마나 돈을 많이 버는가가 아니라, **얼마나 예술적 감성을 가졌나에 따라 능력을 평가**해야 한다는 것이다.

러스킨은 예술의 가치를 측정하기 위해 유효가치라는 개념을 도입한다. 모든 재화는 고유가치(부)와 유효가치(풍요)를 가지는데, 고유가치란 그 재화가 가지고 있는 내재적 가치로서 물질적인 것이고, **유효가치란 고유가치가 인간 생명과 삶에 이바지한 가치**로서 다소 추상적인 것이다.[4] 예를 들어 한 송이의 꽃은 저마다 고유가치(가격)를 가지고 있지만, 꽃꽂이에 의해 예술작품으로 승화시키면, 감상하는 사람에 따라 더 큰 유효가치(심미적 아름다움과 감동)를 발휘하게 되는 것이다. 러스킨은 유효가치를 인식하고, 유효가치를 향유할 수 있는 능력을 개발하고, 사회의 고유가치를 유효가치화 할 것을 주장한다(그림 6-6 참조).

2) 문화의 경제적 가치

문화의 경제적 가치는 주로 좁은 의미의 문화 즉 예술의 가치를 말한다. 문화정

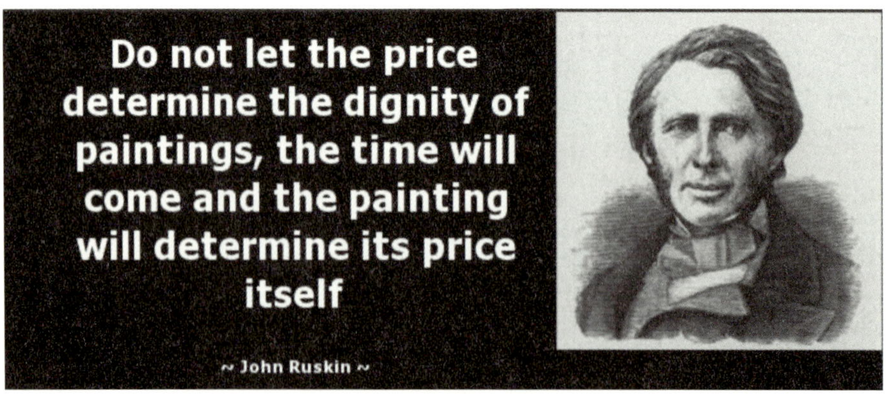

그림 6-6 러스킨의 명언
출처: statusmind.com

4) 부는 사람이 지닌 금전적 가치 즉 고유가치이고, 풍요는 문화적 가치 즉 고유가치를 유효가치화한 것이다.

책의 발전에서 본 것과 같이, 인류의 역사에서 예술은 소수 특권층의 점유물이었다. 족장, 왕, 교회, 영주, 귀족을 위한 것이었다. 시민사회가 성립하여 부르주아지가 등장하고, 이후 노동자와 서민에게까지 예술향수가 가능해진 것은 거의 20세기에 와서이다. 엘리트주의자의 비난에도 불구하고 20세기는 대중문화가 급격히 발전하게 된다. 현대사회는 정보사회, 대중사회, 물질사회로서, 인간은 고독하고 소외감을 느끼는 라캉의 불확실하고 결핍된 존재이며 보드리야르의 시뮬라크라 소비자이다. 자본주의 물질만능 시대에 인간 정신의 황폐화를 막기 위해서는 물질적 부보다 러스킨의 정신적 풍요가 더 중요한 것이다. **예술은 인간을 정신적으로 풍요롭게 한다**. 따라서 우리는 예술의 생산, 유통, 소비를 진작시켜 정신적 풍요를 일구어야 한다.

예술이 인간 정신을 풍요롭게 한다면 이는 정부가 담당해야 할 몫이다. 정부가 예술을 지원해야 하는 것은 예술이 경제적으로 무형의 가치 즉 비사용가치를 지니기 때문이다. 사용가치란 현재 예술 활동에 참여하여 얻는 가치이다. 공연을 통해 관객은 즐기고, 그 대가로 티켓 값을 지불한다. 이 경우 티켓 값이 사용가치가 될 것이다. 비사용가치란 현재 문화 활동에 참여하지 않아도 얻는 가치이다. **비사용가치에는 존재가치, 선택가치, 유산가치**가 있다. 존재가치란 예술 활동의 존재로서의 가치이고, 선택가치란 언젠가는 그 활동을 선택할 수 있는 가치이며, 유산가치란 후세에 유산으로 물려주는 가치이다. 공연을 직접 듣는 것은 사용가치이지만, 뛰어난 공연은 그 나라의 자랑이고 국민의 위상을 더 높이고(존재가치), 녹음하여 제3자도 감상이 가능하며(선택가치), 공연의 대본과 악보는 영원히 후손에게 물려줄 수 있다(유산가치).[5]

5) 우리나라 통영에 가면 벽화가 유명한 동피랑 마을이 있다(그림 6-7 참조). 사용가치는 동피랑 마을을 방문해서 지금 벽화를 감상하는 가치이다. 비사용가치 중 존재가치란 당장 벽화를 보러 가지는 않겠지만 벽화는 존재하여 통영을 홍보하고 있으므로 가치가 있다. 선택가치란 당장 벽화를 감상하러 가지 않지만, 언젠가는 보러갈 수 있고 또 사진으로도 볼 수 있어 선택할 수 있는 가치이다. 유산가치는 벽화를 후세에게 유산으로 물려주는 가치이다.

그림 6-7 동피랑 마을
출처: www.dongpirang.org

3) 긍정적 외부효과

예술은 무형의 비사용가치를 지니면서 경제적으로 긍정적 외부효과를 가지므로 정부가 지원해야 한다. 거리의 벽화는 비경합성(소비로 인한 소실이 없으며)과 비배제성(많은 사람들에게 편익을 제공)이 적용된다. **누구나 벽화를 감상할 수 있고, 벽화를 통해 정신적 풍요를 느낀다.** 그런데 세잔의 정물화가 미술관이 아닌 개인의 거실에 걸려 있다면 그 그림을 감상할 수 있는 감상자 수는 제한되어 긍정적 외부효과는 없다. 따라서 국립박물관은 유명화가들의 작품을 구입하여 소장하고 전시하는 것이다.[6]

마찬가지로 우수한 공연은 관객에 의해 사회에 확산된다. 긍정적 외부효과가 있기 때문에 공공재와 같이 정부가 무상으로 공급해야 한다. 그러나 공연은 벽화와

6) 외부효과란 문화예술 행위가 그 행위와 관련 없는 다른 사람에게도 영향을 미치는 것으로서, 비사용가치 또는 지불의사표시법으로 측정된다.

달리 배제성이 적용되고, 무임승차시 비용회수가 불가능하다. 또한 예술 재화의 공급의 특성상 티켓 값은 매년 상승할 수밖에 없고, 따라서 공연은 과소 공급될 수밖에 없다. 이 경우 문제는 부자는 비싼 티켓 값을 지불할 수 있지만, 가난한 서민은 지불할 여력이 없어 공연 관람 기회를 박탈당하는 것이다. 따라서 **정부는 서민들에게 티켓 값을 지원**해 주어야 한다.

5 문화경제학의 이론

1) 예술 생산의 특성

예술의 생산(공급)은 장기적 생성시간이 소요되고, 대규모 투자가 필요하고, 투자 회수기간이 길고, 낮은 수익률로 시장에서의 투자가 적게 일어나고, **인적 자본의 대체가 어렵다**. 장기적 생성기간의 예를 들면, 오페라는 오랜 경험의 축적과 창의력에 의해 만들어지고, 이를 익히고 연습하고 공연하기까지 오랜 시간이 걸린다. 대규모 투자의 예를 보면 뮤지컬 명성황후는 제작비가 12억 원이었고(그림 6-8 참조), 대장금은 60억 원이었다. 대장금은 적자였고 명성왕후도 투자 회수까지는 많은 시간이 소요되었다. 인적 자본의 대체가 어려운 예를 보면 오페라의 주연 배우를 갑자기 바꿀 수는 없다. 관객은 조수미의 아리아(aria)를 듣고 싶어 하기 때문이다. 조수미를 대체할 가수가 있는가? 이러한 예술 생산의 특성은 생산비용을 지속적으로 상승시킨다. 매년 인플레이션으로 물가는 상승하고 그에 따라 생산비용도 올라야 하는데 이는 티켓 값의 상승으로 이어진다.[7]

예술 생산에는 **규모의 경제가 적용되지 않는다**. 오페라를 하루 5회 공연하면 극장의 고정비용 분산으로 비용은 인하된다. 그러나 연주자와 가수의 피로는 어떻게 하나? 뷔페식당과 같이 대량생산으로 원가가 절감되면 경쟁력이 높아진다. 생산량

7) 보몰은 이를 비용병(cost disease)이라고 하였다. 보몰 효과(Baumol effect)라고도 하는데, 노동 생산성은 향상되지 않고 봉급만 계속 올라가는 상황을 말한다. 베토벤 교향곡을 연주하는 오케스트라는 19세기에도 지금과 같은 수의 연주자를 필요로 하였다. 그러나 임금은 얼마나 상승했는가?

그림 6-8 뮤지컬 명성황후
출처: www.ebs.co.kr

이 커지면 동일했던 고정비용이 분산되어 평균생산비용이 낮아지기 때문이다. 그러나 공연예술의 경우 대량생산 자체가 불가능하다. 공연 횟수를 늘리면 극장 등의 고정비용은 인하가 가능하지만, 인력비용이 더 커지기 때문에 그 효과는 작다(그림 6-9 참조). 뿐만 아니라 인력이 혹사되면 공연이 영원히 불가능해질 수도 있다.

규모의 경제가 적용되지 않는 공연예술에서는 수익을 위해 스타 마케팅(star marketing)을 선호한다. 공연예술의 경우 양과 질의 측정이 어렵고 수요를 유발시키기 어렵기 때문에, 공급을 늘리기 위해서는 스타를 내세워 팬 사인회와 같은 이벤트를 통해 공급을 유지하는 스타 마케팅을 선호하는 것이다(그림 6-10 참조). 문제는 **스타 마케팅이 내생적 선호를 야기하여 경쟁력 있는 다른 상품을 배척한다**는 것이다. 내생적 선호란 맹목적 스타 사랑으로 다른 경쟁력 있는 공연 상품을 배척하는 것이다. 아무리 수준 높은 좋은 공연이 있더라도, 내생적 선호자의 스타가 주연하는 허접한 공연에만 몰리는 것이다. 이는 시장을 왜곡시켜 자유경쟁을 저해한다(그림 6-11 참조).

그림 6-9 뉴욕 메트로폴리탄 오페라의 〈투란도트〉
출처: metropera.org

뉴욕 브로드웨이 뮤지컬과 서울 라이선스뮤지컬 금액 비교

미국 뉴욕 브로드웨이 대작		서울 해외라이선스 대작
45~150달러 (약 5만~16만 원)	티켓 가격	4만~13만 원
1000만~2000만 달러 (약 110억~220억 원)	제작비	100억~250억 원
회당 최고 200만~300만 원	주연배우 출연료	회당 최고 2000만~3000만 원

자료: 인터파크, 플레이빌닷컴

그림 6-10 스타마케팅
출처: 동아일보 2013.08.01

그림 6-11 내생적 선호 (다른 가수 공연에 야광봉을 끈 팬클럽)
출처: egloos.zum.com

정부가 모든 공연을 지원할 수는 없다. 예산의 한계가 있기 때문이다. 정부가 수준 높은 공연을 지원하기 위해서는 경쟁을 통해 공연의 양과 질을 비교해야 한다. 그런데 예술 공급의 양과 질을 어떻게 계량화하여 측정하나? 공연의 양을 공연 횟수로 측정하면, 실제 관객이 얼마나 왔는지 알 수 없다. 관객 수로 측정하면 유상관객인지 초대권의 무상관객인지 또는 비자발적인 학생단체인지 알 수 없다. 공연의 질은 어떻게 측정하나? 전문가와 평론가의 평가로 할 것인가, 아니면 관객만족도로 할 것인가? 이처럼 **예술 공급의 양과 질을 측정하는 것이 문화경제학의 과제**이다.

2) 예술 유통의 특성

예술의 유통(확산)에 있어서는 외부효과로 인한 무임승차의 문제와 저작권의 문제가 발생한다. 합리적 인간이라면 예술에 대한 지불에 인색하다. 모든 사람이 예술의 가치를 인정하고 중요성을 얘기하지만, 기꺼이 지불하려 나서지는 않는다. 거리 공연을 즐기는 사람은 많지만 돈을 지불하는 사람은 많지 않다. 나 아닌 누군가가 지불할 것이라며 무임승차하기 때문이다(그림 6-12 참조). 합리적 인간이라면 가치재인 문화예술은 **정부가 제공해 주기를 바라고 무임승차하려 한다**.

그림 6-12 거리공연의 무임승차자
출처: viralstuffblog.com

예술 유통의 두 번째 문제는 **예술의 저작권을 보호하기 어렵다**는 것이다. 특히 정보사회 인터넷의 등장으로 저작권 보호가 더욱 어렵게 되었다. 누구나 쉽게 영상과 음원을 불법 복제하여 불특정 다수에게 순식간에 유포할 수 있는 것이다. 그렇다고 개인이 작품을 독점하여 소장하는 것은 바람직하지 않다. 다른 사람의 작품 감상 기회를 박탈하기 때문이다. 예술의 사회적 확산이 없으면, 예술은 더 이상 가치재가 아니다. 따라서 정부는 저작권을 구매하여 많은 사람들이 감상할 수 있도록 하고, 개인 소장의 작품들도 개인 박물관과 미술관을 통해 전시할 수 있도록 장려할 필요가 있다.

예술의 유통 가격이 높으면 정부가 지원해야 한다. 예술 시장의 대관료가 비싸서 공연과 전시를 할 수 없다면 정부가 개입하여 대관을 지원해야 한다. 예술 수준의 향상을 위해서는 다양한 신인이 작품발표 기회를 갖도록 하고, 소비자들도 작품 창작의 경험을 갖도록 유통을 확대해야 한다. 따라서 **정부는 문화정책을 통해 다양**

한 공연과 전시를 위한 공간을 제공해야 한다. 동네 자투리땅을 이용하거나, 공공기관의 강당을 대여하고, 학교와 기업의 시설을 제공하는 방법 등을 강구해야 한다. 물론 박물관과 미술관 등 문화인프라 건립을 위한 인센티브도 고려해야 할 것이다(그림 6-13 참조).

그림 6-13 간송 전형필과 간송미술관
출처: www.gansong.org, www.seongbuk.go.kr

3) 예술 소비의 특성

예술의 소비(수요)는 개인의 선호와 기호에 의해 형성되는데, 이는 오랜 경험, 지식 등의 후천적 요인들에 의해 습득된다. **예술의 경우 대체재가 거의 존재하지 않아 가격 탄력성이 작다**. 베토벤의 운명 교향곡을 대신 할 수 있는 음악은 존재하지 않는다. 따라서 자신이 원하는 예술을 위해 기꺼이 고액의 돈을 지불할 사람이 많으므로, 가격이 올라도 수요는 줄지 않는다(그림 6-14 참조). 즉 가격탄력성이 작다.

또한 **예술의 소비는 소득 비탄력적이다**. 예술의 경우 소득의 증가가 바로 예술 구매로 이어지지 않기 때문이다. 소득의 증가는 단기적으로 어느 정도 예술 수요를 증가시키지만 그 정도는 크지 않다. 소득이 증가한다고 해서 연극을 1~2번 더 보고 연주회를 1~2번 더 갈 수는 있지만, 한 달에 연극을 30번 더 보고 연주회를 30번 더 가지는 않는다. 장기적으로는 소득증가가 여유 시간을 증대시키고, 여유 시간의 증대는 예술 소비의 양보다는 질을 늘리게 된다. 소득이 증가한다고 해서 음

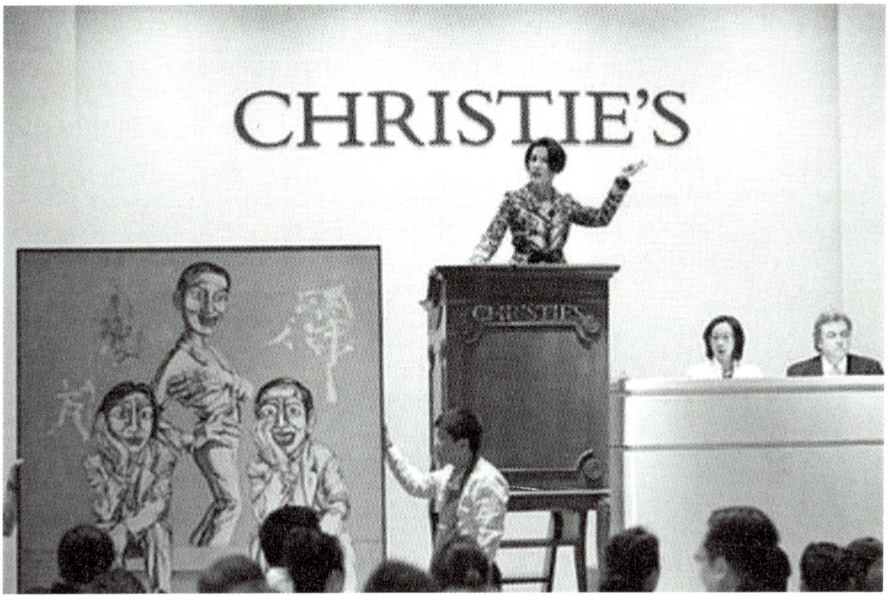

그림 6-14 크리스티의 경매 (2015년 현재 245년의 역사)
출처: www.telegraph.co.uk

반을 더 많이 사기보다는, 감상 시간을 늘리거나 연습 시간을 늘려서 질적 향상을 꾀하게 된다. 결국 예술의 소비는 소득 수준보다는 예술에 대한 경험, 향유 시간 등의 요소와 더 많은 관련을 가진다.

예술 소비에 영향을 주는 요인은 다양하다. 일반적으로 가계소득이 감소하면 가장 먼저 삭감되는 것이 예술에 대한 지출이다. 학교는 가야하지만 음악회는 가지 않는다. 이런 점에서 예술은 열등재이다. 또한 다른 재화의 가격이 예술 소비에 영향을 주기도 한다. 극장의 주차비용이 비싸기 때문에 공연을 가지 않고 집에서 TV로 보는 경우도 있는 것이다. 또한 예술 소비는 시대 유행에 의해 좌우되기도 한다. 1970년대 팝송(pop song)의 유행과 2000년대 뮤지컬(musical)의 유행은 베블런(Thorstein Bunde Veblen)의 현시적 효과와 함께 이러한 장르의 수요를 증대시켰다.

예술이 인간 정신을 고양시킨다면 예술 수준의 향상은 인류의 행복을 증대 시킨다. 예술 수준의 향상을 위해서는 예술 접근 기회를 늘려야 하는데, 예술 향수를 위한 감상 능력은 개인의 노력과 학습이 필요하다. 예술 향수 능력은 자신의 성향과 노력은 물론이고 **문화적 환경도 중요하다**. 문화적 환경이란 부모, 학교, 친구를 비롯하여 공공문화시설, 기업메세나, 동호회 등을 통하여 문화예술에 가까이 접근할 수 있는 분위기를 말한다(그림 6-15 참조). 문화정책은 문화(예술)의 생산, 유통, 소비를 진작시켜 문화예술 수준을 향상시키는 것인데, 소비자 확대를 위해서는 개인의 노력과 학습을 장려하고 문화적 환경을 조성해 주어야 한다.

그림 6-15 뉴욕필의 무료 야외공연 (2015년 현재 50주년)
출처: nyphil.org

07

문화정책학

문화정책은 학문으로 성립하기 훨씬 이전부터 인류의 역사 속에서 발전하였지만, 문화를 예술로 보는 좁은 의미의 문화정책, 즉 공공을 위한 예술 관련 특정 문제를 해결하려는 정부의 역할은, 대체로 제2차 세계대전 이후 사회의 급격한 변화에 의해 등장하였다. 문화정책이 대두하게 된 것은 시민사회의 성장, 경제발전, 교육수준의 향상, 정부역할의 신장 등으로 문화에 대한 관심과 욕구가 증대하였기 때문이다. 또한 문화경제학이 예술에 대한 정부지원의 정당성을 주장하면서, 예술지원에 대한 효과를 측정하는 정책분석 연구가 활발히 진행되었기 때문이다. 학문으로서의 문화정책은 여전히 진행형이지만, 제5장에서는 문화정책학의 정치적 이론, 경제적 이론, 사회적 이론과 문화정책의 범위, 대상, 주체 그리고 문화정책의 종류에 대해 알아보기로 한다.

1 정치적 이론

1) 문화의 민주화와 문화 민주주의

1950년대 이후 1970년대까지 미국의 문화 붐(culture boom)으로, 더 많은 예술가들의, 더 많은 예술 활동을, 더 많은 장소에서, 더 많은 사람들에게 접근 가능하게 해야 한다는 주장이 힘을 얻었다. 1965년 록펠러 재단(Rockefeller Foundation)의 보고서는 "예술이란 특권을 가진 소수가 아닌 다수를 위한 것이고, 예술이 펼쳐질 곳은 사회의 주변이 아니라 중심이어야 하며, 예술은 단순한 오락의 형태가 아니라 대중의 복지와 행복을 위해 가장 중요한 것이다."라고 지적한다(그림 7-1 참조). 왕과 귀족의 소수 특권층의 점유물이었던 **문화예술을 모든 사람들이 향수할 수 있게 하자는 주장이 문화의 민주화(democratization of culture)이다.** 18세기에 정치적 민주주의가 시작되고, 19세기에 경제적 민주주의가 시작되었다면, 20세기에는 미국에서 문화적 민주주의(문화의 민주화)가 시작되었다고 할 수 있다. 보몰과 보웬의 논문에서도, 예술 공급의 특성으로 공연 티켓 값이 오르면 서민들이 비싼 티켓 값을 지불하지 못하므로, 정부가 공연예술을 지원해야 한다고 주장한다. 결국 문화의 민주화란 누구나 평등하게 문화예술을 향수할 수 있어야 하며, 이를

그림 7-1 록펠러 센터 앞에 있는 프로메테우스 동상 [인류에게 전해 주기 위한 불(문화예술)을 손에 들고 있음]
출처: commons.wikimedia.org

위해 특히 소외계층에게도 문화예술을 접근할 수 있게 하자는 것이다.

그런데 문화의 민주화와 비슷한 용어로 문화 민주주의(culture democracy)가 있다. 문화 민주주의란 모든 사람들이 문화에 접근할 수 있어야 하고, 문화의 상하 구분이 없어야 하고, 문화 다양성을 수용해야 한다는 개념이다(그림 7-2 참조). 문화의 민주화(democratization of culture)가 귀족의 클래식을 하층계급에게도 향수하게 하자는 수직적 개념이라면, 문화 민주주의(culture democracy)는 대중문화도 포함하여 모든 문화를 동등하게 취급하자는 수평적 개념이라고 할 수 있다. 문화의 민주화가 다소 엘리트주의에 근거한 것이라면, 문화 민주주의는 대중주의에 근거한 것이다. 또한 문화 민주주의는 선진국의 문화와 후진국의 문화를 차별하지 않는다. 모든 문화는 문화 그 자체로서 소중하며 존중받아야 한다. 파리 시민의 문화와

그림 7-2 5월 21일 발전과 대화를 위한 세계 문화다양성의 날(World Day for Cultural Diversity for Dialogue and Development)
출처: www.unesco.or.kr

아프리카 원주민의 문화는 동등한 가치를 가지며, 어느 것이 우월하다는 평가를 할 수 없다는 것이다. 이런 점에서 **문화 민주주의는 대중주의, 문화 다양성주의, 문화 상대주의와 같은 맥락**이라고 할 수 있다(그림 7-3 참조). 문화 민주주의와 문화의 민주화 개념의 차이를 설명하면 다음의 〈표 7-1〉과 같다.

2) 예술의 정치화

초기 문화정책은 소비자(향수자)보다 생산자(예술가)를 지원하였다. 문제는 누가 누구의 돈으로 어떤 장르에 누구에게 어떤 방식으로 얼마나 지원하는가인데, 이는 필연적으로 정치과정을 거치게 된다. 누가 지원을 결정하는가? 문화정책 담당 공무원인가? 또는 전문가(비평가), 예술가(생산자), 소비자, 예술조직인가? 누구의

그림 7-3 문화상대주의(cultural relativism)
출처: ethicsinpr.wikispaces.com

표 7-1 문화의 민주화와 문화 민주주의 개념의 차이

문화의 민주화(democratization of culture)	**문화 민주주의**(culture democracy)
문화의 단일성(monoculture)	문화의 다양성(plurality of cultures)
기관, 제도 중심(institutions)	비공식, 비전문가 집단(informal group)
기회의 기성화(ready-made opportunities)	역동성 활성화(animation)
구조(틀) 중심(create framework)	활동 중심(create activities)
전문가 중심(professional)	아마추어 중심(amateur)
미적 질(aesthetic quality)	사회적 형평성(social equality)
보존(preservation)	변화(change)
전통(tradition)	개발, 역동성(development, dynamics)
향상(promotion)	개별 활동(personal activity)
생산물(products)	과정(processes)

출처: Langsted(1990: 58).

돈으로 지원하는가? 중앙정부인가? 또는 지방정부, 기금, 예술조직, 기업인가? 어떤 장르에 지원하는가? 음악인가? 또는 미술, 연극, 무용, 건축, 영화, 출판, 행위예술인가? 누구에게 지원하는가? 생산자인가? 또는 유통자, 소비자, 예술가(순수, 대중, 전위), 예술조직, 아마추어 동호회인가? 어떤 방식으로 지원하는가? 생산자, 소비자, 유통자에게 직접지원 하는가? 또는 간접지원 하는가? 얼마나 지원하는가? 장르마다 똑같은 금액을 지원하는가? 예술창작의 적정예산은 얼마인가? 대작과 독립영화의 지원액은 다른가? 이러한 결정은 쉽지 않으며 따라서 모두 **정치적 과정으로 해결**될 수밖에 없다.

그런데 정부지원의 정치과정에는 지대추구(rent seeking)와 철의 삼각(iron triangle) 문제가 발생한다. 지대추구란 독점적 위치로 인해 경쟁을 저해해 사회적으로 역기능을 초래하는 것을 말한다. 예를 들어 제약회사가 복제약의 시장 진입을 방해하여 독점적 지위를 유지하려는 것이나, 의약품 리베이트(rebate)로 처방을 증대시키려는 행위 모두 지대추구 행위이다. 제약회사의 지대추구 비용은 결국 약 가

격에 전가되어 소비자 후생을 저해한다. 예술에서도 정부지원을 받기 위해 한 장르가 정치적 로비로 독점적 지위를 갖게 되면, 다른 장르는 정부지원을 받기 어렵거나 받더라도 아주 적은 액수를 지원받게 된다. 이처럼 **예술조직들이 모두 지대추구를 하게 되면, 예술 창작의 양과 질을 추구하기 보다는 정치적 로비**에 매달리게 되므로, 사회적 후생인 예술발전을 저해하게 되는 것이다.

철의 삼각이란 관료, 국회의원, 이익집단이 공익보다는 자신의 이익을 보호하기 위해 강철같이 밀접하게 동맹 관계를 형성하고 있는 것을 빗댄 말이다(그림 7-4 참조). 예술조직이 전직 의원과 퇴직관료들을 영입하고, 그들이 학연과 지연 등 인맥으로 예술 지원에 보이지 않는 힘을 작용하는 것이다. 문제는 **예술조직이 철의 삼각으로 지원을 받으면, 예술 창작의 양과 질의 향상을 추구하기 보다는 정치적 로비**를 더 열심히 한다는 것이다. 따라서 정부지원을 받는 예술조직의 심미적 창작 경쟁력은 더 떨어지고, 보이지 않는 힘을 작용하기 위해 그 돈을 사용하기 쉬워지므로, 사회적 후생인 예술발전에 전혀 도움이 되지 않는다. 이처럼 지대추구와

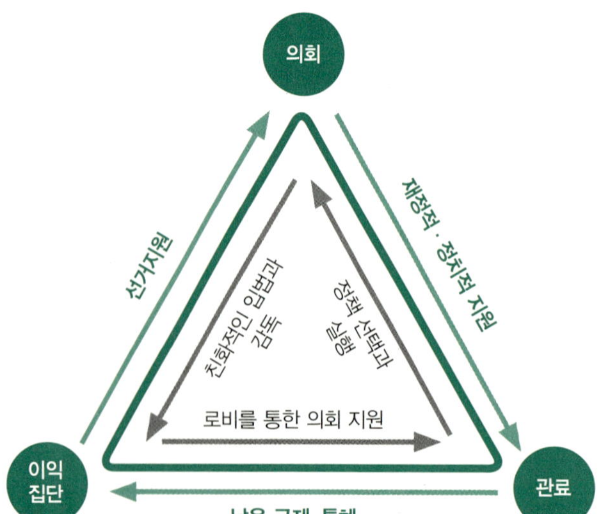

그림 7-4 철의 삼각(iron triangle)
출처: 군산대신문 2014.05.21

철의 삼각은 문화예술 생산자들에게 창작보다는 정치적 로비에 더 열중하게 하여 예술발전에 기여하지 못하게 한다. 또 로비가 치열해지면 골고루 나눠먹기로 귀착되기도 하는데, 이는 형식만 갖춘 소규모 창작물의 양산으로 예술발전에 전혀 도움을 주지 못한다.

문화정책은 필연적으로 정치적 영향력을 받게 된다. 국가재정이 어려운 경우 문화예술 분야 예산이 우선적으로 삭감 대상이 되고, 따라서 정부지원을 받는 예술조직들은 살아남기 위해 정치력을 동원하게 된다. 뿐만 아니라 예술조직의 공연이나 전시가 여론에 반하게 되면 자금지원의 중단 등 정치적 압박을 받게 된다. 1989년 필라델피아(Philadelphia) 현대미술관은 흑인 남성 누드와 게이 사진작가인 로버트 메이플소프(Robert Mapplethorpe)의 전시회를 개최하려 했으나(그림 7-5 참조) 사진들의 외설성으로 취소되었고, 위싱턴 D.C.(Washington, D.C.)의 코코란

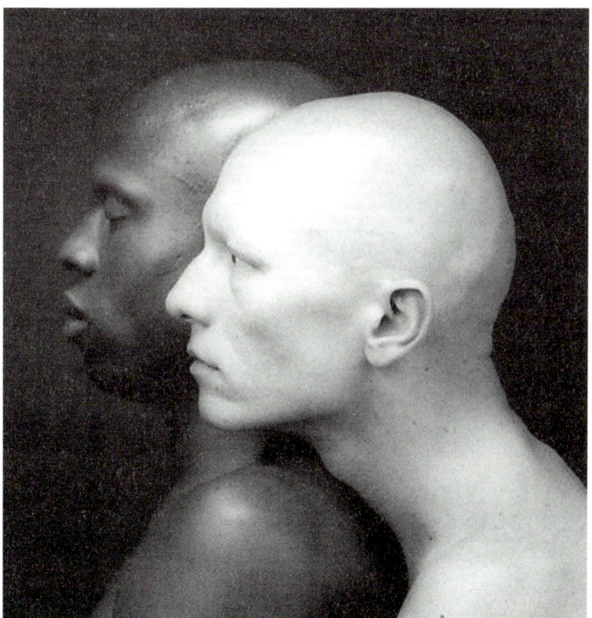

그림 7-5 〈Ken Moody and Robert Sherman〉 1984 by Maplethorpe
출처: www.mapplethorpe.org

미술관(Corcoran Gallery of Art) 전시회 역시 정치적 압력으로 무산되었다. 1990년 신시내티(Cincinnati) 아트갤러리의 배리(Dennis Barrie) 관장이 메이플소프의 전시회를 강행했지만 하루 만에 폐쇄되고 관장은 외설죄로 기소 당했다.[1] 문화정책 과정의 정치적 영향력은 피할 수 없는 것이지만, 예술의 정치화는 전위예술이나 실험예술보다는 정치적으로 무난한 예술만 지원받게 하여 예술의 발전을 저해할 수 있다.

3) 선전선동의 문화정책

문화정책의 발전에서 본 것과 같이, 예술은 왕과 귀족의 권력 유지의 수단으로 사용되었다. 근대 시민국가가 성립한 이후에도 국제 전시회와 거대 기념비 건립 등 국가 홍보의 수단으로 예술이 이용되었지만, **예술이 정치적으로 확실한 권력 유지의 수단이 된 것은 공산국가의 사회주의 사실주의이다.** 에밀 졸라의 사실주의는 사회의 부조리와 부르주아지의 부패를 고발하면서 사회주의 사실주의(socialist realism)로 발전하는데,[2] 스탈린은 1934년 소비에트 작가동맹을 결성하고 통일적 창작방법을 다음과 같이 교시한다(그림 7-6 참조). "사회주의 리얼리즘은 현실을 그 혁명적 발전에 있어서 올바르게 역사적 구체성을 가지고 묘사할 것을 예술가에게 요구한다. 그때 예술적 묘사의 진실성과 역사적 구체성은 근로자를 사회주의 정신에 있어서 사상적으로 개조하고 교육시키는 과제와 결부되지 않으면 안 된다(그림 7-7 참조)."

스탈린의 사회주의 사실주의는 공산국가들에게 많은 영향을 주었는데, 이를 사회혁명의 수단으로 이용한 것은 중국 **마오쩌둥(毛澤東)의 문화혁명**이다(그림 7-8 참조). 문화혁명은 1966년 5월부터 1976년 10월까지 10년에 걸쳐 이루어진 문화

---

1) 배리 관장은 후에 법정에서 무죄를 선고 받는다.

2) 전위(아방가르드 avant-garde)예술이란 19세기 중반 새로운 혁명적 예술경향을 뜻하는데, 이 용어도 사실주의가 사회주의 사실주의로 발전하는 과정에서 나타난 것이다. 전위란 군대 중 맨 앞의 선발대를 말하며, 19세기 초 계급투쟁의 선봉에 선 당원을 일컫는 것이다.

그림 7-6 Portrait of Stalin by Isaak Brodsky
출처: en.wikipedia.org

그림 7-7 Socialist-Realist sculpture in Vilnius
출처: en.wikipedia.org

Propaganda poster reads: "Destroy the old world; Forge the new world." A Red Guard crushes the crucifix, Buddha, and classical Chinese texts with his hammer; 1967.

그림 7-8 중국 문화혁명 선전 포스터
출처: en.wikipedia.org

파괴 운동이다. 마오쩌둥은 나이 어린 홍위병을 앞세워 붉은 정권을 보위하고, 기득권층인 유산계급의 네 가지 낡은 것, 즉 낡은 사상, 문화, 풍속, 습관을 깨버리자는 구호 아래, 때리고 부수고 약탈하였다(그림 7-9 참조).[3] 학술계, 교육계, 언론계, 문예계, 출판계를 공격하고, 지주, 부자, 지식인들을 반혁명분자로 몰아 몰살하고,

---

3) 베이징에서만 두 달 동안 1천여 명이 몽둥이에 맞아 죽었다고 하니 그 위세를 가히 짐작할 수 있겠다.

1967 mass rally in Shenyang against Communist Party officials of the Northeast Bureau: Yu Ping (left), head of the Organization Department, and Gu Zhuoxin, Secretary of the Secretariat. Yu Ping was accused of being a "capitalist roader" and Gu, a traitor to revolution. Both men survived the Cultural Revolution.

그림 7-9 중국 문화혁명
출처: en.wikipedia.org

종교문화와 전통문화를 파괴하였다(그림 7-10 참조).[4] 예술 역시 공산주의 선전도구로만 사용되었는데, 마오쩌둥의 부인 장칭(전직 여배우)을 문화 분야 감독으로 임명하고 혁명 가극만 상연하게 하였던 것이다.

사회주의 사실주의는 북한에도 영향을 주었지만 북한은 독특하게 김일성 유일사상으로 주체사상의 고취를 문화정책의 목적으로 한다(그림 7-11 참조). 북한의

4) 문화혁명 기간 중국 대학의 학생모집이 6년간 금지되어 대학교육이 중단되기도 하였다.

그림 7-10 홍위병의 만행
출처: en.wikipedia.org

그림 7-11 북한의 주체 예술 〈조선인민혁명군에 입대하시는 김정숙동지〉
출처: newsilkroads129e.pbworks.com

문화정책은 우리식 사회주의와 주체사상으로 민족의 우수성을 과시하고 이를 문화적으로 발휘하기 위한 것이다(그림 7-12 참조). 북한의 예술 작품의 대상은 수령 형상과 혁명사상에 국한된다. 이집트의 대규모 획일적 예술과 같이 작품 창작은 예술가의 집단창작에 의해 이루어지고, 예술가 개인의 주관적 창의성을 발휘할 수 없으며 당의 노선에 적합하지 않은 작품은 생산이 불가하다(그림 7-13, 7-14 참조). 한마디로 **북한의 문화정책은 주체사상을 구현하기 위한 수단**인 것이다. 북한의 문화정책은 정치교육의 목적으로, 북한 주민은 누구나 의무적으로 영화를 관람하고, 예술소조에 가입하여 활동해야 한다. 이는 주민들의 예술적 감성을 위한 것이 아니라 유일사상과 주체사상의 학습을 위한 것이다. 결국 북한의 문화정책은 모든 예술

그림 7-12 북한의 주체 예술 포스터
출처: newsilkroads129e.pbworks.com

그림 7-13 만수대 창작사
출처: blog.ohmynews.com

그림 7-14 만수대 창작사 1층 전시실
출처: blog.ohmynews.com

이 유일사상과 주체사상을 표현하는 것이어야 하고, 주민들을 학습시켜 정치적으로 세뇌시키기 위한 것이다(그림 7-15 참조).[5]

그림 7-15 주체탑
출처: blog.ohmynews.com

5) 물론 북한의 예술 작품이라고 하여 예술성이 결여되어 있지는 않다. 다만 당성, 노동계급성, 인민성 등이 예술작품에 함께 녹아 있어야 한다는 것이다.

2 경제적 이론

1) 시장주의와 국가주의

문화예술을 시장의 자유경쟁에 맡기는 것을 시장주의라고 하고, 문화예술을 시장보다 국가가 직접 관장하는 것을 국가주의라고 한다. 시장주의의 대표적 국가는 미국이고, 국가주의의 대표적 국가는 프랑스이다. 근대 시민국가 성립 이후 부르주아지에 의해 자본주의가 전파되면서, 왕과 귀족의 예술에 대한 지원은 끊기고, 문화예술도 시장의 경쟁원리에 의해 발전될 수밖에 없었다. 시장주의의 미국은 대중문화와 함께 많은 예술작품이 시장에서 거래되었고 정부가 예술시장에 개입하지 않았지만,[6] **국가주의의 프랑스는 중앙정부의 주도하에 적극적으로 예술시장에 개입**하였다. 그러나 문화예술을 시장에 맡겨 두면, 시장실패 즉 공공재, 가치재, 긍정적 외부효과, 정보의 비대칭 등의 문제가 발생한다.

2) 공공재

예술은 시장에서 생산, 유통, 소비되지만 시장실패가 발생하는 경우가 많으며, 이는 국가가 문화정책을 통해 시장에 간섭할 수밖에 없는 정당성을 제공한다. 예술이 공공재이거나 가치재라면 무임승차로 시장실패가 일어난다. 예술은 공공재인가? 비경합성과 비배제성이 적용되는 국방과 경찰과 같은 공공재는 어느 누구도 지불하려 하지 않고 무임승차하기 때문에 국가가 제공해야 한다. 마찬가지로 예술의 경우에도 **대규모 투자가 필요한 박물관은 국가가 제공**한다. 유명 작가의 비싼 그림을 개인이 소장하면 많은 사람이 감상할 수 없기 때문에, 국립박물관이 구매하여 모든 사람에게 감상의 기회를 갖도록 하는 것이다(그림 7-16 참조).

---

6) 루즈벨트(Franklin D. Roosevelt) 대통령의 뉴딜정책(The New Deal)으로 가난한 예술가들을 지원한 예외는 있다.

그림 7-16 루브르 박물관의 모나리자
출처: en.wikipedia.org

3) 가치재

예술은 가치재인가? 가치재란 개인에게 맡겨두면 시장에서 최적수준으로 수요와 공급이 이루어지지 않아 정부가 공급해야 하는 재화를 말한다. 예를 들어 학교와 병원은 시장에 맡겨 두면, 도시에는 과다 공급되고 벽지에는 과소 공급된다. 따라서 정부가 의무적으로 벽지에 학교와 병원을 공급하여 지역균등을 실현해야 한다.[7] 경제적으로는 예술은 가치재이다. 러스킨의 풍요의 가치에서 보는 것과 같이, 예술이 인간 심성을 곱게 하여 문화시민을 양성하는 가치재라는 데 누구도 이의를 제기하지 않는다. 그림, 조각, 건축, 음악, 영화, 연극, 발레 등을 감상하고 감동한다면 예술은 가치재라고 할 수 있다. 문제는 대중문화이다. 대중문화도 인간정신을 고양시킨다고 할 수 있을까?[8] 엘리트주의는 대중문화는 인간정신을 좀먹는 비가치재이므로 정부가 지원하지 않아야 한다는 입장이고,[9] 대중주의는 대중문화 역시 서민

7) 반대로 술과 담배는 비가치재로서 정부는 징벌적 세금(sin tax)으로 시장에서의 소비를 감소시켜야 한다.

8) 문화의 정의에서 아놀드는 고급문화만을 문화라고 하였고, 윌리엄스는 대중문화까지 문화에 포함하였는데, 고급문화와 대중문화의 논쟁은 아직도 계속되고 있다.

9) 문화연구에서 아도르노와 호크하이머의 문화산업 비판은 엘리트주의의 입장을 지지한다.

들의 애환을 달래는 문화적 기능이 있으므로 가치재라는 입장이다(그림 7-17 참조). **문화의 민주화는 엘리트주의를 채택하여 클래식만 가치재이지만, 문화 민주주의는 대중주의를 채택하므로 클래식과 함께 대중문화 역시 가치재라는 입장이다.**

그림 7-17 Bobby McFerrin
출처: en.wikipedia.org

4) 긍정적 외부효과

벽화의 긍정적 외부효과와 마찬가지로 옛날부터 내려오는 전통문화와 유물 역시 긍정적 외부효과를 가진다. 전통문화는 우리 **민족의 자긍심을 고취**하는 문화의 순기능이 있을 뿐 아니라, 경제적으로는 관광산업을 촉진하여 **지역의 경제에 이바지**한다. 불국사의 다보탑과 석가탑 그리고 석굴암 등의 유물 보고인 경주는 많은 외국인이 찾는 관광지로 많은 경제적 수입을 얻고 있다(그림 7-18 참조). 통영 국제음악제와 동피랑 마을의 벽화로 인해 통영에 관광객이 몰리고, 부산 국제영화제로 부산 지역경제가 혜택을 입는 것 모두 긍정적 외부효과라고 할 수 있다(그림 7-19 참조). 따라서

그림 7-18 경주 불국사
출처: 경북매일 2015.07.10

그림 7-19 부산국제영화제 2014
출처: www.epochtimes.co.kr

정부는 긍정적인 외부효과를 확산시키기 위해 안동 탈춤과 같은 지역의 민속놀이를 지원하고, 함평 나비축제와 같은 지역축제를 지원하는 것이다.

5) 정보의 비대칭

예술 작품의 우수성은 누가 평가하는가? 많은 천재 화가들의 작품이 작가 사후에 각광을 받는 경우가 많다. 사실주의 거장인 스탕달의 〈적과 흑〉 역시 사후에 유명해진 작품이다. 이처럼 천재들의 작품은 평가가 어렵다. 평가가 어려우면 어느 작품이 우수한 것인지 모르기 때문에 시장에서 판매가 왜곡되기 쉽다. 즉 정보의 비대칭이 존재하는 것이다. 따라서 정부는 공모전과 전시회를 통해 우수 작품을 선정하고, 언젠가 거장이 될지도 모르는 신인작가들의 작품을 발굴하고 지원해야 한다. 또한 대중문화의 홍수 속에 전통문화는 제대로 가치를 평가받지 못한다. 예를 들면 판소리와 종묘제례악 등의 **전통문화는 시장에서 그 가치를 평가받기 어렵다.** 정보의 비대칭으로 시장에서 누구도 구매하지 않으면 자랑스런 우리 문화유산은 자취도 없이 사라지게 될 것이다(그림 7-20 참조). 따라서 정부는 중요무형문화재와 같이 전통문화를 계승할 수 있도록 지원해야 한다.

그림 7-20 종묘제례악
출처: 세계일보 2015.06.19

6) 문화산업

아도르노와 호크하이머의 문화산업의 비판 이후 엘리트주의자들의 예술의 상업화와 저급화에 대한 비난은 계속되지만,[10] 최근 글로벌화된 자본주의로 문화산업의 경제적 효과에 대한 기대는 더욱 커지고 있다. 문화경제학에서 공연예술이 지역경제 성장에 긍정적 역할을 하는 것을 보았지만, 최근의 문화산업은 한류와 같은 대중문화까지 포함하면서 경제적 파급력이 커지고 있다. 이제 영상, 음반, 출판, 애니메이션, 게임, 관광, 지방문화, 축제, 캐릭터 등의 **문화산업이 국가경제의 핵심 동력**이 되고 있는 것이다(그림 7-21 참조). 따라서 세계각국은 문화산업의 발전을 위해 지원책을 강구하고 있다(그림 7-22 참조).[11]

그림 7-21 보령 머드축제
출처: 연합뉴스 2015.07.16

10) 경제적으로 보면 시장은 이윤만 추구하므로 말초적이고 자극적인 상업문화가 범람하게 되고 값싼 예술의 재생산만 일어나고, 전통문화와 수준 높은 작품은 도태당하기 쉽다.

11) 그러나 일본 유바리시(夕張市)의 파산과 같은 사례도 있으므로, 문화산업에 대한 지원은 신중히 고려해야 할 것이다. 탄광 도시인 유바리시는 영화제 개최와 테마파크(theme park) 조성 등 문화산업 투자로 관광 도시로 거듭나려 했지만, 과잉투자로 4800억 원의 빚을 지고 파산하면서 12만 명이었던 인구가 1만 2천 명으로 줄었다. 최근 우리나라에서도 지자체의 문화산업 투자가 활발한데 졸속으로 추진되어 예산만 낭비하지 않을까 우려된다. 예를 들면 거북선 복원 프로젝트가 지역마다 남발되고, 국공립 박물관이 우후죽순으로 건립되지만, 일단 짓고 보자는 전시행정으로 자체 재원이 없어 관리운영의 부실화 가능성이 큰 것이다.

(왼쪽)쇼디치 거리에서는 예술가가 장식한 벽화들을 쉽게 볼 수 있다. (오른쪽)쇼디치는 런던의 금융중심가인'시티'에서 걸어서 10분이면 닿는 곳이다. 시티의 휘황찬란한 대형 건물이 도로 하나를 두고 쇼디치의 낡은 모습과 대비된다. /최보윤 기자·김영철 사진가

그림 7-22 영국 빈민가 쇼디치(Shoreditch)의 변신
출처: 조선일보 2015.07.16

3 사회적 이론

1) 사회와 집단의 유지

문화는 한 시대 한 집단의 공유하는 생각이다. 우리는 홀로 살지 않고 다른 사람과 함께 더불어 산다. 태어나면 그 집단의 일원으로 생활하면서 어떤 행동이 승인되고 금지되는지를 학습하게 된다(그림 7-23 참조). 우리는 규범과 관습에 따르면서 사회제도에 구속되는 것이다. 또한 우리는 동일한 문화를 통해 집단의 구성원으로서 일체감을 느끼고, 자신이 속해 있는 집단과는 다른 집단을 인식하고 차별화하여 결속력을 가진다.[12] 이처럼 문화는 사회와 집단의 구성원을 결속시키고, 그들의 태도와 행동을 이끌고 형성하는 **통제 메커니즘(mechanism)**의 기능으로 사회와 집단을 안정적으로 유지시킨다.

---

12) 문화는 한 집단의 구성원으로서 심리적 욕구를 충족시킨다. 예를 들면 애국심, 애향심, 동류의식 등으로 일체감과 자긍심을 가지게 되는 것이다. 올림픽 경기에서 자국 선수들을 열렬히 응원하는 것은 바로 문화를 공유하는 한 민족이라는 사실 때문이다. 이처럼 문화는 사회와 집단의 동질성을 느끼고 결속하게 되는 원천이 된다.

그림 7-23 줄서기
출처: clairebolderson.com

2) 문화의 보편성과 상대성

문화가 윌리엄스의 정의와 같이 인간 삶의 총체로서 사고양식과 행동양식의 표현이라면 누구에게나 공통적으로 적용된다. 즉 **문화는 모든 인류에게 보편적**이라고 할 수 있으며, 이를 문화의 보편성이라고 한다. 종교와 예술 등 모든 사회의 공통적 요소가 문화의 보편성을 대변한다. 예를 들면 카톨릭 교회는 전 세계 어디서나 똑같은 미사 의식을 거행하며, 시대를 초월하여 교황에게 복종한다(그림 7-24 참조). 예술 역시 시대와 장소를 초월하여 가치를 인정받고 지금도 많은 사람을 감동시킨다. 베토벤의 교향곡은 지금도 많은 사람의 심금을 울린다.

문화의 보편성에도 불구하고 문화는 한 시대 한 집단에 국한되는 경우가 많다. 즉 **문화는 시간과 장소에 따라 다를 수 있는 것이다.** 이를 문화의 상대성이라고 한다. 시대와 지역에 따라 고유의 문화가 존재하며 사회와 집단에 따라 독특한 문화가 발전한다. 예를 들면 이슬람교와 유대교는 돼지고기를 먹지 않는다(그림 7-25 참조). 서남아시아의 건조한 기후는 돼지사육에 부적합하여 돼지고기가 비쌀 수밖에

그림 7-24 프란치스코 교황의 바티칸 성당 미사 집전
출처: www.wsj.com 2013.03.14

그림 7-25 맥도날드의 코셔와 할랄 음식
출처: nowiknow.com, www.eurweb.com

없다. 가난한 사람들은 굶는데 부자들을 위해 돼지를 기르는 것은 공동체의 결속을 해치게 된다. 따라서 종교지도자들이 돼지를 악마의 동물로 규정하고 기르지 못하게 한 것이다.[13]

---

13) 돼지보다 맛은 없지만 고기와 털 그리고 젖까지 제공하는 그리고 풀만 먹고도 자라는 양을 기르게 했다.

3) 문화상대주의

문화상대주의는 지역이나 나라에 따라 인간 문화의 다양성을 인정하는 주의이다. 즉 문화 상대성의 입장에서, **서로 문화의 다름을 인정하고 그 사회의 맥락에서 문화를 평가하고 이해하자는 것**이다. 이는 자국의 문화가 최고라는 문화국수주의 또는 자문화중심주의(ethnocentrism)[14]를 배척하고 다른 문화에 대한 차이를 인정하고, 다른 문화에 대한 관용적 태도를 견지하는 것이다(그림 7-26 참조). 문화는 저마다 다양한 특성을 가지고 있고, 그 상대성을 인정해야 다른 문화에 대한 진정한 이해가 가능하다. 문화란 차이가 있을 뿐이며 우열이나 장단점에 의해 비교될 수 있는 것이 아니다.[15]

그림 7-26 문화국수주의(ethnocentrism)
출처: saperclair.files.wordpress.com

14) 자문화중심주의란 다른 문화에 편견적이며, 자신의 문화를 보편적인 것으로 주장하고, 자기 문화의 우수성을 과신한 나머지 다른 문화를 부정적으로 평가하는 것을 말한다.

15) 문화상대주의는 특정 사회의 관습과 문화를 그 사회의 특수한 환경과 역사적 맥락에서 이해하고 평가하려는 문화인류학의 관점에서 비롯된다.

4) 우민화 문화정책

문화정책은 시민들을 우민화 시키기 위한 수단으로 사용되기도 했다. 유신정권 시대에는 예술이 정부지원을 받기 위해서는 유신이념의 구현이 가장 중요한 선정 기준이었다. 민족이 최상위 개념으로 민족중흥과 새 역사 창조라는 이념이 작품에 녹아들어야만 정부지원을 받을 수 있었던 것이다(그림 7-27 참조). 당시는 국가주의, 민족주의, 반공주의의 기치 아래, 위로부터의 명령과 개조를 통해 이루어지는 근대화의 시대였다. 유신이념을 학교 교육에 반영하기 위해 국민교육헌장을 제정하고, 매일 오후 6시 국기 하강식을 거행하고(그림 7-28 참조), 극장에서 애국가를

그림 7-27 임권택 감독의 새마을 영화
출처: 경향신문 2013.11.15

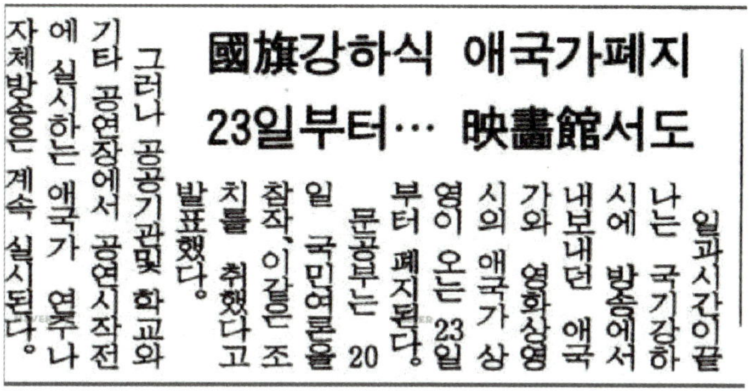

國旗강하식 애국가폐지
23일부터… 映畵館서도

일과시간이끝나는 국기강하시에 방송에서 내보내던 애국가와 영화상영시의 애국가 상영이 오는 23일부터 폐지된다.
문공부는 20일 국민여론을 참작, 이같은 조치를 취했다고 발표했다.
그러나 공공기관및 학교와 기타 공연장에서 공연시작전에 실시하는 애국가 연주나 자체방송은 계속 실시된다.

그림 7-28 국기하강식 폐지 보도
출처: 동아일보 1989.01.21

상영하고, 외래어 사용 금지, 장발 단속, 미니 스커트 단속, TV 드라마 기준 제정, 코미디 프로그램 폐지 등이 시행되었다. 우민화 문화정책은 예술성 있는 작품보다는 이념적 작품에만 정부지원이 이루어지도록 하여, **예술의 질적 경쟁보다는 정권에 우호적인 작품만 양산**하게 된다. 또한 예술의 질적 평가가 없으므로, 지원 받은 예술가들의 무책임과 낭비를 조장하게 되고, 예술의 정치화 즉 정치적 로비를 증대시킨다.

우민화 문화정책의 가장 적절한 예는 **3S 정책이다**. 3S 정책이란 영화(screen), 섹스(sex), 스포츠(sports)의 앞 글자를 딴 용어로, 국민 관심을 3S로 돌려 정치적으로 반정부 운동을 무력화하기 위한 우민화 정책이라고 할 수 있다(그림 7-29 참조). 유신이념에는 민족 중흥과 새 역사 창조라는 이념이라도 있었지만, 3S 정책은 단지 시민들이 정권에 반대하지 않도록 하는 하나의 목적뿐이었다. 시민들이 말초신경을 자극하는 저급한 대중문화에 빠져 아무 생각 없이 무기력하게 정권에 복종하도록 만드는 것이다. 전두환 정부는 시민들의 관심을 정치로부터 돌리기 위해, 컬러 TV 방송 시작, 프로야구 출범, 에로영화 상영 허가, 국풍이라는 대규모 가요제 개최 등 다양한 3S 정책을 실시하였다.

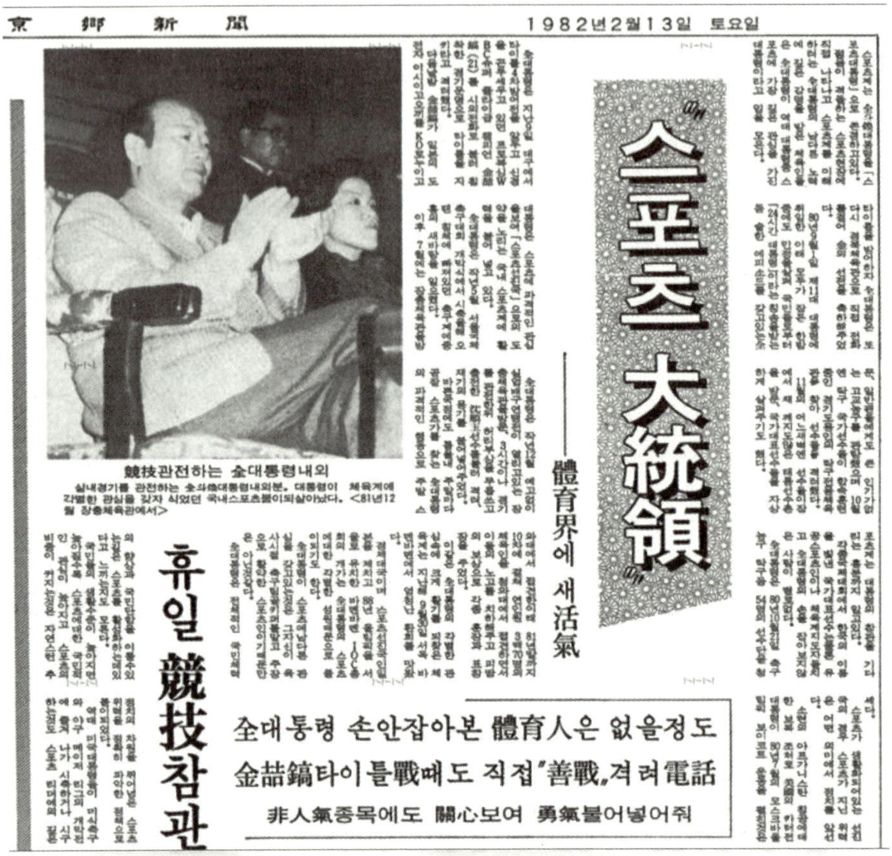

京鄕新聞 1982년2월13일 토요일

"스포츠 大統領"

體育界에 새活氣

競技관전하는 全대통령내외

실내경기를 관전하는 全와李대통령내외분. 대통령이 체육계에 각별한 관심을 갖자 시들던 국내스포츠붐이되살아났다. <81년12월 장충체육관에서>

휴일 競技참관

全대통령 손안잡아본 體育人은 없을정도

金喆鎬타이틀戰때도 직접"善戰"격려電話

非人氣종목에도 關心보여 勇氣불어넣어줘

그림 7-29 스포츠 대통령 전두환

출처: 경향신문 1982.02.13

4 문화정책의 적용

1) 문화정책의 범위

문화정책은 좁은 의미의 문화인 예술 관련 특정 문제를 해결하려는 정부의 활동이다. 그런데 문화를 넓은 의미로 정의하면, 모든 정부정책은 문화와 관련이 있다. 문화가 한 시대 한 집단의 공유하는 생각이라면, 정부의 모든 정책은 한 시대 한 집단의 생각에 영향을 주기 때문이다. 즉 문화정책뿐 아니라 경제정책이나 교육

정책도 우리의 일상생활에 영향을 주기 때문이다. 그렇다고 정부의 모든 정책을 문화정책이라고 할 수는 없으므로, 여기서는 문화정책을 좁은 의미에서 **예술 관련 특정 문제를 해결하려는 정부의 활동**이라고 정의하고, 비판적 문화정책의 정신을 살려 모든 정부정책 입안시 문화적 영향력을 감안할 것을 제안한다. 즉 모든 정부정책 수립에 앞서 현재 실시하고 있는 환경영향평가와 같이 **문화영향평가**를 하는 것이다.[16]

문화정책이 좁은 의미의 예술 관련 정책이라면, 예술의 범위는 어디까지로 해야 할까? 현재 우리나라 문화예술위원회에서 예술은 문학, 미술, 음악, 무용, 연극, 영화, 국악, 사진, 건축, 어문, 출판 등으로 정의하고 있다.[17] 그런데 **실제로 문화체육관광부에서 하는 일은 체육, 관광, 종교, 문화산업까지도 포함하고 있다.**[18] 그림 7-30의 2014년 문화체육관광부의 문화융성 4대 추진전략을 보면 예술 생산, 유통, 소비의 확대를 위한 국민문화 체감 확대 전략과 전통문화 계승을 위한 인문 전통의 재발견 전략뿐 아니라 관광산업, 스포츠산업, 콘텐츠산업 등 문화산업 발전을 위한 문화기반 서비스 산업 육성 전략과 문화영향평가와 신한류 창출 등 문화가치의 확산 전략까지 포함하고 있다. 또한 2015년 문화정책의 비전으로 '문화로 행복한 삶'을 지정하고, 그 세부과제로서 '문화국가 브랜드 구축', '문화콘텐츠 창조역량 강화', '생활 속 문화확산'을 추진하고 있다(그림 7-31 참조). 따라서 우리나라의 문화정책은 좁은 의미의 문화정책에서 서서히 넓은 의미의 문화정책으로 나아가고 있다고 볼 수 있다.

---

16) 물론 환경영향평가와 같이 방대한 작업은 아니더라도 우선 그 정책이 문화에 어떤 영향을 미칠 것인가에 대한 소견을 첨부하는 것부터라도 시작해야 할 것이다.

17) 한국문화예술위원회의 지원사업은 문학, 시각예술, 공연예술, 다원예술, 융복합예술, 민간 국제 예술교류, 해외 레지던스프로그램 참가지원 등이다.

18) 2014년 현재 문화체육관광부의 조직은 기획관리실, 종무실, 문화콘텐츠산업실, 문화정책국, 문화기반국, 예술국, 관광국, 동계올림픽특구기획단, 체육국, 국민소통실, 미디어정책국, 아시아문화중심도시추진단으로 구성되어 있다.

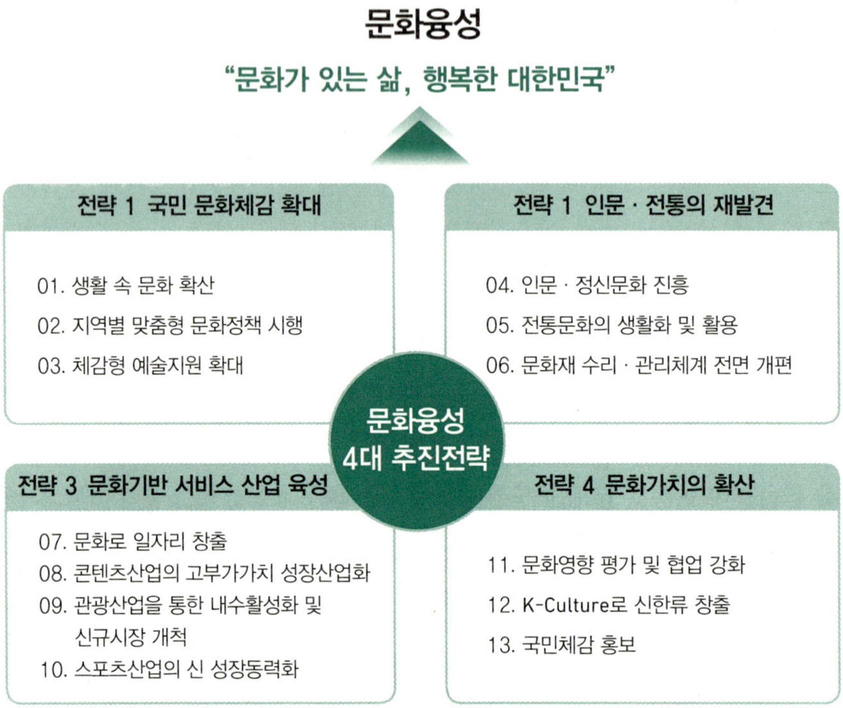

그림 7-30 2014년 우리나라 문화융성 4대 추진전략
출처: 문화체육관광부

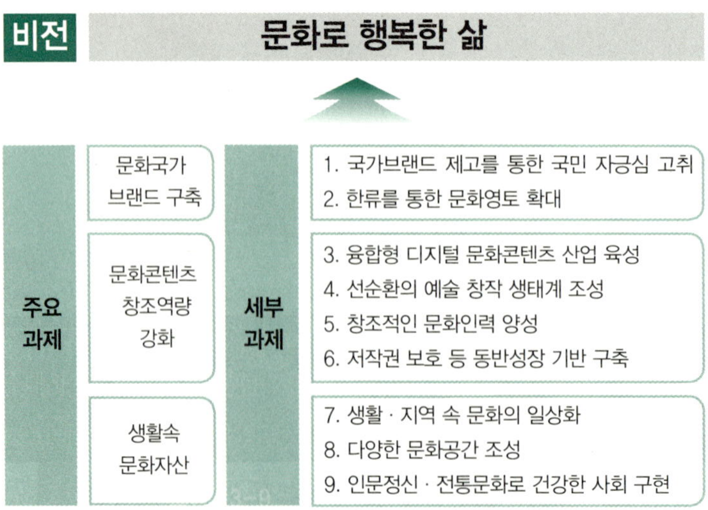

그림 7-31 2015년 우리나라 문화정책의 비전 및 과제
출처: 문화체육관광부

2) 문화정책의 대상

문화는 생산, 유통, 소비의 단계를 거친다. 예를 들면 생산은 예술가에 의해서, 유통은 공연장에 의해서, 소비는 향수자에 의해서 이루어진다. 지금까지 문화정책의 주 대상은 생산자였다. 고대로부터 왕과 귀족을 위한 예술을 생산하기 위해 지원이 이루어졌고, 초기 문화정책 역시 국가홍보를 위한 수단으로 예술 생산을 지원하였다. 미국의 문화 붐 이후 예술조직들에게 정부지원의 중요성이 제기된 것도 만성적인 적자에 시달리는 공연단체들의 예술 생산을 독려하기 위해서였다. 미국의 문화 붐은 문화의 민주화를 등장케 하는데, 이는 예술생산의 지원을 통해 더 많은 시민들에게 예술을 향수할 수 있도록 하기 위해서였다. 예술 공급의 특성상 공연 가격은 인플레이션 이상으로 비싸지게 되는데, 공연 가격이 비싸지면 가난한 소비자들은 공연을 즐길 수 없게 되므로 정부가 예술 생산을 지원해야 한다. 그러나 예술 생산자 지원의 문화정책의 목적은 결국 많은 사람에게 예술의 향수를 제공하기 위한 것이므로, 유통자와 소비자에 대한 직접적인 지원도 병행한다(그림 7-32, 7-33 참조). 특히 1980년대 이후 문화산업의 중요성이 커지면서 창조경제를 위한 창의력은 문화예술을 통해 자란다는 믿음으로, **문화정책의 대상을 생산자에서 유통자와 소비자에게까지 확대**하게 된다. 동네 공원에 공연시설을 지어 생산을 지원하고, 공공건물을 휴일에 공연장으로 사용하여 유통을 지원하고, 사랑티켓과 문화바우처를 발행하여 소비를 지원하는 것이다.

3) 문화정책의 주체

문화정책의 주체로는 정부, 예술조직, 기업, 주민을 들 수 있는데, 이들은 모두 생산자, 유통자, 소비자가 될 수 있다. **정부**는 전국 규모의 대회로 작품 창작을 장려하고, 대규모 투자가 필요한 박물관, 체육관 등을 건설하고, 시장실패가 있는 전통문화를 지원한다. 축제를 지원하여 지역경제를 향상시키고(그림 7-34 참조), 한류를 지원하고 문화산업을 발전시켜 국가경쟁력을 높인다. 문화정책은 정부가 주

그림 7-32 어르신 문화 프로그램
출처: 문화체육관광부

그림 7-33 문화소외지역에 작은영화관 건립 지원
출처: 문화체육관광부

그림 7-34 서울특별시와 서울문화재단 공동 주최의 하이 서울 페스티벌
출처: www.hiseoulfest.org

된 역할을 하지만, 제3섹터 즉 공공조직으로서의 예술조직들이 그 역할을 대신하는 경우도 많다. **예술조직**은 정부를 대신하여 예술가를 지원하고, 공연과 전시를 개최하고(그림 7-35 참조), 작품을 판매하고, 문화예술교육을 실시한다. 예술조직은 공공조직이지만 정부의 보조금과 기부금과 같은 지원에 의존하므로 관리가 중요하다.[19] **기업** 역시 정부의 문화정책을 대신한다. 기업은 메세나와 문화마케팅을 통해 기업의 문화지향 노력을 홍보한다(그림 7-36 참조). 기업은 금전적 가치의 경제자본, 사회에 대한 책임의 사회자본, 인간의 가치와 존엄을 확립하는 문화자본의 모든 요소를 지니고 있으며, 최근 기업의 비영리적 활동과 지역사회에 대한 책임 등이 중요해지면서 문화에 대한 투자가 기업의 장기적 발전에 도움이 된다는 것을 깨닫고 있기 때문이다. **주민**은 문화정책의 주체가 되는 경우가 드물다. 다만 특수한 경우 예를 들어 주민들의 공동체 문화축제 개최 등인데, 이 경우는 예술조

19) 예술조직 관리의 중요성은 문화정책과 함께 예술행정으로 발전하게 되는데, 특히 예술행정은 예술조직의 관리를 위한 전략적 기획, 조직구조, 인력관리, 자원봉사, 재무관리, 펀드레이징(fundraising), 마케팅(marketing), 회계관리 등을 다룬다.

그림 7-35 재단법인 KBS 교향악단 정기 연주회
출처: www.kbssymphony.org

그림 7-36 한국메세나 협의회
출처: www.mecenat.or.kr

직과 같은 공공단체로 볼 수 있기 때문에, 주민이 주체라고 하기는 어려울 것 같다. 그러나 향토사학자의 지역문화재 보존이나 주민들의 유적, 유물 보존을 위한 노력 등은 주민 주체의 문화정책이라고 할 수 있을 것이다(그림 7-37 참조).

시흥 오이도 역사공원 벽화그리기 (시흥=연합뉴스) 시흥시민과 학생들이 25일 시흥 오이도 역사공원 울타리에 벽화를 그리고 있다. 오이도 역사공원 벽화그리기는 최단시간에 최다인원이 동원돼 완성한 국내 최고기록으로 등재됐다. 2013.5.27 << 시흥시청 제공 >> bhlee@yna.co.kr

그림 7-37 공공미술 주민참여
출처: 연합뉴스 2013.05.27

5 문화정책의 종류

문화정책의 종류는 다양하지만, 여기서는 좁은 의미의 예술 관련 정책들만으로 정의하여, 문화인프라 정책, 지원정책, 규제정책으로 나누어 설명한다.

1) 문화인프라 정책

경제성장과 함께 주민들의 문화적 욕구는 어느 때보다 높다고 하겠다. 더구나 박근혜 정부는 국정 4대 기조에서 문화융성을 강조한 만큼 문화정책에 대한 관심이 증대되고 있다. 예술이 인간 심성을 곱게 하고 창의력을 고취시킨다는 점에서 예술의 향수는 무척 중요하다. 더구나 주5일 근무제가 도입되고 국민 개개인의 삶의 질 향상을 위한 문화인프라에 대한 사회적 요구가 빠르게 확산되고 있다. 문화인프라는 문화의 창조와 발전을 위한 하부구조로서 박물관, 미술관, 도서관, 극장, 공연장, 문화회관 등 **하드웨어적인 것**과 문화인프라 관련 인적 자원과 프로그램 등의 **소프트웨어적인 것**이 있다.

문화인프라의 하드웨어적 정책은 국립중앙박물관과 각 지역의 문화회관 건립 등 국민들이 언제 어디서나 사용할 수 있는 문화공간을 제공해야 한다(그림 7-38 참조). 특히 지역별 문화공간의 확보를 위해서는 **복합문화공간 활용정책**이 필요하다. 예를 들면 공공기관의 강당이나 강연장에 음향과 조명시설을 설치하여 전시와 공연을 가능케 하고, 종교단체의 건물과 학교 건물은 휴일에 개방하여 문화행사를 개최할 수 있게 해야 한다. 또한 지역 문화시설을 손쉽게 이용할 수 있도록 시 · 도 단위의 종합문화예술회관을 복합문화 공간으로 활용한다. 연주회, 연극, 미술전시 등 특수시설을 구비하여 효과적으로 사용할 수 있도록 하고, 향토문화의 특성을 살려 주민들의 직접 참여를 유도한다. 대기업의 강당과 회의실 등도 개방하여 문화예술의 전시 공연장으로 활용할 수 있도록 하고, 근로자 종합복지관과 체육문화센터에 공연장, 영화관, 헬스센터 등을 갖추어, 근로자와 주민들의 문화향수 기회를 확대

그림 7-38 국립중앙박물관
출처: www.museum.go.kr

해야 할 것이다. 또한 동네의 자투리땅을 이용하여 야외 공연장을 설치하거나 조형물과 같은 예술작품의 전시장으로 이용할 수 있을 것이다. 평소에는 열린 문화공간으로 활용하고 경우에 따라 마을 축제와 같은 행사를 개최할 수도 있을 것이다.[20]

복합문화공간 활용정책과 함께 국공립 도서관을 문화공간으로 이용하는 것도 좋은 방법이다. 도서관은 학습이나 책을 빌려 보는 곳만이 아니다. 다양한 미디어 자료를 갖추고 있으므로, 이를 활용한 각종 문화행사를 개최할 수 있는 장소로 사용할 수 있다. **도서관은 지역사회의 종합문화정보공간**으로 확충되어야 한다. 독서교실, 독서회, 꽃꽂이 강좌, 문화 강좌, 어학 강좌, 서예, 스포츠, 레저활동 등 다양한 취미와 교양 교실을 운영하여, 지역도서관을 평생문화교육의 장으로 활용할 수 있을 것이다. 특히 초등학생과 중학생들을 위한 독서회와 독서교실을 개설하여, 그들에게 도서관 이용법을 가르치고, 독서 자료의 선택법과 독서법 그리고 독후감 쓰기 등을 지도할 수 있을 것이다.

문화인프라 정책에는 하드웨어적 문화인프라와 함께 문화인프라 관련 인적 자원과 프로그램 등의 소프트웨어적 문화인프라 확충이 요구된다. 문화예술 인력양성 기관을 설립하고, 문화예술 관련 대학 학과를 신설하고, 지역주민의 참여를 위한 인센티브제를 도입하는 등 다양한 소프트웨어 정책으로 **문화예술 인력을 확충할 필요**가 있다(그림 7-39 참조). 창조경제는 문화예술의 창의력을 바탕으로 하고, 창의력은 예술 향수의 기회를 확대함으로써 발휘된다. 아무리 좋은 문화시설이 있더라도 이를 관리하고 프로그램을 운영할 사람이 없다면 소용이 없는 것이다. 하드웨어적 문화인프라와 소프트웨어적 문화인프라 정책 모두 오랜 시일이 소요되는 만큼 중장기적 계획하에 신중하게 추진되어야 할 것이다.

---

20) 지역의 문화공간을 녹지공간과 결합하고 지역에 따라 문화의 거리를 지정하는 등 지역특성에 맞는 정책을 펼쳐야 한다. 서울 암사동 선사문화의 거리, 예술의 전당 앞 문화예술의 거리, 대학로 연극의 거리, 인사동 전통문화의 거리 등이 있다.

그림 7-39 국립발레단 아카데미
출처: http://182.162.136.196

2) 지원정책

문화정책의 지원방식은 직접지원과 간접지원으로 나뉜다. **직접지원**이란 정부가 직접 문화예술의 생산자, 유통자, 소비자 역할을 하는 것으로, 주로 공공기관이나 국공립 문화예술 기관을 통해 이루어진다. 예를 들면 국립극장은 한가위 우리가락 우리춤 공연을 제작하여 생산한다(그림 7-40 참조). 구청은 문화회관의 공연장과 야외음악당을 무료로 대관하여 유통한다. 국립중앙박물관은 신라금관 등 유물과 조선풍속화 등을 구매하고 전시하여 소비한다.

간접지원이란 정부가 간접적 방법으로 경제적 도움을 제공하는 것으로 보조금, 조세감면제도, 교육훈련제도가 있다. 문화체육관광부와 문화예술위원회의 지원 외에도 광역자치단체와 기초자치단체에서도 지원을 하고 있다. **보조금**은 지원정책에서 가장

그림 7-40 국립극장의 완창 판소리
출처: www.ntok.go.kr

많이 사용되는 방법으로, 예를 들어 봉산탈춤 공연을 지원하거나(그림 7-41 참조), 판소리 명창의 공연을 지원하거나, 독립영화 제작을 지원하는 것이다. **조세감면제도**는 등록문화재에 대한 감세와 문화예술단체 기부금에 대한 감세제도를 들 수 있다. 등록문화재란 지정문화재가 아닌 근 · 현대시기에 형성된 건조물 또는 기념이 될 만한 시설물 형태의 근대 문화유산 중에서 보존 및 활용을 위한 조치가 필요한 것인데, 등록문화재에 대한 소유자의 자발적인 보존의지를 높이기 위해 당해 건물 · 토지에 대한 세금감면 등 인센티브를 부여한다(그림 7-42 참조).[21] 문화예술단체에 대한 기부금에 대해서도 세금감면을 받는데, 개인이 문예단체에 직접 내는 경우보다 문화예술위원회를 거쳐 기부하는 경우에 세금감면 혜택이 더 크다. **교육훈련제도**는 전문적인 예술가

21) 종합토지세 및 재산세 50% 감면, 상속세 징수유예, 주택 양도 시 1가구 1주택 특례적용과 양도소득세 감면 등이다.

그림 7-41 봉산탈춤
출처: www.bongsantal.com

우리 학교에는 오랜 역사 만큼이나 오래된 건물이 많다. 그 중 가장 오래된 건물은 바로 1935년에 지어진 파이퍼홀(본관)이다. 정동에 위치했던 이화학당이 1935년 신촌 캠퍼스로 자리를 옮기면서, 가장 먼저 지어진 건물이 파이퍼홀. 이 건물은 고딕양식으로 뛰어난 건축미를 자랑하며, 우리나라 최초의 여성고등교육기관이란 의의를 가진다. 이에 문화재청은 2002년 5월 파이퍼홀을 '등록문화재'로 선정했다. 최초의 기숙사였던 진선미관도 1936년에 지어진 오래된 건물 중 하나.

그림 7-42 이화여대 파이퍼홀
출처: 이대학보 2005.09.05

와 아마추어에게 예술교육을 제공하는 것이다. 전문적 예술가 교육을 위한 한국예술종합학교, 국립국악고등학교(그림 7-43 참조) 등과 함께 한국문화예술교육진흥원의

그림 7-43 국립국악고등학교
출처: www.gukak.hs.kr

다양한 프로그램 지원을 들 수 있다.[22]

지원정책은 국가주의와 시장주의에 따라 집행주체가 다르다. 프랑스와 같이 국가주의를 채택한 나라의 지원은 관료에 의해 결정된다. 미국과 같이 시장주의를 채택한 나라는 관료가 전혀 간섭하지 않고 시장에 의해 결정된다. 국가주의와 시장주의의 절충을 꾀한 것이 영국의 팔길이 원칙(Arm's Length Principle)이다.[23] **팔길이 원칙**이란 정부지원을 받는 문화예술단체는 정부로부터 일정한 거리를 유지하면서 정부의 간섭을 받지 않는다는 것인데, 영국 정부가 영화위원회에 재정 지원을 하면서 대본선정이나 영화촬영에 간섭하지 않고 자율성을 부여한 데서 출발한 용어이다. 정부가 예술을 제대로 이해할 수 없으므로 전문가들에게 결정을 맡기자는 것이다. 정부가 문화예술 지원을 하지만, 전문가들로 구성된 예술위원회를 두고,

22) 또한 전통문화 보존을 위해 중요무형문화재 전수교육을 위한 장학금을 지급하고 있다.

23) 영어로 keep somebody at arm's length라고 하면 '~와 (적당히) 거리를 두다.'라는 뜻이다.

그 운영에는 간섭을 하지 않는 것이다. 팔길이 원칙은 예술의 정치화를 막을 수 있고, 문화정책의 집행을 관료보다 전문예술가들에게 맡길 수 있는 장점이 있다.

3) 규제정책

규제정책은 특정 개인과 조직의 활동에 제재, 통제, 제한을 가하는 정책이다. 예를 들면 환경오염의 규제와 같이 개인이나 집단 또는 조직의 행동이나 재량권을 규제하는 정책이다. 규제정책에는 보호적 규제정책과 경쟁적 규제정책이 있다. 보호적 규제정책이란 정부가 관련된 일부 사람들을 규제함으로써 반사적으로 다수의 일반 국민을 보호하기 위한 것이고, 경쟁적 규제정책이란 분배정책과 보호적 규제정책의 혼합형으로, 많은 이권이 걸려 있는 사업을 특정 개인이나 회사에 부여하면서 이들에게 특별한 규제를 요구하는 것이다(그림 7-44 참조). 문화정책의 **경쟁적 규제정책**으로는 카지노(Casino), 게임산업, 사행산업 등이 해당된다. 국내인 출입이 가능한 카지노는 우리나라에 한 곳 뿐이고, 외국인 출입 카지노도 지역에 제한을 두는 등 규제를 하고 있다.

보호적 규제정책은 제한을 가하여 국민들을 보호하려는 것이다. 예를 들면 영상물등급위원회에서는 영상물의 내용이 어떤 나이에 적합한지 알려주어 청소년을 유해한 매체로부터 보호한다(그림 7-45 참조). 여성가족부 심의위원회에서는 음반 및 음악파일을 심의하여 청소년을 유해 매체로부터 보호한다. 우리나라의 헌법은 검열을 금지하고 있으나, 방송국은 자체 심의를 통해 방송금지를 결정한다.[24]

---

24) 우리나라 최초의 금지곡은 1933년 나운규 〈아리랑〉의 주제가인데, 일제를 비판하고 조선 민중의 애상적 감정을 표현했다고 금지되었다. 1975년에는 긴급조치 9호에 의해 무려 200여 곡이 금지된다. 패배적, 자학적, 퇴폐적 분위기 조성, 국가안보, 국민총화 악영향, 군인 사기저하 등 다양한 이유였다.

그림 7-44 여성가족부의 게임 규제
출처: news.tf.co.kr

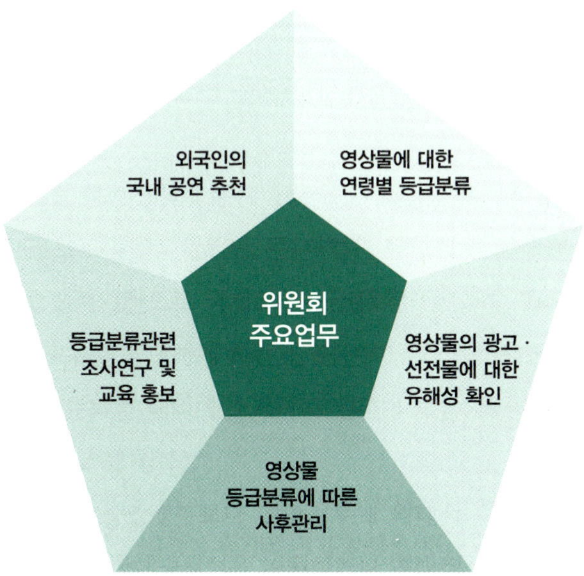

그림 7-45 영상물등급위원회
출처: www.kmrb.or.kr

PART III

문화정책의 실제

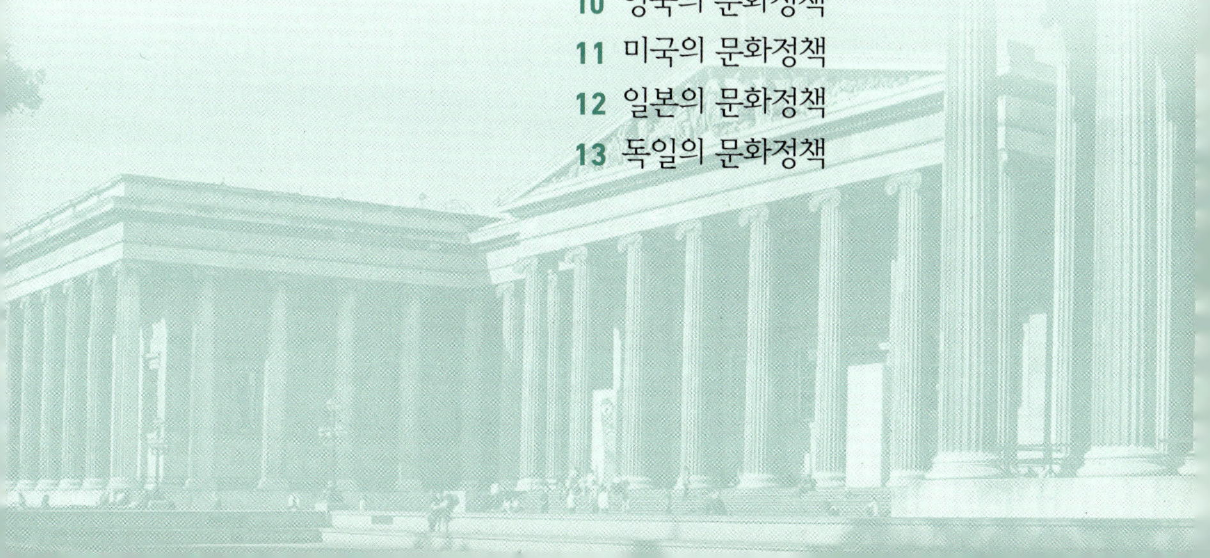

▸08◂

우리나라의 문화정책

우리나라의 문화정책은 자본주의 문화 도입기(1950년대), 국가주도 문화정책기(1960년대), 민족문화 강조기(1970년대), 문화복지 정책기(1980년대), 문화산업 정책기(1990년대 이후)로 분류할 수 있으나(정철현, 2004), 대통령제의 우리나라는 대통령의 리더십에 따라 정책이 좌우되는 경향이 강하므로, 제8장에서는 각 정권별로 이승만, 박정희, 전두환, 노태우, 김영삼, 김대중, 노무현, 이명박 정부의 문화정책을 살펴보기로 한다.

1 이승만 정부의 문화정책

1948년 대한민국 정부가 수립되었지만, 좌우대립의 이념갈등 해소와 경제적 문제 해결이 우선이었으므로 문화정책에 대한 관심이 거의 없었다. 이승만 정부(1948~1960) 문화정책의 목적은 **국민계몽과 문화인프라 구축**으로(박광국외, 2003), 문화재 보존을 위한 임시적 규제정책과 국악과 고전무용 등 민족문화 중흥을 위한 지원정책 등이 대표적이다(그림 8-1, 8-2 참조). 특히 반공이념을 위해 좌파의 민족주의 예술작품의 발표와 공연을 금지하였다(박혜자, 2011). 또한 6.25 전쟁으로 정부의 모든 노력이 국가재건과 경제성장에 집중되면서 문화정책은 우선순위에서 뒤로 밀리게 되었다(그림 8-3 참조). 당시 문화정책은 공보처와 문교부

1945년 12월 3일 국립박물관 개관(경복궁 내)

1953년 국립박물관, 남산 분관 건물로 이전

1955년 6월 23일 국립박물관, 덕수궁 석조전으로 이전

그림 8-1 국립박물관의 건립

출처: www.nfm.go.kr

주제설명	기록물(총 12건)	※ 집필 내용은 국가기록원의 공식입장과 다를 수 있습니다.

▸ **배경**

국립중앙박물관은 1909년 창경궁의 제실박물관 개관, 1945년 조선총독부박물관의 인수, 개성부립박물관 분관 설립의 역사를 갖고 있다. 또한 1950년에는 6·25동란으로 인해 부산 광복동 사무실로 임시 이전하였고 1954년에는 남산분관으로 이전, 1955년에는 덕수궁 석조전으로 이전 개관하였다. 1972년에는 국립중앙박물관으로 명칭을 변경하고 현 국립민속박물관 위치로 이전하였지만 소장 유물의 증대로 공간이 협소하게 되자 1986년 구 중앙청(조선총독부 건물)을 개수하여 개관하게 되었다. 그러나 일제시대 침략의 상징인 조선총독부 건물의 박물관 사용이 적당하지 않다는 여론으로 인해 1993년 11월 한민족문화의 정수를 담을 새로운 국립중앙박물관 신축계획이 착수되었다. 조선총독부 건물을 철거하고 당시 '용산가족공원'의 자리에 국립중앙박물관을 건립하기로 결정한 것이다. 이에 따라 광복 50주년이 되는 해인 1995년 8월부터 구 조선총독부 건물 철거와 국립중앙박물관의 용산 이전이 국책사업으로 진행되었다.

그림 8-2 국가기록원의 국립박물관 건립계획

출처: www.archives.go.kr

그림 8-3 공보처 한국전쟁 포스터 (북진이다! 통일이다! 삼일정신 돌격이다!)
출처: m.blog.ohmynews.com

가 담당하였고, 주요 문화정책으로 1948년 대한민국 미술전람회 운영규정의 제정, 1954년 국산영화 입장세 전액 면세, 1958년 국산영화 제작 장려 및 영화오락 순화를 위한 보상 특혜조치, 1959년 외화수입 쿼터제 등을 들 수 있다(오양렬, 1995). 장면 정부(1961~1962)는 짧은 재임기간의 정치적 혼란 상황에서 특별한 문화정책 내용은 없었고, 이승만 정부의 민족문화 중흥을 위한 정책을 그대로 유지하였다.

2 박정희 정부의 문화정책

문화정책의 기본적 법체계가 확립된 것은 박정희 정부(1963~1972)로서, 이 시기 문화재보호법, 도서관법, 영화법, 음악에 관한 법률, 문화예술진흥법 등이 제정되었다(박광국, 2008; 박혜자, 2011). 1965년 지방문화사업조성법이 제정되면서, 1970년까지 전국에 124개의 문화원이 설립되었다. 1968년 문화공보부가 설립되면서 문교부와 공보부의 이원화 상태로 놓여있던 문화정책 업무가 통합되었다. 당시 문화공보부는 정부홍보와 방송을 주 업무로 하였으나(이병량, 2005), 전통문화 행사, 계몽사업, 국제문화교류사업 등도 추진하였다(박광국외, 2003). 이후 국립현대미술관(1969), 칠백의총 관리소(1975), 민족박물관 설립사무국(1977), 세종대왕 유적관리소(1977) 등이 건립되었다(박혜자, 2011). 1972년에는 문화예술진흥법으로 문화예술진흥위원회가 설립되었고, 문화기반 확충을 위한 박물관 정책, 특히 전통문화 보존을 위한 국립지방박물관들을 건립하였다. 특히 1972년의 문화예술진흥법은 문화예술 활동의 지원과 전통문화 계승을 목적으로 우리나라 문화정책의 골격을 마련하였다고 할 수 있다(김정수, 2006). 그러나 박정희 정부의 문화입법은 일제하의 법을 답습했으며, 행정절차법 위주로 정부규제가 강화되어 결과적으로 예술활동을 통제하였다는 비판도 있다(오양열, 1995). 박정희 정부의 문화정책은 **제도적 기반 조성, 민족문화의 중흥, 반공이념의 실천** 등을 강조하였지만(그림 8-4, 8-5 참조), 정권의 정통성을 확립하기 위한 지나친 심의와 검열로 예술의 창의성을 저해했다. 특히 유신정부(1972~1980)에서는 이러한 경향이 심화되어 예술에 대한 정부지원의 기준이 유신이념을 얼마나 잘 구현하느냐에 좌우되었던 것이다(그림 8-6 참조).

3 전두환 정부의 문화정책

전두환 정부(1980~1987)는 1981년 새문화정책과 1983년 제5차 경제사회발전 5개년 수정계획을 발표하고(그림 8-7 참조), 문화부문계획에서 문화시설의 확충, 지방문화육성, 창작여건 개선을 목표로 제시하였다. 이는 국민의 문화향수 기회를 증대시키고, 전통문화 유산의 개발과 창작여건의 개선으로 문화의 주체성을 확립하여 건전한 사회발전을 이루겠다는 정권의지와 관련이 깊다(박광무, 2009). 지역별로 종합문예회관을 건립하였고(그림 8-8 참조), 지역별 문예특장 전문시설 10개소를 설립하고 무형문화재 전수회관도 확충하였다(박광무, 2009). 전두환 정부의 문화정책은 **주체적 문화유산의 향유, 지방문화의 육성, 예술가의 창작 여건 개선**

그림 8-4 이순신 장군 동상 설치 (1968년 광화문)
출처: 서울신문 2013.03.30

반공만화영화

1970년대에는 반공 교육이 전방위로 실시된다. 반공을 주제로 한 웅변대회, 글짓기, 포스터 대회 등이 이뤄지는데 이때 북한에 대한 이미지를 형성한 것은 반공만화영화의 대표작인 '똘이장군' 시리즈에서 비롯된 바가 크다. '똘이장군'은 극장뿐 아니라 학교에서 자체 반공교육교재로 상영되며 북한을 괴물, 늑대로 이미지화하는데 결정적 계기를 마련한다. 〈똘이장군 제3땅굴편〉(1978)은 해방 이후 제작 상영된 〈똘똘이의 모험〉(이규환, 1946)에서 그 원형을 발견할 수 있다. 이 작품은 3편까지 이어지며 인기를 끌었다.

〈간첩잡는 똘이장군〉(김청기, 1979)

〈똘이장군 제3땅굴편〉(김청기, 1978)

그림 8-5 반공 만화영화 (1970년대)
출처: 조준형 〈한국 반공영화의 진화와 그 조건〉, 한국영상자료원
www.google.com/culturalinstitute

1973년 개정된 제4차 개정 영화법을 보면 '우수영화'는 '10월 유신을 구현하는 영화'로서 1) 애국애족의 국민성 고무 진작, 2) 진취적 국민정신의 배양, 3) 새마을 운동의 적극 참여, 4) 인간 상록수 소재, 5) 농어민 계몽, 6) 성실, 근면, 검소한 자세의 인간상, 7) 조국근대화의 산업전사 소재, 8) 국난극복의 역사적 사실, 9) 국민의 총화단결, 10) 국민의 각성 촉구 등 17가지 기준이 제시되고 있다.

그림 8-6 [송영애의 영화이야기] 우수영화와 새마을영화를 아십니까?
출처: mizreport.com

그림 8-7 새문화정책 (1981년)
출처: www.ehistory.go.kr

그림 8-8 지방 문화회관 (1980년대)
출처: www.gcart.go.kr(김천), www.okjc.net(제천), www.영주시민회관.kr(영주), www.ocac.go.kr(옥천)

등으로 국민의 문화향수 기회를 확대하고 예술가 지원이 시작되었다는 긍정적 평가가 있지만(정홍익, 1992), 전통문화는 군사정권의 정통성 확립을 위한 수단으로, 지방 문화시설 확충은 건전한 사회발전을 위한 계도와 홍보의 장소로 사용되었다는 비판을 받기도 한다. 더구나 **문화예술에 대한 지원**은 미흡하였고, 정권 공보에 관한 지원만이 활발했다고 하겠다(그림 8-9 참조).

4 노태우 정부의 문화정책

문화예술에 대한 지원은 노태우 정부(1988~1992)에서 시작되었다고 해도 과언이 아니다. 노태우 정부는 1990년 문화정책만을 전담하는 문화부를 창설하고(그림 8-10 참조), 산하에 문화재관리국, 예술원사무국, 국립중앙박물관, 국립국어연

그림 8-9 국풍 81 젊은이의 가요제 1집 음반
출처: music.cyworld.com

그림 8-10 초대 문화부장관 이어령
출처: ehistory.korea.kr

구원, 국립중앙도서관, 국립중앙극장, 국립현대미술관, 국립국악원, 현충관리소, 세종대왕 유적관리소 등을 두었다(문화부, 1992). 또한 1991년 문화발전 10개년 계획을 세우고, 문화예술 활동을 지원하고 문화예술진흥기금을 운영하기 위한 한국문화예술진흥원(그림 8-11 참조), 영화제작 지원을 위한 영화진흥공사, 공연 심의와 조정을 위한 공연윤리위원회, 전문인력 양성을 위한 한국예술종합학교(그림 8-12 참조) 등을 설립하였다.

노태우 정부의 문화정책은 문화주의를 표방하면서, 시민들이 누릴 수 있는 **삶에 대한 문화요구를 실천**하기 위해, 정부의 문화부문에 대한 재정투자를 전체예산의 1% 수준으로 끌어올리겠다는 목표를 제시하였다(이병량, 2004). 그러나 이러한 목표에도 불구하고 문화예술 및 여가생활의 진작을 위한 정책은 미흡하였고, 86 아시안게임과 88 서울올림픽을 위한 예술가의 창의성 지원정책은 일과성에 그치면서 실질적으로는 각종 심의위원회의 통제는 계속되었던 것이다.

韓國文化藝術振興院 15년史

「한국문화예술진흥원 15년史」가 한국문예진흥원에 의해 발간됐다.

문예진흥원이73년문화예술지원단체로 개원한 이후 현재까지 15년동안의 문화예술분야지원내용을 각 분야별로정리한 이책은 70년대 이후 우리 문화예술계 각 분야의 흐름을 한눈에 볼수있게 했다.

각분야 15년간 흐름 한눈에

책의 구성은 서편 문예진흥기금편 사업편 자료편으로 편집。

서편엔 문예진흥원 개원당시의 문화적 환경과 개원과정을, 문예진흥기금편엔문예진흥기금의조성경위와 조성실적등을 수록했으며 사업편에는 예술장르별 창작자지원 지역문화예술 활동지원 국민문화향수권 신장 정책개발및 조사연구 문화예술일반지원 국학및 문화재선양지원과 문화공간운영등 문예진흥원개원 이후의 주요사업및 내용등을 정리했다。

그리고 자료편은 문화예술의 주요일지 각종 시상제도 문화예술관계법령등을 수록, 향후 문화정책수립의 기초자료로 활용가치가 클것으로 보인다。

문예진흥원刊

화제의 책

그림 8-11 한국문예진흥원 기사

출처: 매일경제 1989.02.01

그림 8-12 한국예술종합학교 홈페이지

출처: www.karts.ac.kr

5 김영삼 정부의 문화정책

김영삼 정부(1993~1997)는 1993년 문화부와 체육청소년부를 통합하여 문화체육부로 개편하였고, 1994년에는 문화산업국과 관광국을 신설하였다(박혜자, 2011). 1995년 지방자치제가 도입되면서 문화정책에 있어서도 지방분권화가 진행되었다. 지역별 문화기반시설 확장을 위해 국립부여박물관, 국립대구박물관 등이 개관하였다(박광무, 2009). 김영삼 정부에서 문화정책은 규제에서 자율로 변화하였고, **지역문화 활성화와 문화복지 균점화, 문화창조력 제고와 문화환경 개선, 문화산업 개발과 기업문화 활성화 지원** 등의 정책이 제시되었다(구광모, 1998).

김영삼 정부는 문화 분야의 세계화를 추진하면서 '문화복지'라는 개념을 사용하였다. 1996년 문화체육부의 문화복지기획단은 문화복지중장기 실천계획을 수립하고, 기본권으로서의 문화권 보장, 생산적 · 예방적 복지의 추구, 참여 활성화로 복지공동체 형성 등의 정책을 제시하였다. 문화복지 정책의 대표적 사업은 1996년부터 조성된 **'문화의 집'**이다(그림 8-13 참조). '국민 누구나가 참여하여 자신의 창의

그림 8-13 김영삼 대통령 강원도 문화의 집 준공식 참석
출처: ehistory.korea.kr

성을 계발할 수 있도록 공간과 프로그램을 제공해주는 시설'로서, '일반인이 참여하여 문화예술을 체험하고 연습할 수 있는 공간을 무료로 제공해주는 것'을 운영원칙으로 삼았다. 김영삼 정부의 문화복지는 문화예술이 우리 삶에 영향을 미치는 문화예술의 가치를 인정하여, 모든 국민에게 기본적 권리로서 문화예술을 누릴 수 있는 삶을 제공하겠다는 정부의 의지를 표명했다는 점에서 큰 의의가 있다.

6 김대중 정부의 문화정책

김대중 정부(1998~2002)는 문화국가 건설을 위해 **문화산업과 문화복지를 강조**하였다. 1998년 문화체육부를 폐지하고 문화관광부를 신설하여, 기존 공보처의 방송, 광고, 신문, 잡지 업무를 문화관광부가 맡게 되었다. 1999년 문화산업 발전의 기반 조성과 경쟁력 강화를 목적으로 '문화산업진흥기본법'이 제정되었고(그림 8-14, 8-15 참조), 해외문화홍보원, 국립영상제작소, 정부간행물 제작소가 신설된

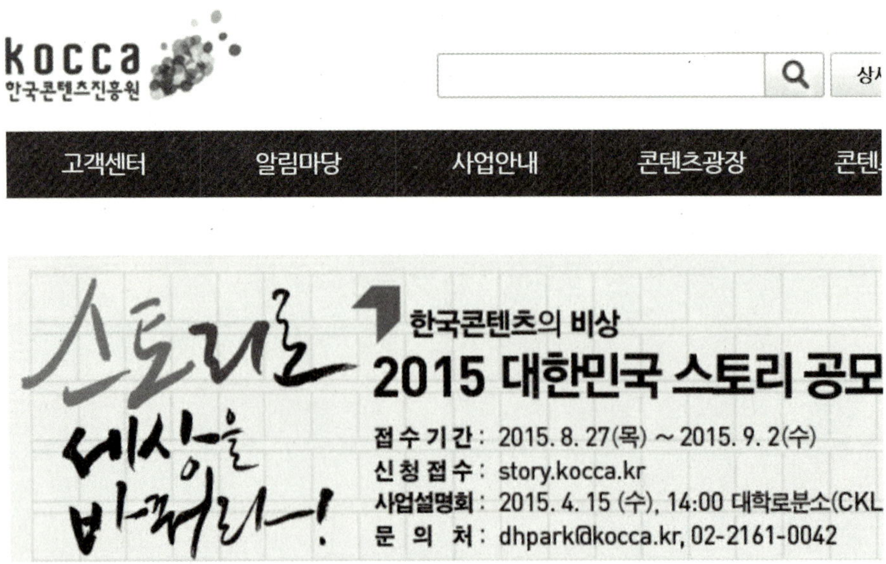

그림 8-14 문화산업진흥기본법으로 건립된 한국콘테츠진흥원 홈페이지
출처: www.kocca.kr

그림 8-15 문화산업진흥기본법으로 건립된 한국만화영상진흥원 홈페이지
출처: www.komacon.kr

국정홍보처로 이관되었고, 문화재관리국은 문화재청으로 승격되었다. 김대중 정부는 문화정책의 **'팔길이 원칙'을 실천**하여 지원하되 간섭하지 않았다. 이는 문화예술계의 자율성을 보장하면서 창의성을 발휘할 수 있는 여건을 마련한 것이라고 할 수 있다.

7 노무현 정부의 문화정책

노무현 정부(2003~2007)는 여러 차례 문화관광부 조직개편을 단행하였다. 문화산업국과 함께 문화산업을 담당하도록 문화미디어국이 신설되었고, 2005년 한국문화예술위원회가 설립되었으며, 2007년에는 문화산업본부 및 관광산업본부가 신설되었다(박광국, 2008). 아시아 문화중심 도시 조성을 위한 특별법, 문화예술교육 지원법, 스포츠산업 진흥법 등을 제정하고, 산업분야별 특수성을 감안하여 문화산업 법률을 재정비하였다(문화관광부, 2008). 노무현 정부는 '21세기 새로운 문화의 비전-창의 한국'과 '새로운 한국의 예술정책-예술의 힘' 사업을 통해, 문화예술이 정치 · 경제 발전의 토대이자 목적이며 그 발전의 동력은 창의성이라고 하였다

(양효석, 2006).[1] 문화예술이 창의성을 길러주고, 이를 바탕으로 문화, 관광, 레저 스포츠등 다양한 문화콘텐츠에 기여한다는 것이다. 또한 문화관련 공공기관의 지방이전을 추진하여 **지역특성을 고려한 문화복지를 추구**하였다(그림 8-16 참조).

그림 8-16 한국문화예술위원회 본관 (나주)
출처: www.najunews.kr

8 이명박 정부의 문화정책

이명박 정부(2008~2012)는 문화관광부를 문화체육관광부로 개정하면서, 분산된 기관들을 통폐합하고 기능의 중복과 혼선을 개선하여 운영의 효율화를 도모하였다. 2009년 문화콘텐츠진흥원, 한국방송영상산업진흥원, 한국게임산업진흥원, 문화콘텐츠센터, 한국소프트웨어진흥원 디지털콘텐츠사업단의 5개 기관을 한국콘

1) '창의성'은 이미 지식기반사회의 도래와 더불어 많은 국가의 정책 화두가 되었다. 영국은 1998년 창의 영국(Cretive Britain)을, 미국은 2000년 창의 미국(Creative America)을 발표하였다.

텐츠진흥원으로 통합하고, 저작권위원회와 컴퓨터 프로그램보호위원회를 한국저작권위원회로 통합하여 문화산업 육성을 꾀하였다(그림 8-17 참조). 이명박 정부는 세계 일류국가를 목표로 대한민국 선진화를 추진하면서, 국민 모두가 **생활 속의 문화적 삶**을 누릴 수 있는 문화정책의 원칙과 효율을 강조하였다. 대표적 정책으로 문화바우처가 있는데, 이는 사회적 취약계층 즉 경제적 여건으로 인해 문화체험 기회로부터 소외된 저소득층(기초생활수급권 및 차상위계층)에게 공연 · 전시 등 문화예술 향수기회를 제공하는 사업이다(그림 8-18 참조). 그러나 선택과 집중을 통

그림 8-17 이명박 정부의 문화산업 육성
출처: koreancontent.kr

문화바우처 사업이란?

경제적인 어려움으로 인해 문화 예술활동에 제약을 받는 기초생활수급자, 법정 차상위계층에게 공연 전시 영화 도서 등 다양한 문화예술 프로그램의 관람료 및 CD, 도서 등 구입비를 지원하는 사업.

그림 8-18 문화바우처
출처: lotteryarts.tistory.com

한 실용적 문화정책 전략은 신자유주의적 신공공관리의 정부개혁과 연계되면서 예술계로부터 새로운 규제로 기능한다는 비판을 받기도 한다.

9 요약

이상의 내용을 요약하면 〈표 8-1〉과 같다. 이승만 정부의 문화정책은 국가형성 초기 문화인프라 구축과 전통예술의 지원 등 최소한에 그칠 수밖에 없었다. 박정희 정부는 통치이념과 국정기조로서의 민족문화 창달을 표방하였고, 남북 대치 상황에서 정권의 정통성을 강화하고자 반공의 민족문화를 강조하였다. 박정희 정부는 문화입법으로 문화정책의 골격을 수립하였으나, 그 내용에 있어서는 계몽주의와 반공주의를 실천하기 위한 수단으로 기능하였고, 이러한 경향은 전두환 군사정권까지 계속되었다. 경제성장과 국제관계의 발전으로 국민의 문화향수권에 대한 인식이 증대하자, 전두환 정부는 지방 종합문예회관을 설치하여 문화인프라를 확충하였다. 노태우 정부는 문화정책을 담당하는 문화부를 설립했다는 데 의의가 있고, 김영삼 정부는 문화복지의 개념을 도입했다는 데 의의가 있다면, 우리나라의

표 8-1 역대 정부별 문화정책의 목표

시기	목표
이승만 정부(1948~1960)	문화인프라, 민족문화, 반공
장면 정부(1961~1962)	민족문화
박정희 정부(1963~1972)	법제도 확립, 민족문화, 반공
박정희(유신) 정부(1972~1980)	민족문화, 반공, 유신이념
전두환 정부(1981~1987)	문화시설 확충, 지방문화 육성
노태우 정부(1988~1992)	예술활동 지원, 문화주의
김영삼 정부(1993~1997)	삶의 질, 문화복지
김대중 정부(1998~2002)	문화산업, 문화복지
노무현 정부(2003~2007)	문화콘텐츠, 창의성, 지방분권
이명박 정부(2008~2012)	선택과 집중, 문화바우처

문화정책은 김대중 정부에서 질적, 양적으로 발전하게 된다. 문화를 새로운 부가가치 창출의 동인으로 인식하고 문화산업을 장려하였고, 예술이 관 주도에서 벗어나 현장 전문가들의 참여로 변화하였다. 문화복지 개념의 강조로 서민의 예술향수 지원을 강화하였고, 시민을 예술의 소비자일뿐 아니라 생산의 주체로 표현하였다. 김대중 정부의 문화정책은 규제의 수단이 아닌 지원과 후원의 팔길이 원칙이 적용되었다고 할 수 있다. 노무현 정부는 김대중 정부의 문화정책 기조를 이어받아 문화복지 실현을 위한 모든 국민의 문화향수 증진을 위해 노력하였고, 이명박 정부는 문화산업 육성의 선택과 집중을 강조하고 문화복지를 위한 소외계층의 문화향수 증진 사업을 실시하였다.

09

프랑스의 문화정책

1 프랑스 문화정책의 발전

프랑스의 **중앙집권적 국가주의 문화정책의 전통**은 16~17세기 절대왕정 시대부터 시작되었다. 샤를 5세가 루브르궁(Palais du Louvre)에 필사본 서가를 갖추었고, 루이 14세(Louis XIV)는 무용학원, 미술학원, 음악학원, 건축학원, 희극학원 등을 세우고, 국외 예술가들을 초빙하여 프랑스 궁정을 유럽의 문화 중심지로 만들었던 것이다. 절대왕정은 예술의 후원자이자 규제자로서, 예술가 개인과 공연단체에 대한 후원과 예술의 생산, 유통, 소비에 대한 규제를 하였다. 19세기 후반에는 유럽 각국이 경쟁적으로 대규모 국제박람회를 유치하면서(그림 9-1 참조) 프랑스도 국제박람회를 문화사업으로 추진하였고, 혁명 100주년 기념 조형물로 에펠탑이 건립되었다(그림 9-2 참조). 1944년까지의 제3공화국은 문화예술을 공공서비스로 정의하고, 문화재 보존과 예술교육을 실시하였다. 1958년까지의 제4공화국은 국민의 문화향수를 헌법에 명시하고 문화향수를 위한 다양한 정책을 실시하였다.

프랑스는 1959년 세계 최초로 문화부를 설립하고, 작가 앙드레 말로(André Malraux)를 장관으로 임명하였다(그림 9-3 참조). 문화예술의 생산, 유통, 소비에 정부가 적극적으로 지원하고 개입하는 국가주의 문화정책이 제5공화국에서 시작된 것이다. 이후 국민 모두 즐길 수 있도록, 문화의 집, 1%법, 창작촌, 전시회 등 다양한 정부

그림 9-1 Vue panoramique de l'exposition universelle de 1900 by Lucien Baylac
출처: en.wikipedia.org

그림 9-2 La tour Eiffel
출처: en.wikipedia.org

그림 9-3 André Malraux
출처: en.wikipedia.org

지원 정책이 진행되었고, 1983년 문화부와 교육부의 협약으로 예술교육이 실시되었다. 특히 미테랑 대통령의 자크 랑(Jack Lang) 장관은 문화의 일상생활화를 주장하면서, 문화유산 보존과 예술창작 지원과 함께 일반인의 문화향수 기회 증대와 이를 위한 문화정책의 지방분권에 초점을 두었다(그림 9-4 참조). 이처럼 사회당이 집권했던 1981년부터 1995년까지는 특정계층을 위한 문화예술이 아닌 **서민과 노동자의 문화예술 향수 기회의 증대**가 프랑스 문화정책의 주요 관심사였다.

1996년 우파 정권인 시라크(Jacques René Chirac) 대통령은 문화발전위원회를 구성하여, 문화정책을 위해 교육, 경제, 사회, 지역 계획 등 관련부처들이 종합적으로 협력할 것, 지방정부의 문화정책 권한을 강화할 것, 문화산업을 체계적으로 지원할 것, 창의성과 관련하여 예술교육을 강조할 것 등을 제시하였다(그림 9-5 참조). 2000년에는 문화통신부와 교육부가 협약을 체결하여 정부지원을 받는 **예술조직은 의무적으로 예술교육을 실시**하도록 했다. 또한 2007년 사르코지(Nicolas Sarkozy) 대통령은 문화의 대중화와 문화산업의 중요성을 강조하고 문화예술 콘텐츠를 지원하였다(그림 9-6 참조). 문화통신부의 예술지원은 장르별로 이루어지는데,

그림 9-4 Jack Lang
출처: en.wikipedia.org

그림 9-5 Jacques René Chirac
출처: en.wikipedia.org

그림 9-6 Nicolas Sarkozy
출처: en.wikipedia.org

장르별로 책임운영기관들이 예술가의 창작과 예술조직 그리고 전문가들을 지원한다. 이처럼 프랑스 문화정책은 예술의 생산, 유통, 소비와 관련한 다양한 전문가들을 지원한다. 예를 들면 고예술복원사, 영상제작사, 비평가, 학자 등도 지원한다.

2 프랑스 문화정책의 주요 기관

프랑스의 문화정책은 전통적으로 중앙집권적 성향이 강하여, 1983년 지방분권 이전까지는 중앙정부의 문화부가 담당하였다.[1] 1963년 설립된 문화위원회는 1977년 레지옹문화국(Directions Regionales Desaffaires Culturelles: DRAC)을 전국에 설치하고, 중앙정부 문화정책을 지방에서 수행하였다(그림 9-7 참조). 지방분권 이후에는 지방정부가 재원과 권한의 자율성을 가지고 실질적인 문화정책을 수행하였고, **DRAC는 문화부와 지방정부 간의 중재 역할**을 하였다. 예를 들면 문화발전협약, 계획계약, 도시계약, 문화지방분권협정 등의 체결을 조정하고 자문하는 것이다.

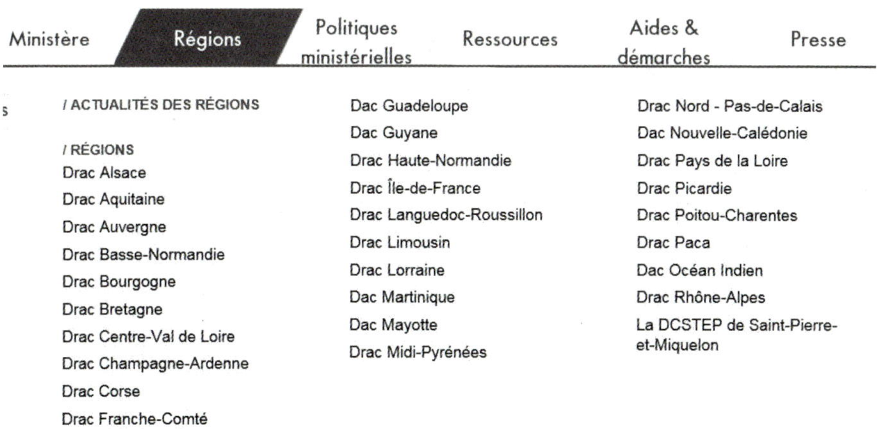

그림 9-7 DRAC 소재지(문화통신부 홈페이지)
출처: www.culturecommunication.gouv.fr

1) 이외 문화예술의 국제교류는 외무부, 예술동호회 지원은 청소년체육부, 예술과 관광의 연계는 관광청에서 담당하였다. 또한 문화재 보존은 문화부 내 독립기관인 문화유산건축국에서 담당하였다.

문화통신부는 예술창작국, 미디어및문화산업국, 건축및문화유산국, 박물관국, 도서및독서국, 기록보관국, 프랑스언어국, 국제업무국, 등으로 구성되어 있다. **예술창작국**(Direction Generale de la Creation Artistique)은 문화통신부의 음악/무용/연극/공연예술국과 조형예술특별국이 통합된 것으로, 음악/무용/연극을 담당하는 공연과와 조형예술과, 그리고 관객 및 홍보팀이 있으며, 예술가들의 창작활동과 창작환경 지원을 주 업무로 한다(그림 9-8 참조). 문화통신부 산하기관으로는 책임운영기관인 국립조형예술센터(Centre National des Arts Plastiques), 국립서적센터(Centre National du Livre), 국립영화센터(Centre National du Cinema) 등이 있다. 이 중 국립조형예술센터는 조형예술과 시각예술 창작을 지원하고, 출판사, 복원가, 비평가, 학자 등 현대예술 전문가를 교육/지원하고, 국가소장품을 위한

그림 9-8 문화통신부 예술창작국의 연결 사이트
출처: www.culturecommunication.gouv.fr

현대예술 작품들을 구매하고 관리한다.

프랑스 지방정부는 레지옹(region), 데빠르트망(departement), 코뮌(commune)으로 구성된다. **레지옹**의 문화정책은 지역 언어와 문화의 보존, 지역 박물관 재정지원, 고문서 보전, 지역문화의 정체성 확립, 프랑스 문화의 다양성 홍보 등이고, **데빠르트망**의 문화정책은 지역 도서관과 박물관의 재정지원, 고문서와 영상자료 보존, 지역 문화예술 진흥활동, 문화시설과 활동 지원, 예술 활동조직, 농촌 문화활동 장려 등이다. **코뮌**은 가장 직접적이고 현실적인 문화정책 권한을 가진다. 지역의 문화재와 문화시설을 관리하고, 지역축제를 준비하고, 지역 박물관과 도서관을 운영하고, 고문서를 보존하고 관리하고, 지역개발계획을 수립하고, 예술교육 및 강좌를 개최한다. 문화통신부는 각 레지옹에 DRAC를 두고 지방정부의 문화정책을 조율하는데, 문화재, 박물관, 도서관, 음악/무용/연극 공연, 조형예술, 영화, 고문서, 예술교육, 문화산업 등 거의 모든 문화정책을 조율하고 자문한다. 도지사가 재정권을 가지고 있지만, DRAC를 통해 중앙정부의 문화정책 기조가 유지될 수 있는 것이다.

3 프랑스 문화정책의 특징

1) 국가주의 문화정책

프랑스는 전통적으로 중앙집권적인 국가로서 문화정책에서도 대표적인 국가주의라고 할 수 있다. 이미 절대왕정 시대에 문화예술기관인 아카데미 프랑세즈(Académie Française)가 설립되고(그림 9-9 참조), 지금의 문화부장관과 같은 직책이 있어 문화정책을 주도하였다. 이러한 경향은 프랑스 혁명과 세계대전을 겪으면서도 변화하지 않았고, **1959년 세계 최초로 문화부**가 마련되어 예술의 후원과 규제를 담당하였다.

비록 1983년 지방분권으로 문화정책의 권한이 지방정부에 이양되었지만,

그림 9-9 Académie française (1643년 설립)
출처: en.wikipedia.org

DRAC를 통해 여전히 국가주도 문화정책의 기조를 훼손하지 않고 유지하고 있다. DRAC는 지방정부와 문화발전협약, 계획계약, 도시계약 등을 체결하고 중앙정부와 지방정부가 수평적으로 협력하고 재정을 분담하도록 한다. 또한 **지역의 문화기획은 지방정부와의 협약으로 진행**되는데, 예를 들면 축제위원회가 지방정부와 협약을 체결하고 지원을 받는 것이다. 프랑스의 계약/협약 방식은 지방분권에 따른 지역 문화정책의 고립을 막고, 국가와 지역 간 공통된 이해관계로 재정 지원을 보장함으로서, 안정적인 사업수행이 가능한 장점이 있다. 그러나 국가와 지역의 이해충돌, 법과 실제의 괴리, 비계약 부분의 모호성과 자율성의 훼손 등의 단점도 존재한다.

프랑스의 국가주의 문화정책은 법적으로 창작의 자유를 보장한다. 예술가에게는 아틀리에(atelier)가 있는 집을 대여해 주고, 창작을 지원하고, 작품을 구매하고, 세금을 면제시켜 주고, 최저생활비까지 지급한다(그림 9-10 참조). 국가주의의 지

그림 9-10 프랑스 예술가 지원제도
출처: www.koreanartists.kr

지자들은 기업의 돈이 예술가에게 지원되면 **예술의 순수성**보다 자본의 논리에 의해 왜곡될 수 있다고 주장한다. 그러나 국가주의는 문화예술에 대한 민간의 역할을 축소시킬 뿐 아니라, 국수주의적 국가홍보에 이용될 수 있다는 위험이 있다.

2) 문화예술교육

문화의 나라 프랑스에서 1970년대에야 예술교육에 대한 관심이 대두했다는 것은 놀라운 일이다. 그 이전에는 초등학교의 예술수업은 드물었고, 중고등학교에서도 정규과목 선생님들이 클래식 음악과 미술을 소개하는 정도에 그쳤던 것이다. 예술교육을 초등학교부터 실시하고, 클래식 예술뿐 아니라 동시대 예술도 교육하고, 예술가와 교류하는 학교 교육이 실시된 것은 1971년 설립된 문화참여재단(Fonds d'Intervention Culturelle) 덕분이다. 문화참여재단은 프랑스 문화정책의 주요기관으로서, 중앙정부의 문화부와 지방정부의 문화부서들과 협력하여 예술교육을 지원하였다. 1977년에는 교육부에서도 학교 예술교육을 위해 정부기관과 예술조직을 연결하는 업무를 담당하였다. 1983년 예술교육은 학교 정규수업으로 편성되고,

학생들이 직접 예술가들을 만날 수 있게 되었다. 1988년 조스팽(Lionel Jospin) 교육부장관은 고등학교에 선택과목으로 예술과목을 개설할 수 있게 하였고, 1992년에는 문화부와 교육부가 통합되고 문화예술교육 5개년 계획을 수립하였다. 계획의 핵심은 예술과목을 주요과목 중 하나로 인식하여 개설하고, 예술 실기활동을 늘리고, **학교교육을 통해 문화의 민주화를 실현**한다는 것이다. 학교에서는 누구나 동등하게 예술에 접근할 수 있고, 어릴 때부터 감성을 키우기 위해서 예술교육이 필요한 것이다.

프랑스는 유치원부터 고등학교까지 전 교육과정에 걸쳐 문화예술프로그램 수업(Classe à Projet Artistique et Culturel: PAC)을 실시한다(그림 9-11 참조). 이 수업은 **학교와 예술조직의 연결을 통해 예술가들이 학생들을 이끄는 방식으로 진행**한다. 예술가는 자신이 원하는 장르와 수업방식으로 수업을 진행하고, 공연, 전시, 학회, 발표 등 다양한 방법으로 학생들을 평가한다. 이 수업은 문화부와 교육부의 협력 그리고 지방정부와 지역 예술조직의 협력이 있기에 가능하다. 즉 예술교

그림 9-11 프랑스 초등학교 예술수업 (PAC)
출처: www.thefirstmedia.net

육을 위한 공간과 재료 등을 비롯해서 전문 예술가까지 모든 지원을 학교가 받기 때문에 가능한 것이다. 또한 박물관, 미술관, 문화센터 등의 전문가들뿐 아니라 가난한 젊은 예술가들을 교사로 초빙하여 경제적 도움을 줄 수도 있고, 도슨트(docent)[2]와 큐레이터(curator)[3] 등의 문화중재자 또는 작가, 배우, 조명감독 등 예술 인력을 양성하는데 간접적으로 기여한다. 수업의 기획은 지방정부 문화국과 예술 조직의 교육담당자들의 협의에 의하지만, 수업을 맡는 예술가의 범위는 무척 다양하다. 클래식과 현대의 구분도 없고, 음악, 미술, 연극, 문학만 고집하지도 않는다. 환경, 조형, 건축, 도시계획, 유적, 고문서, 과학기술 등 상상을 초월할 정도로 넓은 범위인 것이다.

문제는 정부지원에 의존하는 **예술교육은 정권의 변화에 영향**을 받는다는 것이다. 2002년 이후 우파 정권은 문화예술 예산을 감축하였고, 문화예술교육 5개년 계획 역시 축소될 수밖에 없었다. 2013년 초등학교 PAC 수업의 폐지를 선언하였는데, 일부 학교는 계속하고, 기자재는 제외하고 교사 급여만 지원하는 등 혼란 상태가 계속되고 있다. 일부에서는 PAC 수업을 공공부문에만 의존하기보다는, 민간부문인 기업의 지원을 유도할 필요가 있으며, 이를 위해 세제혜택 등의 정책을 마련해야 한다고 한다.

---

2) 박물관이나 미술관에서 관람 안내를 하는 전문인력이다. 관람 동선을 짜고 전시물과 작가에 대한 설명으로 관람객의 이해를 돕는다.

3) 박물관이나 미술관에서 소장품을 연구하고 관리하는 전문인력이다. 유적, 유물, 작품 등을 연구, 구입, 수집, 분류, 보존, 유지, 관리하며, 전시회를 기획하기도 한다.

10

영국의 문화정책

1 영국 문화정책의 발전

영국은 잉글랜드(England), 웨일즈(Wales), 스코틀랜드(Scotland), 북아일랜드(Northern Ireland)가 모인 입헌군주국으로서, 오랜 기간 다양한 민족의 관습과 관행을 경험하였다(그림 10-1 참조). 따라서 영국의 문화정책은 전통적으로 왕이나 국가를 위한 것이 아니었고, 민간의 예술활동을 의회가 일부 지원하는 정도에 그쳤다.[1] 유럽의 근대 시민국가가 국위선양을 위한 수단으로 예술을 이용하였지만, 영국은 산업혁명으로 경제가 발전하고 입헌군주제와 의회정치의 전통으로 그러한 유혹이 적었다. 또한 영국은 대륙의 국가들보다 왕과 귀족의 예술 후원의 전통이 약한 편인데, 이는 도시 상업의 발달로 부르주아지들이 등장하면서 예술의 세속화와 상업화가 일찍 시작되었기 때문이다. 결국 **영국의 문화정책은 자유방임적**이며 문화예술에 대한 정부지원은 미미한 수준이라고 할 수 있다.

초기 영국 문화정책은 지원이 아닌 규제가 목적이었다. 1660년 연극 공연장 규제법과 1773년 연극대본 검열법 등이 대표적이다. 영국 문화정책의 정부지원은 19세기 들어서야 시작되었는데, 그것도 민간의 박물관, 미술관, 도서관 건립에 일부

1) 1753년 대영박물관(British Museum)과 1824년 국립미술관(National Gallery) 건립이 대표적이다(그림 10-2 참조).

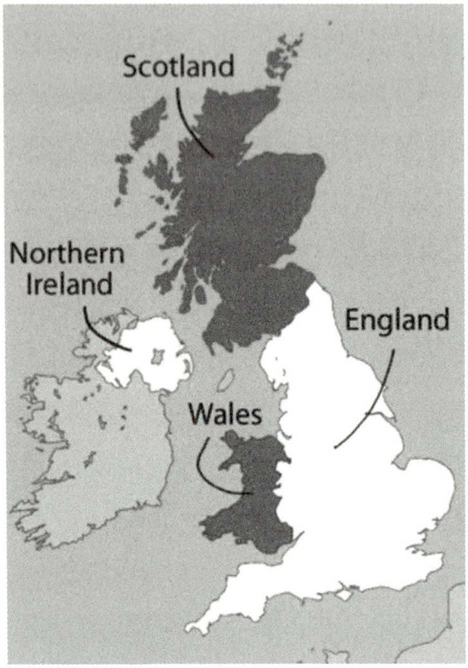

그림 10-1 영국 지도
출처: map.baenang114.com

그림 10-2 대영박물관
출처: en.wikipedia.org

경비만 보조하는 정도였다. 정부가 아닌 민간이 문화예술 후원을 담당한 것은 **노블레스 오블리주**(noblesse oblige)[2]의 전통이 문화예술 분야에도 존재하였기 때문이다. 귀족과 부르주아지는 신분과 명성에 걸맞게 자선과 기부를 해야 했고 극장 건립과 예술 공연을 후원하였다.

영국 문화정책의 지원이 본격화된 것은 1946년 대영예술위원회(Arts Council of Great Britain)가 설립된 이후이다(그림 10-3 참조). 제2차 세계대전 이후 많은 국가들이 복지국가를 내세우며 국민들의 문화예술 향수의 중요성을 강조하였는데, 영국 역시 복지국가의 요건으로 문화예술의 진흥을 주창하며 예술위원회를 설립하였던 것이다. 그러나 대영예술위원회는 공무원이 아닌 전문예술인으로 구성된 중립적 조직으로서, 민간 예술조직을 선정하여 적자를 보전해 주고 안정적 활동을

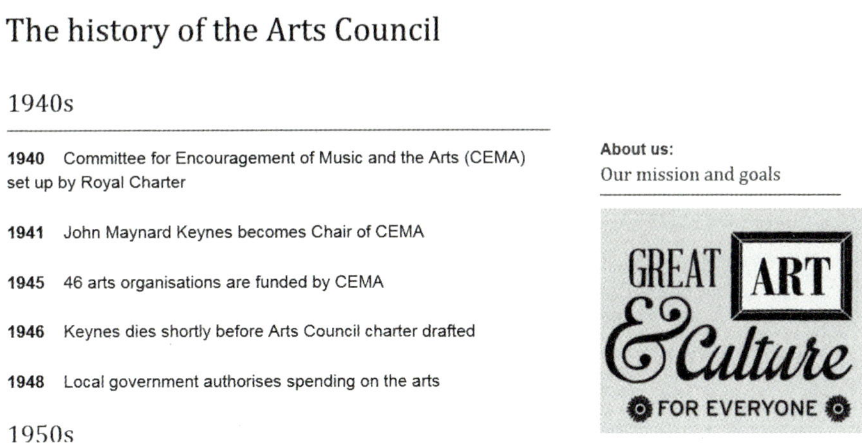

그림 10-3 대영예술위원회의 연혁
출처: www.artscouncil.org.uk

2) 노블레스 오블리주란 프랑스어로 "귀족성은 의무를 갖는다"는 것으로, 사회 지도자층은 높은 도덕성을 갖출 것을 요구하는 의미이다. 14세기 백년전쟁 당시 영국은 프랑스 칼레(Calais) 시를 점령한 후, 시민들의 생명을 보장하는 대신 6명의 책임자를 처형할 것을 제안한다. 누구도 나서지 않으려 할 때, 칼레시의 최고 부자인 세인트 피에르(St. Pierre)가 자원하고, 이어 시장을 비롯한 귀족들이 자원하였다. 영국 왕은 이에 감복하여 그들을 처형하지 않았고, 역사에 기록되면서 오늘날의 노블레스 오블리주 정신이 되었다고 한다.

가능하게 하였는데, 지원은 하되 간섭하지 않는다는 **'팔길이 원칙(Arm's Length Principle)'**으로 유명하다(그림 10-4 참조).[3] 1960년대 이후 미국의 문화 붐이 야기한 것과 같이 영국에서도 문화의 민주화 개념이 대두하면서 국민의 예술향수 기회의 증대가 문화정책의 의제로 등장하였다. 그 결과 문화시설의 확충, 지역 예술인 지원, 순회공연제도 실시, 박물관 무료입장, 공연 입장료 할인, 문화예술교육 기회 확대 등의 문화정책이 구현되었다.

그러나 1980년대 정부의 재정위기로 대처(Margaret Hilda Thatcher) 정부의 공공개혁과 작은 정부가 화두가 되면서 문화예술 지원도 삭감될 수밖에 없었다. 이제 예술의 심미적 가치보다는 예술의 경제적 가치, 예를 들면 영화, 음반, 애니메이션 등의 문

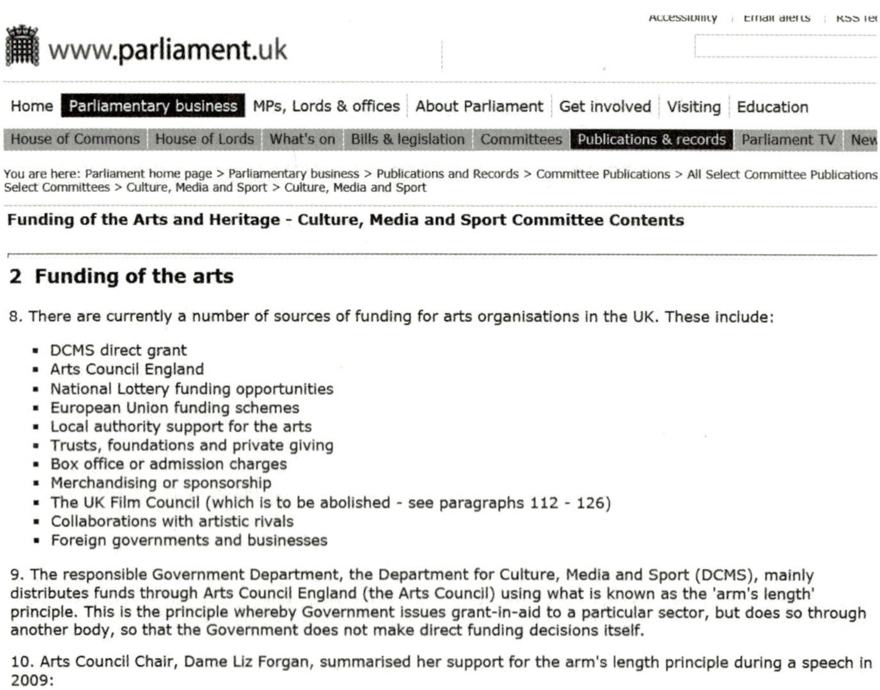
www.parliament.uk

Home | Parliamentary business | MPs, Lords & offices | About Parliament | Get involved | Visiting | Education

House of Commons | House of Lords | What's on | Bills & legislation | Committees | Publications & records | Parliament TV

You are here: Parliament home page > Parliamentary business > Publications and Records > Committee Publications > All Select Committee Publications
Select Committees > Culture, Media and Sport > Culture, Media and Sport

Funding of the Arts and Heritage - Culture, Media and Sport Committee Contents

2 Funding of the arts

8. There are currently a number of sources of funding for arts organisations in the UK. These include:

- DCMS direct grant
- Arts Council England
- National Lottery funding opportunities
- European Union funding schemes
- Local authority support for the arts
- Trusts, foundations and private giving
- Box office or admission charges
- Merchandising or sponsorship
- The UK Film Council (which is to be abolished - see paragraphs 112 - 126)
- Collaborations with artistic rivals
- Foreign governments and businesses

9. The responsible Government Department, the Department for Culture, Media and Sport (DCMS), mainly distributes funds through Arts Council England (the Arts Council) using what is known as the 'arm's length' principle. This is the principle whereby Government issues grant-in-aid to a particular sector, but does so through another body, so that the Government does not make direct funding decisions itself.

10. Arts Council Chair, Dame Liz Forgan, summarised her support for the arm's length principle during a speech in 2009:

그림 10-4 영국 의회의 arm's length principle
출처: www.parliment.uk

3) 영국 정부의 팔길이 원칙에 의한 기관으로는 대영예술위원회와 함께 영국영화원(The British Film Institute)과 공예위원회(The Crafts Council)가 있다.

화산업과 관광, 축제, 도시재생 등의 지역경제가 문화정책의 주요 의제가 되었던 것이다. **대처 정부의 문화예술에 대한 정부지원의 축소**는 예술조직들의 재정압박을 야기하였고, 예술조직들은 경영효율화에 관심을 갖지 않을 수 없었다. 이는 예술조직들이 판매촉진의 마케팅과 고객우선의 경영철학을 받아들이게 하였던 것이다. 1992년 문화유산부(Department of National Heritage)가 신설되면서, 각 중앙부처에 속해 있던 문화유산, 예술, 방송, 체육, 관광, 출판 등의 업무가 이관되었고, 1994년 대영예술위원회가 폐지되면서 대신 잉글랜드, 스코틀랜드, 웨일즈, 북아일랜드의 4개 예술위원회(Arts Council)가 신설되어 각 지역의 문화예술 지원을 담당하게 되었다. 1997년 문화유산부는 문화매체체육부(Department for Culture, Media and Sport: DCMS)로 변경되면서 기존의 업무에 국립공원, 문화산업, 여가, 국민복권 등의 영역이 더해졌다.

2 영국 문화정책의 주요 기관

1992년 문화유산부(Department for National Heritage)는 문화예술 분야보다 유적과 사적의 문화유산 관리가 위주였다. 토니 블레어 수상(Tony Blair)의 노동당 정부는 문화예술, 미디어, 체육, 음악, 디자인 등 문화산업적 요소를 포함하여 문화유산부를 **문화매체체육부(DCMS)**로 개편하였다(그림 10-5 참조). DCMS는 예술, 언론, 체육, 관광, 영화, 출판, 박물관, 미술관, 도서관, 문화재, 유적지, 사적지, 공원, 왕실 고궁 등을 관장하는 중앙정부기관이다. DCMS의 목적은 국민의 문화예술 향수를 증대시켜 삶의 질을 향상시키는 것이다. 이를 위해 창작의 다양화, 창작의 질 향상, 국가유산의 계승, 레저 기회의 확대 등을 위해 지원한다. DCMS의 지원금은 중앙정부의 각 부처, 독립 위원회, 지방정부, 자치단체 등에 주어지고, 각 조직은 예산의 자율성이 보장되지만 동시에 책임성도 부여된다.[4] DCMS는 복권을

4) DCMS의 지원을 받는 주요 기구로는 잉글랜드 예술위원회(ACE), 영국영화연구소(BFI), 대형 도서관(BL), 영국 관광청(BTA), 방송심의위원회(BSC), 공예위원회(CC), 잉글랜드 문화유산국(EH), 밀레니엄위원회(MC), 박물관/미술관위원회(MCG), 국립 영화/TV 학교(NFTS), 국립영화진흥기금(NFDF), 국립박물관, 국립미술관, 테이트 미술관(Tate Gallery) 등이 있다.

그림 10-5 문화유산부에서 문화매체체육부로 변경 (1997년)
출처: www.gov.uk

운영하여 재원을 마련하는데, 복권기금의 대부분은 잉글랜드, 북아일랜드, 웨일스, 스코틀랜드 지역의 **예술위원회**(Arts Council)에 배분된다(그림 10-6 참조).

DCMS는 중앙정부의 문화정책 담당기관이지만, 중요도에 있어서는 예술위원회(Arts Council)가 문화정책의 주체라고 할 수 있을 것이다. 예를 들어 DCMS의 예산 중 60%는 예술, 박물관, 미술관, 도서관, 문화유산 등의 지원에 사용되는데, 팔길이 원칙에 입각하여 대부분의 자금은 예술위원회로 보내져 사용처가 결정된다. 정부지원 자금을 어느 장르에 어떤 목적으로 얼마를 사용할 것인지는 전적으로 예술위원회의 최고의사결정기관 즉 무료 봉사의 이사들로 구성된 이사회(Council)에 의해 결정되는 것이다. 이사회는 전문가들의 논의를 바탕으로 영국 의회제도의 민주주의 방식을 적용하여 합의를 도출하고 다수결로 결정한다.[5] DCMS는 문화예술 지식보다 행정 능력이 뛰어난 담당자가 심의와 지원에 있어 공정을 기하

5) 그러나 이사들이 사회 고위층 인사들로서 클래식의 고급문화만을 중시하는 엘리트주의자이며 런던의 예술단체에 관대하다는 비판을 받기도 한다.

그림 10-6 영국 지역 예술위원회 홈페이지

출처: www.artscouncil.org.uk(잉글랜드), www.artswales.org.uk(웨일즈), www.scottisharts.org.uk(스코틀랜드), www.artscouncil-ni.org(북아일랜드)

고 사후 감사하는 역할을 맡고, 예술위원회는 공무원이 아니라 문화예술 발전을 위해 수년간 봉사해 온 예술전문가들로서 문화예술 지원을 결정하는 것이다. 잉글랜드, 스코틀랜드 웨일스, 북아일랜드 예술위원회는 각기 자율적으로 영국의 문화예술 진흥을 위한 역할을 담당하며, 팔길이 원칙에 의해 중앙정부의 지원을 받지만 예산과 사업 등의 결정에 전혀 간섭을 받지 않는다.[6] 결국 영국 문화정책은 DCMS가 문화정책의 목적과 취지만을 제시하고, 모든 실질적 정책활동은 예술위원회를 비롯한 다양한 공공기관과 단체들이 권한과 책임을 가지고 자율적으로 집행하는 것이다.

영국의 지방자치제도는 지방정부의 문화예산 책정을 의무화하지 않기 때문에 지방정부에 따라 문화정책의 내용이 사뭇 다르다. 예를 들면 도시 재생과 지역 공동체 만들기 등에 집중하는 지방정부와 그렇지 않은 지방정부의 예산은 크게 차이가 난다. 따라서 중앙정부보다 지방정부가 직접 박물관, 미술관, 극장 등을 운영하고 지역 예술조직에 자금 지원을 하는 경우가 많다. 영국 지역문화정책을 위한 기구로서는 **지역예술이사회(Regional Arts Board: RAB)**를 들 수 있다. 1990년 각 지역별로 RAB가 설립되고 상위 예술위원회의 기금을 받아 예술조직의 창작, 공연, 전시를 지원하였다. 예술위원회와 RAB는 형식적으로 독립된 조직이지만 실질적으로 제휴관계에 있는 협력조직이라고 하겠다.

그러나 2001년 모든 RAB가 폐지되었는데, 이는 창조경제 정책의 민영화, 규제완화, 경쟁강화와 같은 지방자치제도의 변화와 맥락을 같이 한다(Pratt, 2005). 즉 대처 정부의 중앙집권에서 블레어(Tony Blair) 정부의 지방자치제로의 변화이며 정치적 분권과 함께 정부간 관계(Inter-Governmental Relations)의 변화인 것이다(김순은, 2011). **창조경제 정책은 도시재생을 강조**하였는데, 세제혜택과 규제완화보다는 통합 보조금 방식으로 지원방법을 바꾸고, 도시재생회사(Urban Regenera-

6) 이러한 팔길이 원칙이 적용되는 기관으로는 예술위원회 외에도 영국 영화연구소(BFI), 공예위원회(CC), 박물관/미술관 위원회(NGC), 영국문화원(British Council), 국제예술위원회(Visiting Arts) 등이 있다.

tion Companies)의 기업가 정신을 강조함으로써, 중앙정부의 지원금에 대한 지방정부의 경쟁을 유도하였다. 결국 지방정부가 중앙정부의 보조금을 지원받기 위해서는 창조산업 관련 정책을 구상해야 했고 민관 협력의 파트너십을 유지해야 했던 것이다.

3 영국 문화정책의 특징

1) 문화의 민주화

영국 문화정책의 목적은 문화예술 향수 기회의 증대로 국민 삶의 질 향상이다. 영국은 문화예술 향수층이 사회적 지위가 높은 백인들이라는 비판을 받아 왔기 때문에, DCMS는 모든 사람이 즐기는 예술(arts for all)을 주장하고 누구나 문화예술을 경험하고 참여할 수 있도록 다양한 사업을 지원하였다(그림 10-7 참조). 대표적인 사업으로 감상자 개발을 위한 **청소년 예술교육을** 들 수 있다. 예술 향수를 위해서는 감상능력을 키우는 것이 필요하며, 이를 위한 교육을 어릴 때부터 시작하는 것이 좋다는 것이다. 많은 예술조직들이 어린이와 학생들을 위한 예술교육 프로그램

그림 10-7 잉글랜드 예술위원회 Arts for All 프로그램
출처: www.artscouncil.org.uk

을 실시하고, 성인을 위한 워크숍과 강연회 등을 개최하고 있다(그림 10-8 참조). 또한 장애인을 위한 프로그램을 마련하고, 저소득층의 예술교육을 위한 워크숍과 강연을 실시하고, 소외지역에 공연티켓을 무료로 배부하는 등 사회적 약자를 위한 감상자 개발 프로그램을 진행하고 있다. 1998년 특별기금으로 2002년까지 진행된 감상자 개발사업 중 하나는 지역 예술조직들이 도심 광장에서 행사 홍보와 할인티켓 배부를 할 수 있도록 지원하여 시민들의 큰 호응을 얻었다.

문화의 민주화를 위한 영국 문화정책은 예술위원회가 2010년 발표한 예술정책 5개 목표에도 잘 나타나고 있다. 향후 10년간 문화정책은 예술적 수월성을 증진시키고, 더 많은 사람들이 예술을 경험하고, 자생적 창조적 예술을 지속가능하게 하고, 다양한 예술분야의 전문인력을 양성하고, 어린이와 청년들에게 **예술 향수의 기회를 증진**시켜야 한다고 하였다. 이를 위해서 박물관, 미술관, 도서관 등 문화예술 인프라를 적절히 활용하고, 문화정책 관련 정부기관과 예술조직의 협력체제를 구축하고, 과학기술과 예술의 융합을 촉진하고, 다양한 예술분야의 전문인력과 프로그램을 개발하고, 평생학습의 개념으로 전연령층을 대상으로 문화예술교육을 실시해야 한다고 하였다.

그림 10-8 어린이 발레 수업 (3-5살)
출처: www.danceswansea.com

2) 문화산업

영국 문화정책의 큰 변화는 1980년대 신보수주의의 작은 정부와 신공공관리에 의한 것이었다. 이 시기 대처 정부는 재정긴축과 작은 정부의 행정개혁을 단행하였는데, 이는 행정에 민영화와 시장원리를 도입한 **신공공관리(New Public Management)**로 특징된다. 문화정책 기관과 예술조직들도 신공공관리에 따라 책임경영, 실적위주, 고객헌장, 기업가 정신 등이 강조되었다. 모든 사업은 시행 전에 비전과 장기계획을 포함하고, 능률성을 따져 분석한 평가보고서로 제출되어야 하고, 시행 후에는 자기평가와 외부평가의 실적보고서의 문서로 제출되어야 했다. 이제 문화정책 관련 기관과 예술조직 모두 치열한 경쟁에 내몰리게 되었고, 문화정책 역시 예술의 경제적 효과를 중시하게 되었다.

지방정부는 **도시재생 정책에 문화를 십분 활용**하였다. 특히 영국 제조업의 근간이었던 조선과 철광업의 침체로 어려움을 겪는 도시들은 문화산업을 육성하여 경제성장을 이루려는 시도를 하였다. 셰필드(sheffield) 시는 문화산업지구를 구성하여 영화, 비디오, 음반 등을 위한 스튜디오(studio)를 제공함으로써 대중문화를 육성하였다. 또한 버밍햄(Birmingham)은 시립교향악단을 위해 콘서트 홀(concert hall)을 건립하고 컨벤션 센터를 설립하여 문화도시로 거듭나게 되었다(그림 10-9 참조). 이제 지방정부들은 문화예술에 투자하여 제조업보다 부가가치가 높은 서비스산업, 관광산업, MICE[7] 산업, 지적산업에 주목하게 된 것이다.

3) 창조산업(Creative Industries)

1997년 문화매체체육부의 개편은 블레어 정부가 미래 유망산업으로 창조산업을 육성하기 위한 시발점이었다. 영국의 **창조산업**은 영화 또는 공연과 같은 문화산업 뿐 아니라, 고미술품, 디자인, 광고, 음악, 건축, 공예, 패션 등의 문화예술이 적용되는 산업 모두를 통칭하는 의미로 사용되었다(그림 10-10 참조). 예술이 미술

---

7) 기업회의(Meeting), 인센티브 관광(Incentive), 국제회의(Conference or Convention), 전시사업 및 행사(Exhibition or Event)의 첫 글자를 조합한 것이다.

그림 10-9 버밍햄 콘서트 홀
출처: www.thsh.co.uk

그림 10-10 영국 창조산업 홈페이지
출처: thecreativeindustries.co.uk

과 음악 등 순수예술에 국한되지 않고 영화, 디자인, 게임, 패션 등 창조산업을 포함하게 되었다. 스미스(Chris Smith) 장관은 문화정책의 핵심단어로 우수성(excellence), 창조경제(creative economy), 접근성(access), 교육(education)을 제시하였는데, 그 중 경제회복을 위한 창조경제의 중요성을 강조하였다.

블레어 정부는 창조산업 태스크포스(Creative Industires Task Force: CITF)를 창설하고 창조산업 개념을 확고히 하고 전파시켜 정책실현을 가능케 하였다. 예를 들면 창조산업의 범위를 영화, 음악, 출판, 광고, TV/라디오, 건축, 공연예술, 미술, 디자인, 패션, 레저, 공예, 소프트웨어 등으로 규정하고, 예술의 창의력과 문화산업을 연결하기 위한 수단과 기준을 제공하였던 것이다(Hartely, 2004). 또한 현대미술의 젊은 작가들을 육성하고, 그들의 해외전시를 지원하고, 테이트 모던(Tate Modern)[8] 미술관을 설립하는 등의 노력으로 많은 국제적 명성의 작가들이 나올 수 있었다(그림 10-11 참조). 블레어 정부는 **창조산업의 가능성과 지원을 구체적으로 제시**하였는데, 기업 지원금의 전액을 세금공제하자, 창조사업 프로젝트에 기업 로고가 붙기 시작하였고, 여러 기업들이 현대미술의 후원자로 등장하였다(그림 10-12 참조). 또한 실험적 현대미술 작품에 예산을 전폭 지원하고, 식민지였던 인도와 아프리카를 비롯한 다양한 국적의 다문화 출신 작가들을 포용하여 영국작가로 소개하는 등 다문화지원 정책을 실시하였다.

물론 블레어의 노동당 정부는 문화예술이 인간 삶의 질을 풍부하게 한다는 믿음을 버리지 않았기에 문화의 민주화 정신을 포기하지 않았다. 블레어 정부는 1965년 노동당 정부의 '예술을 위한 정책: 첫 단계(A Policy for the Arts: The First Steps in 1965)'를 다시 확인하고, 모든 국민이 문화예술 교육과 향수 기회를 증대시킬 수 있는 정책적 노력을 경주하고 있다. 특히 장애인, 저소득층, 소수민족,

8) 테이트 모던(Tate Modern Museum)은 영국 런던에 있는 현대미술관으로 테이트 갤러리에 있던 현대 미술품들을 옮겨 와 2000년 개관하였다. 테이트 모던과 함께 테이트 갤러리 그룹에는 테이트 브리튼(Tate Britain), 테이트 리버풀(Tate Liverpool), 테이트 세인트 이브(Tate st. Ives), 테이트 온라인(Tate Online)이 있다.

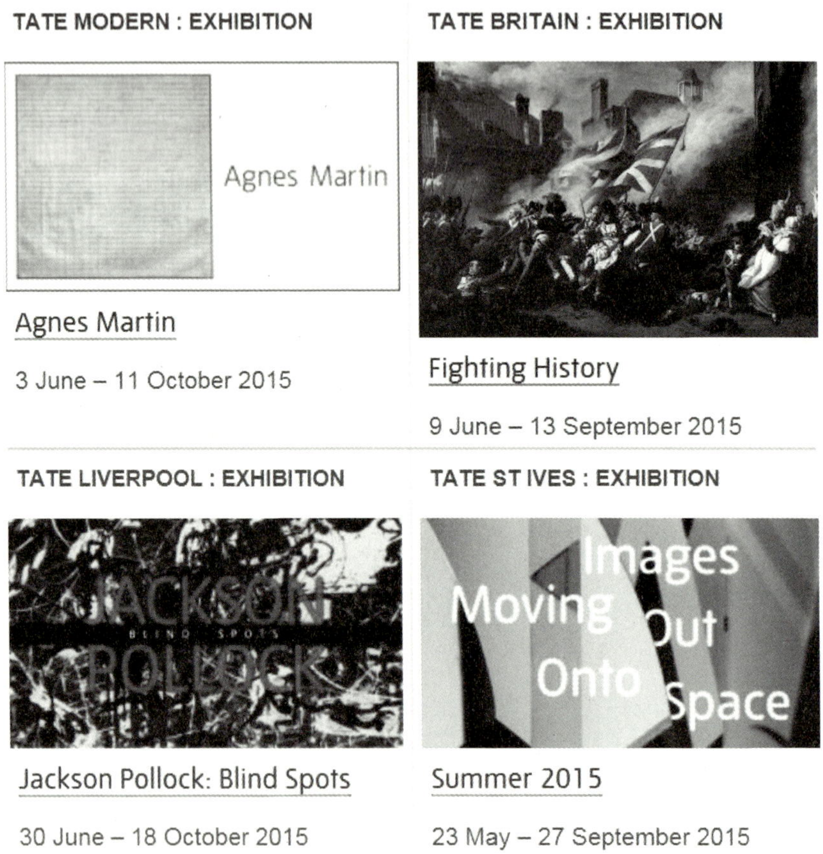

그림 10-11 Tate Gallery
출처: www.tate.org.uk

학생 등 소외된 문화약자들을 위한 다양한 프로그램을 실시하였다(Belfiore, 2002). 즉 블레어 정부는 노동당의 가치를 내세우면서도 그 실천에 있어 시장원리를 강조하는 **제3의 길을 문화정책에도 적용**하였던 것이다.

블레어 정부의 창조산업은 2010년 캐머런(David William Donald Cameron) 정부에 의해 계승된다. 그러나 재정긴축으로 창조정책 관련 예산이 삭감되고, 창조산업에 직접 지원하기보다 산업유발 환경 조성을 중시하는 등 신자유주의적 성격

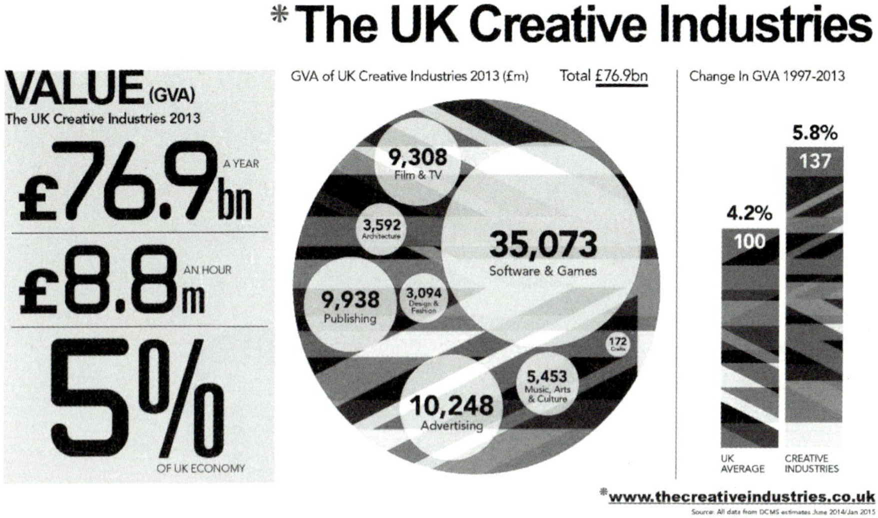

그림 10-12 영국 창조산업의 경제적 공헌
출처: thecreativeindustries.co.uk

은 더 강해졌다. 따라서 블레어 정부의 창조산업 정책은 정부주도적 역할보다 개인과 기업의 창의력를 발휘할 수 있도록 여건을 마련하는데 집중되었다. 캐머런 정부의 창조산업은 **과학기술과 예술의 결합을 강조**하였는데, 특히 ICT(Infromation Communication Technology), 앱 디자인, 콘텐츠 등의 첨단 과학기술과 예술의 융합으로 창조산업의 발전을 도모하였다(그림 10-13 참조). 이를 위해 캐머런 정부는 창조산업의 환경 조성을 위해, 지적 재산권을 보호하고, 공공데이터를 개방하고, 미래 혁신기술의 투자를 늘리기로 하였다. 또한 예술위원회는 영화, TV/라디오, 전자출판, 소프트웨어, 게임 등에 지원을 확대하고, 초고속 인터넷, 데이터 활용, 콘텐츠 향상, 디지털 기술 활용 등을 예술과 결합하는 방안들을 점검하고 있다.

글로벌 인재포럼 2013

"영국의 창조산업 이끈 힘은 예술·과학 융합 교육"

입력 2013-10-27 21:01:16 | 수정 2013-10-27 21:01:16 | 지면정보 2013-10-28 A6면

나이절 캐링턴 런던예술대 총장
"창의력 교육 핵심은 도전·질문… 지역사회와 끊임없이 교류해야"

"창의력은 '실현 가능한 상상력'입니다. 예술과 과학의 융합을 통해 새로운 것을 만들어내야 합니다."

나이절 캐링턴 런던예술대(University of Art in London·UAL) 총장(사진)은 27일 한국경제신문과의 이메일 인터뷰를 통해 창의력을 이같이 정의내렸다. 그는 "창의력은 기업과 국가의 성장동력이 되는 '혁신'의 원천"이라며 "새로운 아이디어를 실행에 옮기는 비전이자 해결책"이라고 설명했다.

그림 10-13 영국 예술과 과학의 융합
출처: 한국경제 2013.10.27

11

미국의 문화정책

1 미국 문화정책의 발전

미국의 문화정책은 시장주의이다. 1969년 유네스코(UNESCO)의 모나코 문화정책 원탁회의(Monaco Round Table on Cultural Policies)에서, 미국 정부는 공공부문 또는 민간부문에서 어떠한 공식적인 문화적 지위도 갖고 있지 않다고 하였다. 물론 이것은 미국이 많은 박물관과 도서관 그리고 세계적 오케스트라를 보유하고 있고, 미국 연방정부도 공영방송 및 예술기금과 같은 문화기관들을 설치하고 있지만, 미국헌법 수정 제1조의 언론자유의 보장에서 드러나듯이 **예술과 정부는 분리되어야 한다는 약속**이 지켜지고 있다는 사실을 재확인한 것이다. 이민자들로 구성된 미국은 유럽 지배계급을 거부하였고 예술에 대한 기호를 수평적으로 만들었다. 미국의 실용주의는 미학을 이해하지 못했고 민주주의와 평등 정신은 예술 후원을 축소시켰다. 미국의 문화정책은 유럽의 엘리트주의 즉 고귀한 자질을 갖춘 사람만이 이해하는 예술의 고상함을 거부하고 대량생산과 시장경제의 새로운 실용성을 예술적 수완으로 선호하였던 것이다.[1]

그렇다고 미국 정부가 전혀 예술에 관여하지 않은 것은 아니다. 1872년 미국

1) 할리우드는 문화적 창의성이 정부정책의 테두리 밖에 존재하는 진정한 공개시장의 사례로 언급된다.

의회는 그랜드 캐넌에 관한 토마스 모란(Thomas Moran)의 그림을 구입하였고, 이는 미국이 국립공원을 설립한 최초의 국가가 되는데 기여하였다(그림 11-1 참조). 1906년부터 연방정부는 역사적 기념물을 구입하고 유지하였고, 1917년에는 비영리단체에 대한 세금공제가 이루었다. 1938년 설립된 국무부 산하에 문화교류국(Division of Cultural Relations)과 1940년의 국내업무조정사무국(Office of the Coordinator of Inter-American Affairs)은 문화교류라는 이름으로 남미국가의 학교에 지원금을 보내었다(그림 11-2 참조).[2] 1930년대는 뉴딜정책의 일자리 창출사업으로 미술 공공근로 프로젝트(The Public Works Art Project: PWAP)와 연방정부 건물 벽화 제작의 예술 구제 프로젝트(The Treasury Arts Relief Project)를 통해 예술가 4만 명을 고용하였다(그림 11-3 참조). 제2차 세계대전 후에는 아시아의 공산주의에 대항하는 미국적 가치를 홍보하기 위한 미국정보국(United States

그림 11-1 〈The Grand Canyon of the Yellowstone〉 1872 by Thomas Moran
출처: americanart.si.edu

2) 이는 순수한 문화교류보다는 당시 적국이었던 독일의 군국주의와 파시즘을 비난하여 남미에서 독일의 영향력을 줄이기 위한 외교정책적 성격이 짙었다.

그림 11-2 남미 교류 정부지원으로 만든 디즈니 영화
출처: en.wikipedia.org

그림 11-3 〈California〉 1934 (mural, right half) by Maxine Albro, Coit Tower, San Francisco
출처: en.wikipedia.org

Information Agency)이 설립되고, 조세혜택 제도가 도입되고, 비영리 예술법인 포드재단이 설립되었다. 특히 케네디 대통령은 민간 예술지원과 정부활동의 조정을 위해 연방예술위원회(Federal Advisory Council on the Arts)를 설립하였다. 1965년 연방정부의 국립 예술인문기금법(National Foundation on the Arts and the Humanities Act)이 의결되고, 실행을 위한 독립 기구로서 미국 문화정책의 모태가 되는 **국립예술기금(National Endowments for the Arts: NEA)이 설립**되었다(그림 11-4 참조).

미국 문화정책은 카네기 기금(Carnegie Endowment)과 록펠러 재단(Rockefeller Foundation) 등의 **자선단체가 추진했던 문화지원 시스템**이 시초라고 할 수 있다. 록펠러는 1954년부터 1959년까지 전국에 45개 지방 예술이사회를 설립하였고, 카네기 기금과 멜론 재단(The Andrew W. Mellon Foundation) 등이 비영리 예술조직

National Endowment for the Arts

ART WORKS.
arts.gov

Agency overview	
Formed	1965
Jurisdiction	Federal government of the United States
Headquarters	1100 Pennsylvania Avenue, N.W., Washington, D.C.
Annual budget	$146,200,000 USD (2015)
Agency executive	R. Jane Chu, Chairman
Website	www.nea.gov

그림 11-4 National Endowment for the Arts
출처: en.wikipedia.org

을 위해 자금을 지원하였으며, 포드재단은 비영리 예술기관의 장기적 진흥과 전략적 발전을 위한 매칭펀드(matching fund) 제도를 도입하였다. 포드재단은 예술조직에 기부를 하면서도 다양한 재원을 발굴하기 위한 노력을 함께 수행하였는데, 매칭펀드 제도는 큰 성공을 거두어 예술조직들이 비영리 모델에 관심을 갖도록 하였다. 예를 들면 당시 샌프란시스코 만(San Francisco Bay) 지역의 예술조직은 20~30개 불과하였는데, 1980년대는 1,000개가 넘었다. 그 결과 포드재단의 예술자금 지원은 연 1억 달러를 넘었고, 여러 대기업(Exxon, Dayton Huston, Philip Moris, AT&T 등)들이 마케팅 효과를 노리며 예술지원에 동참하였다(그림 11-5 참조).

민간에서 시작된 문화예술 지원 시스템을 정부 내에 제도화시키려는 노력으로 1965년 국립예술기금(NEA)이 설립되었다. 이는 예술에 대한 지원으로 록펠러가 유명해지면서 그가 대통령이 될지도 모른다고 우려한 존슨(Lyndon Johnson) 대통령이 정부의 예술지원 법안을 찬성했기 때문이다. 또한 **냉전 시대에 미국 모델이 공산주의 체제보다 우월하다는 선전을 위해서도 자유로운 사상과 예술의 교류**

TABLE 1. Million-dollar foundation supporters of direct international arts and cultural exchange, 2003 – 2008

Rank by amount of grants	Rank by number	Foundation name	Number of grants	Amount in dollars
1.	1	Trust for Mutual Understanding	479	$14,613,990
2.	5	Freeman Foundation	24	$9,654,276
3.	3	Ford Foundation	52	$8,509,500
4.	7	Annenberg Foundation	23	$8,055,000
5.	13	Doris Duke Charitable Foundation	12	$6,821,921
6.	6	Rockefeller Foundation	24	$6,604,607
7.	17	Starr Foundation	11	$6,155,000
8.	2	Florence Gould Foundation	106	$5,053,965
9.	4	Andrew W. Mellon Foundation	27	$2,805,635
10.	21	Open Society Institute	9	$2,666,124
11.	11	Ann and Gordon Getty Foundation	15	$2,651,550
12.	39	Goldman Sachs Foundation	4	$2,488,500
13.	48	Plough Foundation	3	$2,250,000
14.	22	W.K. Kellogg Foundation	9	$2,116,000
15.	18	J. Paul Getty Trust	11	$1,806,000
16.	20	Henry Luce Foundation, Inc.	10	$1,478,000
17.	24	Rockefeller Brothers Fund, Inc.	8	$1,400,000
18.	40	Alcoa Foundation	4	$1,340,000
19.	8	John D. and Catherine T. MacArthur Foundation	23	$1,097,500
Grand total				**$106,782,429** (November 2009)

그림 11-5 미국 민간부문의 예술과 문화교류 기부금
출처: www.giarts.org

를 증진시킬 필요가 있었던 것이다. 결국 NEA는 정부와 지식인 집단의 연계를 강화하기 위한 것이었는데, 미국은 자유 평등 사상으로 의료와 교육의 가치재까지도 국유화하는 것을 반대하는 정서가 강하기 때문에, 문화예술에 정부가 지원하는 것을 정당화시킬 논리가 필요하였다. 즉 미국 정부는 냉전에서 승리하기 위해서는 사상, 상상, 탐구의 자유를 보장하고, 창조적 재능을 키우는 환경의 조성 등이 필요하므로 NEA의 예술지원이 필요하다는 논리를 개발하였던 것이다.[3]

2 미국 문화정책의 주요 기관

미국 문화정책의 기관은 국립예술기금(National Endowments for the Arts: NEA)이 대표적이다.[4] NEA의 예술지원은 크게 나누어 **창작지원과 향수지원**으로 나눌 수 있다. 즉 미국에서 예술의 탁월성과 다양성을 촉진하고, 예술에 대한 향수 기회를 증대시키는 것이다. NEA 이후 100개에 불과했던 오케스트라, 극장, 오페라 관련 회사들이 800개가 되었고, 600개였던 지역예술기관이 3,800개로 늘었으며, 6개의 주 예술국이 56개가 되었다. NEA의 주요 예산은 조사와 연구를 위한 자체 관리기금과 예술사업을 위한 기금으로 구성된다. 예술사업 기금은 예술 발표 및 감상을 위한 사업뿐 아니라 예술조직의 재정 향상을 위해서도 지원된다. NEA의 지원이 중요한 것은, 지원금의 액수보다 NEA의 지원대상이라는 사실만으로도 예술조직 또는 예술사업의 탁월성을 인정하는 증명서의 역할을 하기 때문이다. 즉 NEA가 보증하기 때문에 기업과 개인은 이를 믿고 무조건 기부할 수 있다는 것이다.

예술적 자유를 보장하며 정부지원을 받았던 NEA가 위기에 봉착한 것은, 1980년대 후반 안드레스 세라노(Andres Serrano)의 전시와 로버트 메이플소프(Rober

3) 초기 NEA의 사업은 예술의 민주화를 위한 것으로서, 도심빈민가의 예술 활동 개발, 공산당원의 예술, 교회 아동예술 등에 자금을 지원하였다.

4) 물론 연방예술위원회(The National Council on the Arts: NCA), 국립미술관(The National Gallery), 스미소니안 박물관(Smithsonian Institution) 등이 있지만 연방정부 차원의 문화정책을 담당한다고 보기 어렵다.

Maplethorpe)의 동성애적 사진 전시가 논란이 되어 법정 소송으로 진화된 사건 때문이었다(그림 11-6 참조). 보수주의자들은 진보정치인들이 전통적 도덕성과 불평등에 맞서기 위해 NEA의 공적자금을 이용한다고 비난하였다. 1990년 재승인을 앞둔 NEA는, 규정으로 명시하지는 않았지만, NEA의 지원을 받는 작품들은 예술적 탁월성뿐 아니라 공공규범까지도 고려해야 한다고 결정하였다.[5] 1991년 NEA는 재승인되지만, 사법적, 행정적, 재정적으로 상당한 타격을 받았다. 1993년부터 NEA 기금은 계속 삭감되었고, 마침내 1996년 1월 NEA는 삭감된 재정을 보충하기 위한 조직혁신을 단행하고, 주요 고객을 예술가에서 예술관객으로 바꾸어 **예술교육과 예술접근으로 방향을 수정**하였다(그림 11-7 참조). 결국 지금까지 예술적 자유라는 개념에 의해 보호되었던 NEA는, 정치인들에게 NEA의 결정권을 맡긴

그림 11-6 〈Piss Christ〉 1987 by Andres Serrano, Photograph
출처: en.wikipedia.org

5) 만약 NEA가 지원한 작품이 법정에서 외설로 판정을 받는다면, NEA는 예술의 자유를 주장하며 싸울 수 없고 바로 벌금을 내야만 한다.

그림 11-7 NEA의 마을 가꾸기
출처: arts.gov

다는 조건으로 1997년 재승인될 수밖에 없었다. 신자유주의자들이 NEA 기금으로 40만 명 이상 노동자 가족의 세금을 줄일 수 있다고 주장하며 NEA의 폐지를 주장하였지만, 많은 보수주의자들은 예술이 진보정치에 이용되지만 않으면 성숙한 시민양성을 위해 NEA가 필요하다는 데 동의하였기 때문에 NEA는 재승인을 받을 수 있었던 것이다.

1980년대는 예술시장의 붐이 끝나고 이어진 경기후퇴로 문화예술에 대한 기업지원이 감소하였다. 심지어 기업들이 더 이상 문화예술에 대한 모든 짐을 떠안을 수 없다는 서한까지 정치권에 보내졌다. 이제 문화예술은 공공서비스의 이유나 커뮤니티를 위한 경제발전의 일부가 될 때에만 정부지원이나 기업 또는 재단의 보조금을 정당화할 수 있게 된 것이다. 이처럼 미국 문화정책은 정부와 기업 또는 제3섹터의 비영리 분야와의 파트너십을 강조한다. 이 새로운 실용주의는 NEA의 아메리칸 캔버스(American Canvas)[6]에서 잘 나타나는데, 예술의 가치를 일반 시민과 사회 그리고 교육방식에 맞도록 바꾸고, 예술만이 아닌 공공 목적에 맞도록 바꾸는 것이다. 예를 들면 예술이 시민조직을 통해 널리 퍼지면서, 전통적 심미 추구가 아닌 청소년 범죄 예방, 직업교육, 다양한 커뮤니티 서비스, 경제발전 활동 등의 역할을 하는 것이다. 확장된 문화예술 영역의 파트너십으로 학교, 공원, 컨벤션센터, 관광방문소, 상공회의소, 사회복지 기관 등에서 예술의 실용적 측면을 강조하고 있다.

예술인문학에 관한 대통령 위원회가 1997년 작성한 보고서는 창조적이고 상상력이 풍부한 예술의 발전이 인간의 존엄성을 높이고 동시에 민주주의 발전의 토대를 제공한다고 하였다. 보고서는 문화예술이 성숙한 시민으로 성장하는 밑거름이 된다는 사실을 강조하여, 이제 예술은 보다 안전한 공동체를 제공하고, 소득을 증대시키고, 경제기반을 증진시킨다는 사회자본 개념으로 발전하였다. 아메리칸 캔버스는 예술이 기업과 예술조직과의 파트너십을 통해 얻을 수 있는 이점에 주목하며 예술을 사회활동으로 포섭할 것을 주장한다. 판사, 의사, 교수, 기업인, 공무원, 자영업자가 되기 위해서 예술의 힘이 필요한 것이다. 즉 **예술의 사회적 역할을 강조함으로써 NEA에 대한 정부지원의 정당성을 새로 확보하려는 의도**인 것이다. NEA는 예술창작의 지원과 예술교육의 중요성을 강조하고, 정부와 기업 그리고 예술조직의 파트너십으로 지원할 것을 주장하였다. 이를 위해 NEA는 다양한 예술교육 프로그램을 실시하여 예술인들을 학교에 배치시켜 가르치고 창작하고 공연하게 하였다(그림 11-8 참조).[7]

이제 NEA의 지원을 받기 위해서는 누구나 까다롭고 민주적인 절차를 거쳐야 한다. 메트로폴리탄 미술관(The Metropolitan Museum of Art)이나 지역 미술관이나 똑같이 기준에 맞춰 1년 전에 계획을 제출해야 하고, 법인과 임원진의 회계장부까지 제출해야 한다. 물론 이런 관료제의 병폐로 예술지원의 활력이 떨어지고,

---

6) NEA가 1997년 발표한 비영리 예술계에 대한 보고서이다.

7) 대표적인 것으로 Poets-in-the-School, Artist Residency Program, Artist-in-the-School, Artist-in-Education, Arts-in-Education 등이 있다.

그림 11-8 Artist-in-the-School 프로그램
출처: artstarts.com

실험성이 강한 아방가르드(avant-garde) 예술은 지원을 받지 못한다는 비난도 있지만, NEA가 생존하기 위해서는 예술의 사회적 역할을 중시하고 정부와 기업과의 파트너십을 추구할 수밖에 없는 것이다. 앞으로 미국의 예술기구들은 축소될 가능성이 크고, 소수인종을 위한 문화다양성 지원도 감소할 것이다. 연방정부나 지방정부의 예술에 대한 직접적 지원보다는, 문화예술 기부금에 대한 세금 면제와 대기업 또는 부호와의 파트너십에 의한 간접적 지원이 증가할 것이다. 결국 **미국의 문화정책은 정치적 선호에 의해 표현**될 수밖에 없고, NEA 역시 의사결정에서 정치적으로 자유롭지 못하다고 하겠다.

3 미국 문화정책의 특징

1) 문화외교정책

미국의 문화정책은 시장주의로서 정부가 개입하지 않는다. 따라서 문화예술과 관련 있는 정책이라도 거의 미국 정부의 정치적 의도에 의한 것이다. 1933년 선린 우호정책(Good Neighbor Policy: GNP)은 남미 국가들과의 문화교류를 위한 명목이었지만, 실제로는 당시 적국이었던 독일의 영향력을 견제하고 비난하기 위해 **문화를 외교에 활용**한 것이다. 물론 1934년 영국이 독일 민족주의 선전을 방지하기 위해 유럽에 영국문화원을 설립한 것도 영향을 미쳤을 것이다. 1938년 미국 국무부가 문화교류국(Division of Cultural Relations)을 설립하고, 히틀러와 무솔리니에 대항하여 지식의 자유와 교육의 진실성을 강조한 것처럼, 문화외교는 1939년까지 시급한 안보 문제로 다루어졌다.

1950년대와 1960년대는 소련을 봉쇄시키기 위한 전략으로 문화외교를 활용하였다. 미국은 사회주의 리얼리즘을 추구하는 **소련의 강압적 문화에 대항하기 위해 표현의 자유를 상징하는 추상주의 예술을 이용**하였다. 따라서 자유주의와 함께 현대미술이 부상하였는데, 이는 남미와 미국의 공통점을 현대성에서 찾으려 한 노력과도 일치한다. MoMA(Museum of Modern Arts)는 록펠러의 자금 지원으로 라틴 아메리카 예술을 전시하였는데, 그 이유는 현대적이고 세계적이고 진보적이고 자유적이고 도전적인 예술이라서 히틀러가 증오하는 대상이기 때문이었다(그림 11-9 참조). 1942년의 군사정보국(Office of War Information)은 학술교류 및 예술기금을 관장하였는데, 이 역시 군사정보 수집과 정치적 선전선동을 위한 것이었다. 남미에서 미국의 문화외교는 1941년 멕시코와 1942년 브라질과의 동맹체결, 1945년 아르헨티나의 참전 등의 성과를 거두었다.

남미를 대상으로 한 미국의 문화외교는 제2차 세계대전 이후 전 세계로 확대되는데, 이는 유럽과 아시아의 공산주의화를 막기 위한 것이었다. 트루먼 행정부는 미국의 국제적 리더십을 정당화하기 위해 문화 프로그램을 만들고, 새로운 추상예술과 자유주의 현대미술로 소련의 전체주의에 대항하였다(그림 11-10 참조). 미국 자유주의자들의 냉전에 대한 지지와 함께, 미국은 정치 리더십과 문화 리더십의 결합을 추구하였고 그 결과 NEA가 탄생할 수 있었다. 즉 미국의 국제적 리더십은 단

그림 11-9 The Museum of Modern Art in New York
출처: ustraveltours.org

그림 11-10 잭슨 폴락의 추상예술도 냉전시대 미국의 무기?
출처: www.independent.co.uk

순히 우월한 군사력, 경제력이 아니라 사상과 정신에서 세계적 존경을 받아야 한다는 믿음이 있었기 때문에 NEA를 탄생시켰던 것이다. 사실 **NEA는 미국 반공주의 문화정책의 수단**이었는데, 소련이 붕괴되기 전까지 계속된 미국의 문화정책 목적은 두 가지이다. 첫째 국제사회에서 미국의 위상을 높임으로써 미국에 대한 부정적인 이미지를 제거하고, 둘째 위대한 예술작품을 창조하여 미국의 우월성을 선전하기 위한 것이었다.

2) 민관 파트너십

미국 문화정책은 연방정부의 독립기관인 NEA에 의해서이다. 초기 NEA는 예술가와 예술조직에 대한 지원과 관람객 지원을 위주로 하였지만, 메이플소프의 전시를 계기로 정치적 영향력을 무시할 수 없게 되면서 예술교육 지원으로 방향을 수정하였다. 물론 NEA의 목적은 예술발전을 위해 예술가와 예술조직에 보조금을 지원하고 일반 국민의 예술향수 기회를 증대시키는 것이지만, 그 수단으로서 **예술교육을 강조하고 특히 민관 파트너십을 강조**하고 있다.

미국 문화정책의 시장주의에서 보는 것과 같이 문화예술에 대한 지원은 정부보다 민간이 먼저였다. 록펠러가 문화예술 분야 지원을 주장한 이유는 표면적으로는 문화의 민주화 실현이었다. 즉 미국 국민이라면 누구나 문화예술을 향수할 수 있도록 해야 한다는 것이다. 이러한 전통은 카네기재단과 포드재단을 비롯한 많은 기업들이 예술지원에 참여하게 하였고, NEA는 이러한 기금을 어떤 장르에 얼마나 지원할 것인가를 결정하는 역할을 하였던 것이다. NEA는 연방정부의 보조금을 받지만 그 이상의 기금을 민간부문에서 받는 것이다. 결국 미국 문화정책은 태생부터 민관 파트너십으로 이루어지고 있는 것이다. 따라서 NEA가 독립기관으로 문화예술의 방향을 독자적으로 결정하고 정부는 문화예술에 간섭하거나 통제하지 않는다. 예술활동은 전적으로 민간부문이 담당한다. 정부는 영국의 팔길이 원칙(Arm's Length Principle)과 같이 정보제공과 보조금 지원으로 간접적으로 참여한다. **정부는 민간의 예술활동을 지원하되 심사가 공정하고 엄격하게 진행되도록 감시하는**

역할만 하는 것이다. 예술가의 창의력을 존중하면서도 공공성이 훼손되지 않도록 견제를 하는 것이다.

미국 문화정책의 실질적 활동은 중앙정부보다 민간과 주정부의 파트너십에 의해 이루어진다. NEA가 예술의 비전과 방향을 제시하면, **주정부와 지역정부의 예술기관과 민간단체 등은 협력하여 문화예술 서비스를 제공**한다. NEA의 비전은 국민들의 예술에 대한 이해와 향수를 증대시키기 위한 것이다. 이를 위해 NEA는 청소년과 일반인을 위한 예술교육 프로그램을 개발하고, 민관 파트너십 예술조직들이 이를 실천하는 것이다(그림 11-11 참조). 민관 파트너십은 문화 민주주의 정신에 입각하여 소득, 연령, 지역, 성, 인종 등에 의한 예술지원 불평등을 해소하고, 문화예술 향수를 모든 국민의 권리로 인정하는 것이다. 국민의 예술향수 기회의 증대는 예술에 대한 국민의 이해력과 감상력을 높이고 예술 수요를 증대시켜 다시 예술가의 생산을 자극한다. 민관 파트너십은 문화예술 서비스의 효율적 제공뿐 아니라 수요에 대한 대응성을 높여 예술 생산의 선순환을 만드는 것이다.

그림 11-11 파트너십 예술조직

출처: www.aep-arts.org

▶12◀

일본의 문화정책

1 일본 문화정책의 발전

일본의 문화예술은 유럽과 같이 왕과 귀족의 전유물이었다. 왕조 또는 지역 막부의 권력자들이 예술을 지원하고 육성하였다. 대중에게 소개된 예술은 에도시대(江戸時代, えどじだい)의 가부키(歌舞伎, かぶき, Kabuki)가 처음이다(그림 12-1 참조). 이후 메이지 유신(明治維新, めいじ いしん)으로 서양 문물이 유입되면서 일본 전통예술보다는 서양 예술이 주도하게 되었다. 일본은 두 차례의 세계대전을 치르면서 **예술을 군국주의 선전을 위한 수단으로 사용**하였고, 국가유적과 문화재 보호 등의 단편적 문화정책이 존재하였다. 1968년 문화국과 문화재보호위원회가 문화청(文化庁)으로 통합되었지만, 주 사업은 문화재 보호와 보수였다. 일본은 외무성(外務省)에 산하기관으로 국제교류기금(國際交流基金, Japan Foundation)을 두고 해외 문화교류를 담당하게 하는데, 이는 미국의 문화외교와 같은 목적으로 1972년부터 일본의 문화를 해외에 소개하고 일본어 보급, 학술교류, 예술문화교류 등을 진행한다(그림 12-2 참조).

일본의 문화정책은 중앙정부보다 지방정부에 의해서 이루어진다. 중앙정부는 총무성이 재단법인의 문화예술시설을 지원하거나 지방정부의 지역 문화사업 활동을 지원한다. 일본의 지방정부는 크기에 따라 도, 현, 시로 구분되는데 이들의 문화

1958년 7월 에도 이치무라자에서 상연된 〈시바라쿠〉

그림 12-1 에도시대 가부키
출처: ko.wikipedia.org

그림 12-2 방콕의 Japan Foundation
출처: www.jfbkk.or.th

정책 예산이 문화청 예산보다 더 많다. 1958년 교토시(京都市)에 문화국이 설치되면서 문화정책의 지방자치 시대가 시작되었다고 한다. 이후 여러 지방정부에 문화국 또는 문화행정 전담 부서가 설치되었고, 1980년대에는 지역문화회관, 박물관, 미술관, 극장 등의 건립이 붐을 이루었다. 1990년대에는 문화시설의 하드웨어와 함께 소프트웨어에 대한 관심이 증대하면서 예술행정 세미나 등 많은 강좌가 개설되었고, 일촌일품 운동(그림 12-3 참조) 등 **지역문화와 지역경제를 연결하려는 노력으로 문화정책은 지방정부의 핵심정책**으로 자리잡게 되었다.

일본 문화정책에서는 민간부문도 중요한 위치를 차지하고 있다. 유럽과 같이 왕과 귀족의 지원을 받았던 예술은 세계대전 이후 등장한 대기업의 지원에 의존하게 되었다. 1960년대는 상품을 생산하면 팔리는 시기였지만, 1980년대는 상품을 팔기 위한 광고가 중요해졌고 예술을 광고의 일부로 이용하기도 했다. 1990년대 이후에는 문화예술마케팅이 효과를 보면서 많은 기업들이 문화예술 지원에 나섰다. 1990년 기업 메세나 협회가 설립되고 2001년 문화예술진흥법이 제정되면서, 지금까지 **기업의 문화예술 지원**이 지방정부와 함께 일본 문화정책의 중요한 한 축을 담당하고 있다.

그림 12-3 오이타현의 일촌일품 운동 홈페이지
출처: www.oita-isson-ippin.co.jp

2 일본 문화정책의 주요 기관

1968년 설립된 **문화청(文化庁)**은 초기 문화재 보호와 같은 최소한의 역할에서 발전을 거듭하여 이제 일본 문화정책의 중심기관으로 성장하였다(그림 12-4 참조). 1989년에 문화정책추진회의가 설치되어 다양한 문화정책 보고서를 작성하였고, 1995년 문화진흥 마스터플랜을 통해 예술창조 활성화, 전통문화 계승발전, 지역문화 진흥, 문화인력 양성, 문화기반 정비, 국제 문화교류 등의 사업영역을 확장하였다. 특히 1996년에는 예술인의 창작을 지원하기 위한 '아트플랜21'과 영상예술을 지원하기 위한 '미디어예술진흥' 사업 등을 실시하였고, 2000년대에는 예술창조 활동추진과 문화진흥 기반정비를 위해 예산을 편성하였다. 문화청은 문화산업 진흥을 위해서 영화, 애니메이션, 컴퓨터 그래픽, 게임 등을 지원하고, 미디어예술제

그림 12-4 일본 문화청
출처: ja.wikipedia.org

를 개최하고, 시나리오 콩쿠르를 지원하고, 독립영화 제작을 지원하고, 도쿄근대미술관 필름센터의 영화필름 보존과 영화인 양성을 지원한다.

일본 문화정책의 실질적 주체는 지방자치단체들이다. 1970년대 지방정부는 지역문화시설로서 복합문화센터를 건설하고 다양한 공연을 치렀지만, 1990년대에는 더욱 전문적인 시설들이 건립되었다(그림 12-5 참조). 지역마다 음향이 뛰어난 클래식 음악 전문홀이나 무대가 뛰어난 연극 전문홀 등이 마련되었고, 소프트웨어에도 투자하여 전속 오케스트라와 전속 극단을 두고 세계적인 전문가를 초빙하여 특별기획 시리즈 등을 기획하였다. 이제 지방정부는 중앙정부 문화정책의 집행자를 넘어서 스스로 기획하고 운영하는 주체가 되었다. 심지어는 가나자와(金沢) 예술촌과 같이 시민들의 자주적 운영을 도입하는 지역도 있는 것이다(그림 12-6 참조). **미래 일본의 문화정책은 지방정부에 의한 독자적 기획과 운영이 될 것**이다. 각 지역마다 고유한 지역문화에 대응하여 문화정책을 펼친다는 지방분권을 우선으로 하지만, 중앙정부와의 연계와 협력을 무시하지는 않는다(그림 12-7 참조). 문화청이 문화재 보호와 예술조직 지원을 주로 한다면, 지방정부는 학생들의 예술 감상력을 키우기 위한 학교 예술교육과 학교, 지역문화센터, 지역공동체를 연결하는 지역 예술교육을 지원

그림 12-5 일본 군마 현대미술관
출처: www.welcometojapan.or.kr

그림 12-6 가나자와 예술촌 홈페이지

출처: www.artvillage.gr.jp

그림 12-7 일본 나오시마 지중 미술관 홈페이지

출처: www.benesse-artsite.jp

한다. 또한 지방정부의 문화정책은 민간부문과의 협력을 중시하여 세제혜택을 제공하고 기업 메세나와 자원봉사자 활동 등을 장려한다.

3 일본 문화정책의 특징

1) 예술행정

일본 문화정책은 유럽과 미국의 문화정책이 섞여 있는 것 같다. **문화청과 지방정부의 역할을 보면 유럽식이고, 메세나와 기업지원에 의존하며 민관협력을 중시하는 것을 보면 미국식이다.** 일본 문화정책은 문화예술에 대한 정부지원의 정당성보다는 정책효과의 실현을 더 중시한다. 순수예술이 아닌 미디어예술에 대한 지원이 문화산업의 경제적 논리에 의한 것이라는 비판보다는, 미디어 예술의 어떤 분야가 발전했는지와 사회에 어떤 영향을 미쳤는지가 더 중요한 것이다. 이러한 일본 문화정책의 성격은 예술조직의 관리를 위한 예술행정의 발전을 초래하였다. 즉 정부지원을 받는 예술조직들은 효율적인 운영을 통해 성과를 달성하였음을 보여 주어야 했고, 이를 위한 예술행정 관리능력이 요구되었던 것이다.

예술행정의 발전은 일반 경영학과 달리 예술조직의 전략적 관리를 중시한다. 즉 예술조직의 사명선언문을 바탕으로 한 전략적 기획, 재원조성 방안과 투명한 회계의 자금운용, 예술 생산, 유통, 소비를 매개하는 마케팅, 지역공동체와의 유대관계를 향상시키는 공공관계(public relations) 등이 중요한 것이다. 예술조직은 생산자를 지원하는 역할을 뛰어 넘어 생비자(prosumer)를 창출하는 역할을 담당하게 된다. 예술가의 창작을 지원하는 일을 뛰어 넘어, 지역주민을 교육하여 감상력을 키우고, 예술활동에 참여하게 하여 소비자가 생산자가 되는 생비자를 만드는 것이다(그림 12-8 참조). 지역 기반의 예술조직들이 활발히 활동하기 위해서는 중앙정부, 지방정부, 기업, 지역주민과의 연계가 중요한데, 이를 위해서는 예술행정 능력이 절대적으로 필요한 것이다.

그림 12-8 오히타현의 지역축제 (히타기온제)
출처: www.visit-oita.jp

2) 기업 메세나

일본은 많은 기업들이 메세나 전담부서를 갖고 있는 것처럼 일본 문화정책에서 기업 메세나는 중요한 위치를 차지한다. **기업 메세나가 필요한 것은 지원의 대상과 규모를 적절히 배분할 수 있으므로 효율적으로 예술진흥을 꾀할 수 있기 때문이다** (그림 12-9 참조). 기업 메세나가 없다면 개개 기업이 자체적으로 문화예술 마케팅 측면에서 사업을 진행한다. 가장 일반적인 방법은 기업이 스폰서로서 문화사업을 진행하는 것이다. 예를 들면 박물관, 미술관, 콘서트홀 등을 기업이 운영하는 것이다. 그 다음은 특정 사업을 진행하는 예술조직에 자금을 지원하는 것이다. 예를 들면 공연을 위한 신문 광고비를 지원하는 것이다. 이러한 경우 대중성이 약한 독립영화나 실험적 전위예술에는 기업들이 거의 지원하지 않기 때문에 기업 메세나가 필요한 것이다. 대부분은 기업 메세나 협회가 지원사업의 내용을 결정하지만, 때로는 기업 단독으로 또는 몇 개의 기업이 합동하여 메세나 활동을 하기도 한다.

그림 12-9 일본 기업 메세나 협회
출처: www.mecenat.or.jp

메세나는 예술의 생산, 유통, 소비를 진작시키기 위해 다양한 지원활동을 한다. 주로 예술가의 창작을 지원하고 관람객의 소비를 지원하는 형태로 이루어지는데, 최근 일본 메세나는 감상자의 감상 능력 향상과 함께 직접 생산에도 참가할 수 있는 **생비자 지원**을 시작하였다. 세계의 걸작을 소개하고 감상할 수 있는 전시활동에의 지원뿐 아니라, 예술 생산에 과감히 도전하는 여건을 마련하여 신진 예술가와 실험적 예술에 대한 참가활동을 지원하는 것이다.

일본의 기업 메세나는 예술문화 지원 외 **예술행정에 대해서도 지원**을 하고 있다. 그 이유는 예술조직의 관리운영이 제대로 정착되지 않으면 예술지원의 효과를 볼 수 없기 때문이다. 기업 메세나가 직접 자금을 지원하는 것보다, 전문적인 지식을 갖춘 예술조직을 통해서 지원하는 것이 효과적이므로 예술조직의 행정능력을 향상시키는 것이 중요하다는 것이다. 예술행정 역시 예술의 생산, 유통, 소비의 연결을 통해 예술 향유 기회를 증대시키기 위한 것이므로, 예술조직의 예술행정 능력 향상을 위한 기업 메세나의 지원이 우선이라는 것이다.

13

독일의 문화정책

1 독일 문화정책의 발전

독일은 수백 개의 왕국과 공국들로부터 시작하여, 프로이센 왕국의 통일에 의해 근대국가로 등장하였다. 제1차 세계대전 후 외세에 의해 바이마르공화국(1919~1933)이 세워지지만, 곧 히틀러(Adolf Hitler)의 나치즘(Nazism) 국가로 변모하고 제2차 세계대전을 촉발하였다(그림 13-1 참조). 1945년 종전 후 독일은 동독과 서독으로 분단되고, 1990년 통일되기 전까지 문화적으로 서로 경쟁하고 대치할 수밖에 없었다. 서독의 문화정책은 1970년대 브란트(B. Brandt) 총리와 슈미트(H. Schmidt) 총리에 의해 획기적 전환을 이루었다. 즉 문화정책을 최소한의 예술지원에서 문화예술 활동에 대한 폭넓은 지원과 **소비자의 문화예술 향수와 참여에 대한 지원으로 확대**한 것이다. 이는 1960년대 미국의 문화 붐과 같이 국민 누구나 일상생활에서 클래식 문화를 즐길 수 있게 하자는 의도였다. 즉 문화정책의 엘리트주의와 같이 고급예술의 문화의 민주화를 달성하자는 것이었다. 1980~90년대 콜(H. Kohl) 총리는 당시 유행했던 신자유주의를 받아 들여, 지방정부의 재정자립도를 높이고 연방정부가 지방의 문화정책에 전혀 간섭하지 않도록 하였다. 특히 통일 후 지방정부의 경쟁이 심화되면서 연방정부는 각 지방정부의 특색에 맞게 문화정책을 컨설팅하고 지원하는 역할에 그치고 있다. 1998년 슈뢰더(Schröder) 총리

▲ 독일 수사 당국은 미술품의 가치가 합쳐서 13억5000만달러(약 1조4300억원)에 달할 것으로 추정하고 있다./사진: 가디언 캡쳐

그림 13-1 나치의 약탈 미술품 발견
출처: 조선일보 2013.11.04

는 연방정부 내무성의 하위기관이었던 문화정책 부서를 장관급으로 승격시켰다. 지방분권의 성격이 강한 독일에서 이러한 조치는 지방정부의 권한을 약화시킬 우려가 있다 하여 반대도 많았지만, 당시 EU의 회원국으로서 자국의 정체성(Identity)을 수립하려는 문화정책적 노력이 심화되고 있다는 점에서 용인되었다.

독일의 문화정책은 **서독과 동독의 격차를 해소하면서 동시에 독일 고유문화의 정체성을 확보**하려 한다(그림 13-2 참조). 즉 지역문화의 다양성과 역사적 정체성이 공존하는 가운데 독일전역의 균형발전을 꾀하는 것이다. 문화예술의 확산과 함께 중요한 것은 문화예술교육이다. 특히 소외 계층에게 동등한 교육기회를 갖도록 하는 문화사업으로 '교육연합(Bündnisse für Bildung)'을 조직하고 예술조직을 대상으로 교육기관을 선정하여 미술, 음악, 연극, 무용 등의 예산을 지원하였다(그림 13-3 참조). 독일은 이전 동독의 실업자뿐 아니라 외국인 노동자의 자녀들까지 대상으로 문화적 통합을 위한 정책이 요구된다. 외국인 노동자 거주지역의 생활수준을 끌어올리기 위한 사회통합 프로그램을 실시하고, 주민들이 문화 인프라, 도시

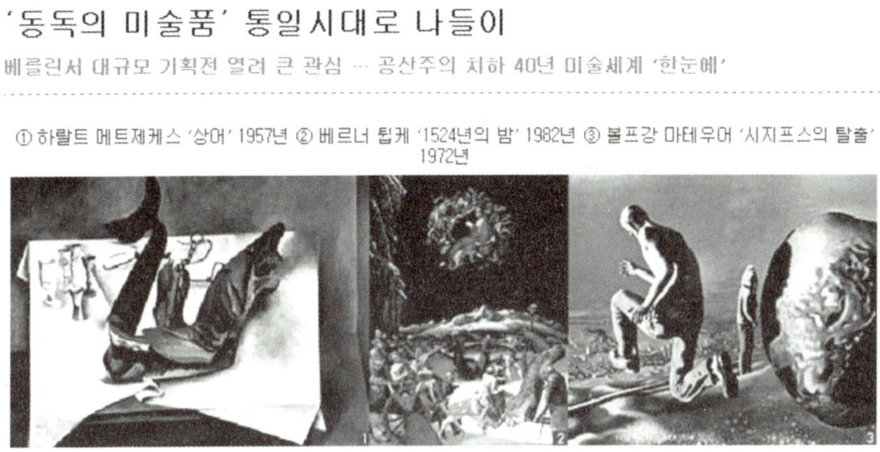

그림 13-2 동독의 미술품
출처: 주간동아 2003.08.14 (397호)

그림 13-3 통일 독일 교육연합의 홈페이지
출처: www.buendnisse-fuer-bildung.de

디자인, 건축물 개선, 문화교류 등에 직접 참여할 수 있도록 하였다. 연방정부는 매년 문화예산을 증액시키고 있으며, 2014년에는 12억 9천만 유로의 문화예산을 책정하였다. 지원 대상은 문화예술재단과 캠페인 사업인데, 대표적인 것으로 베를린

'세계 문화의 전당(Haus der Kulturen der Welt)'의 제1차 세계대전 프로그램(그림 13-4 참조), 함부르크(Hamburg) '비스마르크(Bismarck) 기념관'의 기념물 보호 프로그램, 종교개혁 기념사업, 독일 해외방송인 도이체벨레(Deutsche Welle), 구동독의 국립문화시설, 바이마르(Weimar) 클래식재단, 문화소외지역 지원을 위한 '전환(Transformation)' 프로그램, 영화 디지털 전환 작업, 독일 문화의 기원을 찾는 문화재 출처 조사연구 등이 있다.

2 독일 문화정책의 주요 기관

독일은 기본법 제30조에서 문화예술을 주(州)의 소관사항으로 명시하고 있다. 따라서 각 주는 문화정책국을 두고 **지역특성에 따라 독자적 문화정책을 실시**한다.

그림 13-4 베를린 세계 문화의 전당
출처: www.hkw.de

지역 스스로 박물관, 도서관, 극장 등의 문화인프라 정책, 지역 전통문화 보존과 발전을 위한 지원정책, 예술진흥을 위한 예술가 지원정책, 아마추어 예술활동 지원정책 등을 결정하고 집행한다. 주 정부들은 문화정책 협의를 위해 문화장관협의회(Ständiger Konferenz der Kultusminister der Länder in der Bundesrepublik Deutschland)를 설치하고 문화정책의 공동 관심사를 논의한다.[1]

연방정부는 주 정부의 문화정책국과 같은 문화 전담부서가 없고, 각 부처가 전통적인 소관업무를 담당하는 편이다. 예를 들면 내무부는 유적지, 재단과 협회의 문화기금, 연방도서관, 예술실험영화 지원 등을 담당하고, 외무부는 문화, 예술, 학술 등 국제 문화교류를 위한 지원을 담당하고, 노동부는 예술가들의 생활과 임금 지원을 담당하고, 교육과학부는 예술인 교육 지원을 담당하고, 경제부는 영화와 출판의 경제정책을 담당하는 역할을 한다. 결국 연방정부는 문화재 보호, 문화재 해외반출 감시, 문화관련 국제법 적용, 저작권, 출판 등 **간접적으로 문화정책에 관여**하고 있다고 하겠다.

1980년대 이후는 사회윤리 문제, 청소년 보호, 영상분야에 연방정부의 개입이 강조되었다. 1982년 연방정부는 문화정책의 조정과 통합을 위해 예술위원회를 구성한다. 문화예술 관련 공공부문과 민간부문의 기관들이 실시하는 문화산업, 예술교육, 문화예술 지원 등을 총괄하기 위한 것으로, 음악, 미술, 문학, 공연, 건축, 디자인, 영상, 사회 위원회의 8개 위원회로 구성되며, 연방정부의 지원을 받지만 간섭은 배제된다. 1990년대 들어 연방정부 총리실에 **문화매체부**(Beauftragter der Bundesregierung für Kultur und Medien: BKM)가 설치되는데, 이는 동독과의 통일과 EU 가입으로 독일 문화의 정체성, 일관성, 통일성의 개념이 중요해지면서 국가 차원에서 문화정책의 효율성을 제고하기 위해서였다(그림 13-5 참조).[2]

---

1) 그러나 협의회는 만장일치제를 채택하고 있으며 각 지방의회의 인준을 받아야 하기 때문에 실효성이 없다는 비판도 있다.

2) 구 동독은 중앙정부가 베를린에 문화예술 전담부서를 두고 예술가와 예술조직에 지원을 하였다. 통일 후에는 지방정부가 이들을 맡게 되었지만 달라진 환경에 적응하기는 쉽지 않으므로, 이러한 이질성을 극복하기 위한 연방정부의 총괄적 역할이 요구된다.

그림 13-5 독일 연방정부 홈페이지의 문화매체부
출처: www.bundesregierung.de

BKM은 총리직속으로 내각이 아니며, 수장은 장관급으로 문화인프라 정책, 예술정책, 문화후원 사업 등을 총괄한다. BMK의 산하기관으로는 연방기록물보관소(Bundesarchiv), 동유럽 독일 문화와 역사 연구를 위한 연방연구소(Bundesinstitut für Kultur und Geschichte der Deutschen im östlichen Europa), 문화연구위원회(Enquette-Kommission "Kultur in Deutschland"), 연방문화재단(Kulturstiftung des Bundes), 프로이센 문화재단(Die Stiftung Preußlicher Kulturbesitz), 주 문화재단(Die Kulturstiftung der Länder) 등이 있다.

정부가 직접 운영하거나 보조금을 받는 공공부문의 대표적 기관으로는 **베를린 국립미술관**(Staatlichen Museen zu Berlin)이 있다(그림 13-6 참조). 베를린 국립미술관은 연방정부가 직접 운영하는 기관으로 신국립미술관(Neue Nationalgalerie)를 비롯해 함부르거 반호프(Hamburger Bahnhof) 현대미술관 등의 20여 개 미술관과 박물관을 총괄한다. 이 외에도 막심 고르키 극장(Maxim-Gorki Theater),

그림 13-6 베를린 달렘 박물관
출처: www.smb.museum

베를린 극장(Deutsches Theater Berlin), 바이에른 국립오페라(Bayerische Staatsoper)과 같은 박물관, 음악당, 오페라하우스, 공연극장 등이 정부에 의해 운영되거나 보조금이 지원된다.

또한 독일 문화정책은 **문화외교와 국제교류를 중시**한다. 독일문화원의 괴테하우스(Goethe-Institut)(그림 13-7 참조), 국제교류를 담당하는 독일연방문화재단(Kulturstiftung des Bundes), 대학간 국제교류 기관인 독일학술교류처(Deutscher Akademischer Austausdienst), 개발도상국 문화교류를 위한 세계문화의 집(Haus der Kulturen der Welt), 장학재단인 훔볼트재단(Alexander von Humboldt Stiftung) 등은 연방 외무부의 지원을 받지만 독립적으로 운영되어 정부 간섭은 철저히 배제된다.

그림 13-7 뮌헨 독일문화원
출처: ko.wikipedia.org

3 독일 문화정책의 특징

1) 프랑크푸르트의 대안문화와 혁신

1983년 프랑크푸르트(Frankfurt) 시는 문화의 민주화를 위해 독일에서 처음으로 **대안문화단체에 지원**을 하였다.[3] 당시 독일의 국립극장들은 순수예술인 클래식 음악, 오페라, 발레, 연극 등의 천편일률적 공연으로 수익성은 생각하지도 않고 관

3) 대안문화는 기존 관습에서 벗어나 자유로운 문화 소통을 시도한다. 기존 전시장과 공연장을 벗어나 다양한 유휴공간을 활용하고, 다양한 장르의 프로그램을 융합한다. 식당을 빌려 작가와의 만남을 진행하고, 도심의 골목길을 거닐며 건축 작품을 마주하고, 벼룩시장(flea market)에서 작품을 전시하고 판매한다. 일상 공간이 무대이며, 다양한 장르의 문화예술단체, 예술가, 기획자, 시민들이 자유롭게 만나고 소통하는 공간을 제공한다.

객의 변화에도 무심하였는데, 대안문화단체의 공연에서 관객이 증가하는 것을 보고 혁신의 필요성을 깨달았던 것이다. 이후 다른 주정부에서도 대안문화단체의 공연 지원을 시작하였고, 국립극장들의 혁신을 유도하였다(그림 13-8 참조).

그림 13-8 프랑크푸르트 오페라하우스 (Alte Oper)
출처: en.wikipedia.org

2) 바이에른의 문화국가와 음악진흥

바이에른 주는 주 헌법으로 문화국가를 강조하고 적극적으로 문화정책을 실시하고 있다. 주 정부의 학술연구예술성은 박물관, 도서관, 미술관, 음악, 극장, 문학, 문화재 보호, 지역발전을 위한 문화정책을 담당하고 있다. 바이에른 주는 스포츠보다 클래식 음악을 즐기는 사람이 더 많은 것으로 유명하다. 주 정부는 **음악 진흥**을 위한 대대적 캠페인으로, 연령과 관계없이 인생 전체의 모든 교육에서 음악교육을 받을 수 있도록 지원하고, 장르에 관계없이 모든 음악을 지원하고, 프로와 아마추어의 구분 없이 누구나 음악가를 직업으로 할 수 있도록 지원하고 있다(그림 13-9 참조).

3) 베를린의 문화 민주주의

베를린(Berlin)에서는 매년 여름 문화 카니발(Karneval der Kulturen)이 개최된다(그림 13-10 참조). 오랜 전통의 쾰른(Köln) 카니발과 달리 **베를린 카니발은 문화적 다양성을 지향**하므로 세계의 이목을 집중시켰다. 인종, 종교, 국적과 상관없이 모든 사람들이 한데 어울려 대화하고 즐기는 장소를 제공해 주는 것이, 베를린을 세계적으로 젊은 예술인들을 끌어들이는 가장 핫(hot)한 장소로 각인시켜 준 것이다. 베를린의 문화정책이 문화 민주주의를 추구하게 된 것은 이민자들의 유입과 동독과의 통일을 겪으면서 독일의 정체성을 확립하려는 목적과 같은 맥락이다. 세계 각국에서 온 이민자들은 모국의 문화예술을 소개하고, 베를린은 이를 포용하여 더 많은 문화예술을 창조할 수 있는 기반을 마련해 주었다.

그림 13-9 음악의 생활화 (바이에른 주)
출처: www.np-coburg.de

그림 13-10 베를린 카니발
출처: www.karneval-berlin.de

4) 베를린의 복합문화공간

이미 구축된 박물관, 도서관, 극장, 갤러리 등의 시설 규모나 전시에서도 베를린의 다양성을 볼 수 있지만, 무엇보다 **통일 후 버려진 공간들을 복합문화공간으로 활용하면서 다양성을 추구**한 것이 돋보인다. 베를린의 함부르거 반호프 미술관(Hamburger Bahnhof Museum)은 동독과 서독의 비무장지대에 방치된 낡은 기차역을 개조한 것이다(그림 13-11 참조). 주위의 부두와 화물주차장을 활용하여 대

그림 13-11 함부르거 반호프 미술관
출처: www.smb.museum

형작품을 전시할 수 있고, 대가의 작품 뿐 아니라 실험성이 강한 작품까지 전시하여, 현대미술의 주요 미술관으로 성장하고 있다. 쇠네베어거 쥐드갤랜더 생태공원(Natur-Park Schöneberger Südgelände) 역시 화물 기차역 지역으로, 동서독 국경 문제가 법적으로 해결되지 못해 숲이 된 것을 생태공원으로 변모시킨 것이다(그림 13-12 참조). 숲을 보호하면서도 탱크와 기관차 등 전쟁의 상흔을 그대로 간직하여 시민의 쉼터와 예술교육 체험의 공간으로 조성하였던 것이다. 철로를 따라 산책로를 설치하고, 예술가들에게 공원 내 차고에 창작공간을 제공하여 시민들과 소통하게 하고, 어린이 예술교육 프로그램을 실시하고, 야외무대를 마련하여 음악, 연극 등의 공연을 자연 속에서 즐길 수 있게 하였다. 시민과 기업의 후원을 받아 진행하고 그들의 의견을 적극적으로 수렴해가며 프로젝트를 진행한다. 이처럼 베를린은 버려진 시유지를 시민과 기업의 후원으로 역사와 문화를 간직한 시민의 문화예술을 경험할 수 있는 장소로 바꾸고 있는 것이다.

그림 13-12 쇠네베어거 쥐드갤랜더 생태공원 야외 공연
출처: www.visitberlin.de

▶ 참고문헌 ◀

|영문|

Ahearene, J. & Bennett, O.(eds.). Intellectuals and Cultural Policy. London: Routledge, 2007.

Allen, J. & Kitch, S. "Disciplined by Disciplines?: The Need for an Interdisciplinary Research Mission in Women's Studies." Feminist Studies 24.2 (1998): 275–300.

Arnold, Matthew. Culture and Anarchy. Oxford University Press, 2006.

Barker, Chris. Cultural Studies: Theory and Practice. Sage, 2003.

Baumol, William J. & Bowen, William G. Performing Arts-the Economic Dilemma: A Study of Problems Common to Theater, Opera, Music and Dance. Gregg Revivals, 1993.

Bennett, O. "Review Essay: The Torn Halves of Cultural Policy Research." International Journal of Cultural Policy 10 (2004): 237–248.

Bhabha, Homi K. The Location of Culture. Psychology Press, 1994.

Blondel, J. The Discipline of Politics. London: Butterworth, 1981

Bradford, Gigi & Gray, Michael. The Politics of Culture: Policy Perspectives for Individuals, Institutions, and Communities. The Center for Arts and Culture, 2000.

Brah, Avtar. Cartographies of Diaspora: Contesting Identities. Routledge, 2005.

Byrnes, W. Management and the Arts. Boston: Focal Press, 1993.

Chong, D. "Re-Readings in Arts Management." Journal of Arts Managements, Law, and Society 29.4 (2000): 290–304.

Chow, Rey. Writing Diaspora: Tactics of Intervention in Contemporary Cultural Studies. Indiana University Press, 1993.

Clottes, Jean & Lewis-Williams J., David. The Shamans of Prehistory: Trance and Magic in the Painted Caves. Harry N. Abrams, 1998.

Cohen, Randy. "Local Government Support of Arts and Culture." Journal of Arts Managements, Law, and Society 32.3 (2002): 206–221.

Council of Europe, Cultural Policies and Trends in Europe: Country Profile-France. Council of Europe, 2011.

Cummings, Milton C. & Katz Jr., Richard S.(eds.). The Patron State. Oxford University Press, 1987.

Cunningham, Stuart D. "From Cultural to Creative Industries: Theory, Industry, and Policy Implications." Quarterly Journal of Media Research and Resources 102 (2002): 54–65.

Cunningham, Stuart D. "Cultural Studies from the Viewpoint of Cultural Policy." In Lewis, J. & Miller, T. Critical Cultural Policy Studies: A Reader. Oxford: Blackwell Publishing, 2003.

DiMaggio, P. Nonprofit Enterprise in the Arts: Studies in Mission and Constraint. NY: Oxford University Press, 1986.

Feld, O'Hare & Schuster. Patrons Despite Themselves: Taxpayers and the Arts Policy. NY: A Twentieth Century Fund, 1983.

Feldstein, Martin(ed.). The Economics of Art Museums. University of Chicago Press, 2009.

Fitzgibbon, M. & Kelly, A. From Maestro to Manager: Critical Issues in Arts and Cultural Management. Dublin: Oak Tree Press, 1997.

Florida, R. The Rise of the Creative Class. Basic Books, 2002.

Frey, B. & Pommerehne, W. Muses and the Markets: Exploration in the Economics of the Arts. UK: Basil Blackwell, 1989.

Gray, Clive. The Politics of the Arts in Britain. Palgrave Macmillan, 2000.

Heilbrun, James & Gray, Charles M. The Economics of Art and Culture. Cambridge University Press, 2001.

Hillman-Chartrand, H. & McCaughey, C. "The Arm's Lengths Principle in the Arts: An International Perspective-Past, Present, and Future." In Cummings, M. & Schuster, M.(eds.). Who Pays for the Arts? The International Search for Models of Support. NY: American Council for the Arts, 1989.

Huntington, Samuel P. The Clash of Civilizations and the Remaking of World. Simon and Schuster, 2007.

Kellner, Douglas. Media Culture: Cultural Studies, Identity and Politics between the Modern and the Post-Modern. Routledge, 2003.

Klein, Julie Thompson. Interdisciplinarity: History, Theory and Practice. Detroit: Wayne State University Press, 1990.

Kroeber, Alfred Louis, et al. Culture: A Critical Review of Concepts and Definitions. New York: Vintage Books, 1963.

Lange & Luksetich. "The Cost of Producing Symphony Orchestra Services." Journal of Cultural Economics 17.2 (1993): 1–15.

Leavis, Frank Raymond. Mass Civilisation and Minority Culture. Folcroft Press, 1930.

Lewis, Justin & Miller, Toby(eds.). Critical Cultural Policy Studies: A Reader. John Wiley & Sons, 2008.

Lewis, Justin. "Designing A Cultural Policy." In Bradford, Gigi & Gray, Michael. The Politics of Culture: Policy Perspectives for Individuals, Institutions, and Communities. The Center for Arts and Culture, 2000.

McGuigan, J. Rethinking Cultural Policy. Maidenhead: Open University Press, 2006.

McGuigan, J. "Cultural Policy Studies." In Lewis, J. & Miller, T. Critical Cultural Policy Studies: A Reader. Oxford: Blackwell Publishing, 2003.

Michael Kammen, "Culture and the State in America." In Bradford, Gigi & Gray, Michael. The Politics of Culture: Policy Perspectives for Individuals, Institutions, and Communities. The Center for Arts and Culture, 2000.

Miller, T. & Yudice, G. Cultural Policy. London: Sage, 2002.

Moore, Thomas Gale. The Economics of the American Theater. Duke Univ Press, 1968.

Mulcahy, K. "Cultural Policy." In Peters, B. & Pierre, J.(eds.). Handbook of Public Policy. London: Sage, 2006.

Nandy, Ashis. Intimate Enemy. Oxford: Oxford University Press, 1989.

Netzer, Dick. The Subsidized Muse: Public Support for the Arts in the United States. Cambridge University Press, 1978.

Peacock, A. & Weir, R. The Composer in the Marketplace, London: Faber, 1975.

Petras, James F. & Veltmeyer, Henry. Globalization Unmasked: Imperialism in the 21st Century. Zed Books, 2001.

Powell, W. W. & DiMaggio, P. J.(eds.). The New Institutionalism in Organizational Analysis. Chicago: University of Chicago Press, 1991.

Raymond, T. & Greyser, S. "The Business of Managing the Arts," Harvard Business Review July/August (1978): 123–132.

Rhodes, R. A. W. Understanding Governance: Policy Networks, Governance, Reflexivity and Accountability. Buckingham: Open University Press, 1997.

Said, Edward W. Culture and Imperialism. Vintage, 1993.

Saukko, Paula. Doing Research in Cultural Studies: An Introduction to Classical and New Methodological Approaches. Sage, 2003.

Scheff, J. & Kotler, P. Standing Room Only: Strategies for Marketing the Performing Arts. Cambridge: Harvard Business School Press, 1996.

Schuster, J. Mark. Informing Cultural Policy. Center for Urban Policy Research, 2002.

Scullion, A. & Garcia, B. "What is Cultural Policy Research?" International Journal of Cultural Policy 11.2 (2005): 113–127.

Sinclair, A. Arts and Cultures: The History of the 50 Years of the Arts Council of Great Britain. London: Sinclair-Stevenson, 1995.

Spivak, Gayatri Chakravorty & Harasym, Sarah. The Post-Colonial Critic: Interviews, Strategies, Dialogues. Psychology Press, 1990.

Spivak, Gayatri Chakravorty. In Other Worlds: Essays in Cultural Politics. Routledge, 2012.

Storey, John(ed.). What is Cultural Studies?: A Reader. Oxford University Press, 1996.

Throsby, D. & Hollister, V. Don't Give Up Your Day Job: An Economic Study of Professional Artists in Australia. Australia Council for the Arts, 2003.

Toepler, S. "Culture, Commerce, and Civil Society: Rethinking Support for the Arts." Administration and Society 33.5 (2001): 508–522.

Turner, Graeme. British Cultural Studies: An Introduction. Psychology Press, 2003.

Tylor, Edward. Primitive Culture: Researches into the Development of Mythology, Philosophy, Religion, Art, and Custom. Murray, 1871.

Urfalino, P. L'Invention de la Politique Culturelle. Paris: Hachette Littratures, 1984.

Var, Jos David Sald & Saldívar, José David. Border Matters: Remapping American Cultural Studies. Univ of California Press, 1997.

Willatt, H. "How the Arts are Promoted." In Pick, J.(ed.). The State and the Arts. London: City University, 1980.

Williams, Raymond. Keywords: A Vocabulary of Culture and Society. London: Fontana, 1983.

Williams, Raymond. Culture and Society, 1780–1950. Columbia University Press, 1983.

Witts, R. Artist Unknown: An Alternative History of the Arts Council. London: Warner Books, 1998.

Wyszomirski, M. & Cherbo, Joni M.(eds.). The Public Life of the Arts in America. NJ: Rutgers University Press, 2000.

Zemans, J. & Kleingartner, A.(eds.). Comparing Cultural Policy. AltaMira Press, 1999.

|국문|

강철근. 문화정책론. 서울: 사회교육연구회. 2004.

강태희. "미술사의 추억." 서양미술사학회논문집 22 (2004): 9–33.

강휘원, 강성철. "독일 이주정책의 변화와 사회통합 거버넌스." 한국정책과학학회보 14.4 (2010): 291–316.

고명섭. "그리스 비극, 정치적인 너무나 정치적인 예술." 인물과사상 (2003): 189–198.

고봉만. "프랑스 문화예술교육 정책의 방향." 프랑스학 연구 18 (2000): 177-194.

고충환. "2000자로 쓴 현대미술사조 9/다다이즘과 마르셀 뒤샹 예술관념의 대 지각변동." 미술세계 (2000): 128-129.

곰브리치(최민 옮김). 곰브리치 서양미술사. 열화당. 1994.

구견서. "다문화주의의 이론적 체계." 현상과인식 27.3 (2003): 29-53.

구견서. "일본에 있어서 지역문화정책모델과 특징." 일본학보 102 (2015): 133-146.

구견서. "일본에 있어서 지역문화정책의 기본방향." 일본학보 98 (2014): 381-393.

구견서. "일본의 문화정책." 일본학보 43 (1999): 467-483.

구견서. "전후일본에 있어서 문화정책관련법의 동향." 일본학보 100 (2014): 145-158.

구광모. "우리나라 문화정책의 목표와 특성: 80년대와 90년대를 중심으로." 국가정책연구 12 (1998): 1-17.

구광모. 문화정책과 예술진흥. 중앙대학교 출판부. 1999.

구문모. "영국의 대중음악과 지역개발 정책의 특성." 유럽연구 24 (2006): 389-413.

권창국. "음란물의 형법적 규제에 관한 문제점의 검토: 음란성 판단기준 및 internet 등에 의한 음란정보유통을 중심으로." 한국공안행정학회보 13 (2002): 1-27.

그래함 딕슨(Graham-Dixon, Andrew). 르네상스 미술기행. 도서출판한길사. 2002.

금혜성, 임지혜. "독일 · 영국 · 한국의 다문화 사회로의 이행과정 국제비교." 다문화사회연구 3.2 (2010): 33-70.

김경욱. "문화민주주의와 문화정책에 대한 새로운 시각." 문화경제연구 6.2 (2003): 31-53.

김광우. 뭉크, 실레, 클림트의 표현주의. 서울: 미술문화. 2003.

김광현. "소쉬르와 구조주의: 인식론적 및 방법론적 고찰." 한국프랑스학논집 39 (2002): 23-34.

김규원. "프랑스 지역분권 정책의 문제점과 시사점." 문화정책논총 16 (2004): 107-125.

김균. "미국의 대외 문화정책을 통해 본 미군정 문화정책." 한국언론학보 44.3 (2000): 40-75.

김기봉. "우리나라 지역문화정책의 현실과 전망." (함께가는)예술인 10 (2005): 48-54.

김길웅. "상징, 기호학 그리고 문화연구-카시러의 상징형식의 철학을 중심으로." 독일문학 87 (2003): 253-273.

김동명. "일본의 지역문화정책: 도야마켄(富山縣)의 문화정책의 사례를 중심으로." 일본연구논총 25 (2007): 289-316.

김동영. "창조도시를 지향하는 뉴욕시 문화정책의 시사점." 문화정책논총 21 (2009): 135-156.

김동준. "메세나 연구의 비판적 고찰." 이벤트컨벤션연구 5.2 (2009): 57-76.

김명섭, 홍익표. "문화적 프로젝트로서의 유럽통합과 독일의 문화정책." 21세기정치학회보 16.1 (2006): 171-193.

김명섭. "프랑스 제5공화국의 문화 정책: 프랑스와 미테랑의 집권기를 중심으로." 문화정책논총 11 (1999): 219-237.

김문조, 박수호. 한국의 문화정책 회고와 전망. 고려대학교 아세아문제연구소. 1998.

김문환. "독일 문화정책과 세계 문화발전." 조형연구 8 (2002): 10-27.

김문환. 문화경제론. 서울대학교출판부. 1997.

김문환. 미래를 사는 문화정책. 나남출판. 1996.

김미성. "이주민문화의 충돌과 융합: 프랑스의 문화정책을 중심으로." 유럽사회문화 2 (2009): 1-19.

김미연. "졸라의 자연주의적 미술 평론과 인상주의의 상관관계." 인문학연구 91 (2013): 53-83.

김민정. "프랑스 이민자정책: 공화주의적 동화정책의 성공과 실패." 세계지역연구논총 25.3 (2007): 5-34.

김복래. "프랑스, 영국, 미국의 다문화주의에 대한 비교고찰: 삼국의 이민통합정책을 중심으로." 유럽연구 27.1 (2009): 207-236.

김상수. "자끄 데리다와 해체." 서양사연구 33 (2005): 109-137.

김새미. "영국의 문화주도 재생정책: 뉴캐슬게이츠헤드(Newcastle Gateshead) 사례 연구." 유럽연구 30.3 (2012): 183-215.

김석진, 김진수. "문화인프라가 문화성과에 미치는 영향." 한국경제연구 16 (2006): 143-167.

김선미, 최준식. "프랑스 문화정책 준거의 발전과 문화의 민주화." 인문학연구 21 (2012): 139-173.

김선미. "영국의 다문화교육 정책 전개의 특성." 교육문화연구 17.1 (2011): 59-78.

김선형. "문화예술교육의 활성화 정책 연구." 인문콘텐츠 8 (2006): 339-356.

김성기. "문화연구와 포스트모더니즘." 한국언론정보학보 (1995): 61-89.

김성수, 박치완. "영국의 다문화성향과 다문화주의." EU 연구 23 (2008): 65-88.

김성수. "문화연구, 어떻게 봐야하는가?" 글로벌문화콘텐츠 (2011): 174-178.

김세준. "문화정책 교육의 해외현황: 미국의 사례를 중심으로." 정책 & 지식 (2006): 2-14.

김세훈. "문화복지 정책의 흐름과 전망." 2011 문화복지정책 심포지엄. 한국문화예술위원회. 2011.

김세훈. 주요 외국의 문화예산 비교 연구. 한국문화관광정책연구원. 2003.

김소영. "창조경영시대 기업의 경쟁력 문화마케팅." 마케팅 41.12 (2007): 27-34.

김소현, 황용철. "적합한 문화마케팅: 스마트폰 산업에서 문화 마케팅이 브랜드 로열티에 미치는 효과." 문화산업연구 13.3 (2013): 105-113.

김수동. 루소의 자연주의 교육사상. 도서출판문음사. 1997.

김여수. "문화정책의 이념과 방향." 문화정책논총 1 (1988): 19-32.

김영기, 한선. "문화도시 만들기에 대한 인식유형 연구." 언론과학연구 7.3 (2007): 39-80.

김영우. "독일 문화창조산업의 특성과 시사점." 독일학연구 26 (2010): 59-75.

김영주. "문화예술에 대한 경제학적 접근과 문화산업화 전략, 그리고 그 새로운 해석모형." 사회사상과 문화 30 (2014): 359-392.

김용규. "논문: 시뮬라크르의 물질성과 탈재현의 정치학-보드리야르, 데리다, 들뢰즈." 영어영문학 52.2 (2006): 307-337.

김용규. "스튜어트 홀과 영국 문화연구의 형성." 새한영어영문학 49.1 (2007): 1-29.

김용신. "다문화사회의 시민형성 논리: 문화민주주의 접근." 비교민주주의연구 4.2 (2008): 31-57.

김욱동. 모더니즘과 포스트모더니즘. 현암사. 2004.

김욱동. 포스트모더니즘의 이론. 대우학술총서 인문사회과학 63. 민음사. 1992.

김원호. "집단지성 VS 집단광기." 마케팅 45.4 (2011): 39-45.

김은경. "도시문화프로젝트: 통영 동피랑 벽화마을." 도시문제 47 (2012): 60-63.

김이섭. "유럽의 통합과 문화정책에 관한 고찰." 유럽연구 20 (2004): 253-270.

김정수. "미녀와 야수-문화행정의 새로운 패러다임 모색." 한국행정연구 11.1 (2002): 29-54.

김정수. "문화 행정의 딜레마." 한국공공관리학보 20.1 (2006): 175-191.

김정수. 문화행정론: 이론적 기반과 정책적 과제. 서울: 집문당. 2006.

김종우. 구조주의와 그 이후. 살림. 2007.

김지희, 이윤철. "문화콘텐츠의 창조, 활용 프로세스 특성과 전략적 적용." 경영학연구 37.7 (2008): 1-28.

김진수. 우리는 왜 지금 낭만주의를 이야기하는가. 책세상. 2001.

김진아. "미국문화, 그 기로에 서서: NEA(국립예술진흥기금)를 둘러싼 논쟁 중심으로." 미술이론과 현장 4 (2006): 33-56.

김진아. "자생적 공공미술의 출범." 미술사학 22 (2008): 355-384.

김창현. "웨스턴과 메이플소프의 사진에 있어 모더니즘과 포스트모더니즘 영향에 대한 연구." 현대사진영상학회 논문집 8 (2005): 57-67.

김태원외. "공연예술의 성장은 작품생산만이 아니다." 공연과리뷰 45 (2004): 9-16.

김학실. "문화예술부문의 공적지원 정당성에 관한 연구." 사회과학연구 17.2 (2001): 319-335.

김현경. "서양음악의 역사, 고전주의 시대." 대한토목학회지 61.9 (2013): 148-153.

김현돈. "서양예술사에 나타난 자연과 인간." 대동철학 30 (2005): 83-104.

김형렬. 정책학. 법문사. 1990.

김형숙, 문지원. "예술가의 창의성-인성과 환경 요인으로 본 마르셀 뒤샹의 창의성 분석." 미술교육연구논총 33 (2012): 241-266.

김형효. "구조/탈구조와 우리: 원효, 레비-스트로스, 그리고 데리다." 기호학 연구 24 (2008): 9-27.

김형효. 데리다의 해체철학. 민음사. 1993.

김홍렬. "지역주민을 위한 공공도서관의 문화 및 교육적 기능 확대에 관한 연구." 한국도서관 · 정보학회지 35.4 (2004): 339-360.

김효진, 김휘정, 신형덕. "문화경제연구 게재 논문을 중심으로 본 한국의 문화경제학 연구 동향." 문화경제연구 16.1 (2013): 25-46.

김휘정. "문화예술 분야 크라우드 펀딩의 쟁점과 활성화 방향." 예술경영연구 23 (2012): 41-64.

김휴종. "문화산업 윈도우 효과의 이론과 실증." 문화정책논총 11 (1999): 19-38.

나애리. "1980년대 이후 프랑스 박물관의 변화와 문화정책." 프랑스문화예술연구 8.3 (2006): 67-93.

나애리. "프랑스 박물관의 문화예술교육." 한국프랑스학논집 82 (2013): 339-368.

노영덕. "낭만주의 미학 연구-사상적 배경과 미적 특징을 중심으로." 기초조형학연구 11.6 (2010): 197-205.

도널드 서순(오숙은외 옮김). 유럽문화사 I. 뿌리와 이파리. 2006.

도널드 서순(오숙은외 옮김). 유럽문화사 II. 뿌리와 이파리. 2006.

도널드 서순(오숙은외 옮김). 유럽문화사 III. 뿌리와 이파리. 2006.

도널드 서순(오숙은외 옮김). 유럽문화사 IV. 뿌리와 이파리. 2006.

도널드 서순(오숙은외 옮김). 유럽문화사 V. 뿌리와 이파리. 2006.

라도삼. "예술시장의 기부실태와 활성화 방안." 정책리포트 146 (2013): 1–21.

마순자. "연구동향 Ⅷ: 미술과 자연–생태미술." 서양미술사학회논문집 14 (2000): 167–171.

문경환. "소쉬르 탄신 150주년 기념 학술논문집: 소쉬르의 현재성과 탈현대성. 제2부 일반 주제 논문: 소쉬르와 촘스키: 두 유형의 구조주의." 기호학 연구 21 (2007): 421–446.

문시연. "프랑스문화정책 50년." 프랑스문화예술연구 30 (2009): 283–306.

문화부. 우리나라의 문화행정. 문화부. 1992.

민주식. "예술의 뿌리로서의 공공성(公共性)." 인문연구 68 (2013): 175–206.

박경주. "현대미술에서 나타나는 네오 팝 아트에 관한 연구." 기초조형학연구 16.1 (2015): 209–219.

박광국, 신충식. "푸코의 통치성 개념에 대한 행정학적 이해." 한국행정학회 2009년도 공동 춘계학술대회 발표논문집 (下) (2009): 221–238.

박광국, 이종열, 주효진. "문화행정조직의 개편과정 분석: 비전–목표–하위목표를 중심으로." 한국정책과학학회보 7.1 (2003): 233–253.

박광국, 주효진. "21C 문화행정조직 개편방향 모색." 한국행정학회 2002년도 동계학술대회 발표논문집 (2002): 731–747.

박광국. "문화행정 60년의 분석과 과제." 한국사회와 행정연구 19.3 (2008): 77–101.

박광국. "한국문화산업의 정책방향." 문화산업연구 8.1 (2008): 67–81.

박광무. "이명박 정부의 문화정책: 정책기조와 초기 정책성과를 중심으로." 사회과학 42.2 (2009): 161–190.

박광무. 한국문화정책론. 김영사. 2013.

박근서. "아도르노의 문화산업론." 현대사상 8 (2011): 95–108.

박문기. "스타 마케팅 이렇게 해야 성공한다." 마케팅 37.12 (2003): 74–74.

박미령. "명품브랜드 소비의 사회 경제 문화적 특성에 관한 연구–보드리야르의 소비사회이론을 중심으로." 한국의류산업학회지 8.2 (2006): 183–190.

박병석. “독일 문화외교의 발전과 특성.” 한 · 독사회과학논총 20.1 (2010): 101–126.

박선웅. “스튜어트 홀의 문화연구(이데올로기와 재현의 정치).” 경제와 사회 45 (2000): 149–171.

박신의. “문화예술경영의 경영학적 토대와 창의적 확산.” 문화경제연구 12.1 (2009): 75–107.

박용숙. “미술에 있어서 ‘우리다움’에 관한 소견.” 미술세계 (1992): 52–57.

박용희. “전후 미국의 대(對) 독일 문화정책과 ‘문화의 미국화’ 기획.” 독일연구 22 (2011): 153–182.

박우룡. “감성의 작용: 19세기 영국 사회개혁 전통의 감성적 기원: 러스킨(John Ruskin)의 자연과 예술.” 호남문화연구 45 (2009): 299–335.

박은실. “도시재생과 문화정책의 전개와 방향.” 문화정책논총 17 (2005): 11–37.

박재영. “유럽 다문화사회의 문화충돌.” 다문화콘텐츠연구 (2008): 107–138.

박재현. “대중적 이미지를 예술로 승화시킨 앤디워홀.” 지방재정과 지방세 41 (2011): 137–141.

박태순. “역사와 문학 2: 정치의 예술화, 예술의 정치화.” 월간 사회평론 92.2 (1992): 132–141.

박해광. “문화 연구와 담론 분석.” 문화와 사회 2 (2007): 83–116.

박혜자, 오재일. “문화행정에 있어 분권화와 정부간 기능배분에 관한 연구.” 한국행정논집 15.4 (2003): 953–975.

박혜자. “문화산업의 활성화와 지방정부의 역할.” 한국거버넌스학회 2000년 공동학술대회 (2000): 66–82.

박혜자. “지역문화산업의 활성화를 위한 논리와 전략.” 도시행정학보 13.1 (2000): 27–48.

박혜자. “지역문화정책에 있어 중앙정부와 지방정부간의 관계 모형 연구.” 도시행정학보 11 (1998): 207–233.

박혜자. 문화정책과 행정. 대영문화사. 2011.

박홍규. “첫 예술 이야기.” 인물과사상 (2013): 77–94.

박희숙. “역사적 사명감을 가지고 그림을 그렸던 화가 ‘외젠 들라크루아’.” 고시계 53.4 (2008): 176–178.

배관표, 이민아. “한국 문화정책의 대상과 전략의 변화: 1988–2012.” 한국정책학회 동계학술발표논문집 (2012): 307–333.

배영달. "보드리야르: 이미지의 폭력에 저항하기." 철학과 현실 (2007): 178-193.

배영달. 보드리야르와 시뮬라시옹. 서울: 살림. 2005.

배준구. 프랑스의 지방분권. 부산: 도서출판 금정. 2004.

배준구. "프랑스의 지방분권 이후 문화정책." 프랑스문화연구 20 (2010): 175-201.

배준구. "프랑스의 문화산업 클러스터: 아비뇽 축제를 중심으로." 프랑스 문화연구 14 (2007): 37-63.

배준구. "프랑스의 지방분권 이후 특별지방행정기관의 운영 개편과 특징." 사회과학연구 25.4 (2009): 371-391.

배준구. 프랑스의 공공정책 과정. 법문사. 2008.

배준구. 프랑스의 지역계획과 계획계약. 부산: 도서출판 금정. 2006.

백승국. 문화 기호학과 문화 콘텐츠. 다할미디어. 2004.

백익. "우리나라 문화와 문화정책." 스포츠와 법 4 (2003): 155-162.

변현태. "문학의 정치: 사회주의 리얼리즘과 아방가르드." 러시아연구 23.1 (2013): 77-101.

사사키. "21세기 일본의 도시문화정책." 2002년도 하계학술발표 및 제11회 한일 지방자치 국제세미나 자료집 (2002): 487-497.

사순옥. "유럽연합(EU)의 문화수도 구상과 독일의 도시." 독일문학 95 (2005): 168-188.

서순복, 김세훈. "문화정책의 법적기반 분석과 법정책 활성화 방안에 관한 탐색적 연구." 한국정책학회보 18.2 (2009): 249-270.

서순복. "문화수도 선정을 통한 도시 장소마케팅 전략 활동의 연구." 한국사회와 행정연구 17.2 (2006): 131-157.

서순복. "문화예술에 대한 정부개입과 지역문화정책의 정당화 논거." 한국지방자치연구 8.1 (2006): 93-107.

서순복. "문화의 민주화와 문화민주주의의 정책적 함의." 한국지방자치연구 8.3 (2007): 23-44.

서순복. "문화적 자본이론을 활용한 지역문화향유의 함의에 관한 연구." 한국사회와 행정연구 20.1 (2009): 1-25.

서우석, 양효석. "문화적 박탈감을 통해 살펴본 문화복지 대상 범위 연구." 문화정책논총 27.1 (2013): 164-197.

서우석. 기호학이론. 문학과 지성사. 1996.

석문주, 최은식, 최미영. "외국의 문화예술교육 프로그램에 대한 분석 연구: 미국, 영국, 핀란드, 일본을 중심으로." 예술교육연구 8.2 (2010): 1–19.

성제환. "문화예술상품 소비결정요인에 관한 경제학적 연구: 문화예술 상품의 체험재적 특성이 소비에 미치는 영향을 중심으로." 한국경제연구 10 (2003): 87–113.

성제환. "보드리야르의 소비사회론과 문화경제학." 문화경제연구 15.2 (2012): 57–78.

소명선. "오키나와 문학 속의 '조선인': 타자 표상의 가능성과 한계성." 동북아 문화연구 28 (2011): 535–555.

손경애. "미술비평가 졸라와 마네: 근대성을 향한 두 혁명가." 한국프랑스학논집 68 (2009): 439–458.

손승현. "록펠러家의 미술후원: 뉴욕 근대미술관을 중심으로." 미술사연구 17 (2003): 267–304.

송도영, 이호영. 프랑스의 문화산업체계. 서울: 지식마당. 2003.

송미숙. "20세기의 작가들–2. 파블로 피카소(Pablo Picasso, 1881–1973)." 미술세계 (1988): 102–110.

송애정, 김예성. "지역 활성화 전략 측면에서 본 일본 기업메세나 활동 연구." 한국지역경제연구 22 (2012): 175–195.

송인범. "우리나라 문화재정책의 현황과 과제." 백제문화 40 (2009): 57–88.

신병동, 백승흠. "한국과 일본의 문화정책에 관한 연혁적 비교." 스포츠와 법 12.3 (2009): 235–266.

신병동. "일본(日本) 문화정책(文化政策)의 법적(法的) 구조(構造)에 관한 일고찰(一考察)." 스포츠와 법 11.3 (2008): 173–197.

신성해. "고대 이집트의 종교와 예술." 열린정신포럼 발표자료집 제27회 (2005): 257–260.

신승환. 포스트모더니즘에 대한 성찰. 살림. 2003.

신옥근. "클로드 몰라르의 프랑스문화시스템도표를 통해 본 프랑스문화정책의 변천과 문화국토개발." 프랑스문화예술연구 43 (2013): 243–272.

신현욱. "호러스 월폴의 오트란토 성: '로맨스'와 '소설'의 경계." 안과 밖 18 (2005. 상반기): 206–227.

심상화. "전통문화축제의 경제적 가치 추정과 결정요인." 관광 · 레저연구 21.4 (2009): 41–56.

안영규. "문화인프라 구축을 통한 도시활성화 성공사례." 문화산업연구 8.2 (2008): 23–38.

안정오. "독일의 문화정책." 한국학연구 37 (2011): 59-88.

양건열. 주요 국가 문화예술지원 프로그램 연구. 한국문화관광정책연구원. 2003.

양순창. "스포츠의 정치적 상징성과 상징조작 기제에 관한 연구." 국제정치논총 43.3 (2003): 53-72.

양애경. "공포소설이란 무엇인가." 한국문예비평연구 5 (1999): 175-208.

양운덕. 미셸 푸코. 살림. 2003.

양현미. "예술분야 기부현황과 활성화의 필요성." 예술분야 기부 활성화를 위한 국회 심포지움. 2010.

양혜원. OECD 주요 국가의 문화예산 비교연구. 한국문화관광연구원. 2011.

양효석. "참여정부 예술정책의 평가와 향후 전망." 한국행정학회 동계학술발표논문집 (2006): 19-35.

여기영, 오원환. "방송사의 담론 생산과 그 의미 작용." 언론과 사회 20.2 (2012): 5-50.

오명석. "1960~70 년대의 문화정책과 민족문화담론." 비교문화연구 4 (1998): 121-152.

오병욱, 전석원. "에두아르 마네와 모더니즘." 대한토목학회지 54.6 (2006): 88-94.

오병욱. "피카소와 종합적 입체주의." 대한토목학회지 55.4 (2007): 98-105.

오세정. "프랑스 문화의 정체성과 문화정책." 프랑스문화예술연구 5.2 (2003): 231-248.

오양렬. "문화예술 환경의 변화와 문예정책의 새로운 방향." 문화정책논총 19 (2008): 111-134.

오양렬. "한국의 문화행정체계 50년 구조 및 기능의 변천과정과 그 과제." 문화정책논총 7 (1995): 29-74.

오영훈. "독일의 문화산업현황과 전망." 문화산업연구 9.2 (2009): 85-100.

오정숙. "프랑스의 유럽, 유럽화된 프랑스: 프랑스와 유럽연합의 문화정책." 프랑스학연구 41 (2007): 223-247.

외르크 피쉬(안삼환 옮김). 코젤렉의 개념사 사전1-문명과 문화. 푸른역사. 2010.

용호성. "미국의 공연예술시장에 대한 정부의 개입 방식." 문화정책논총 10 (1998): 124-141.

우무상. "프랑스의 지방문화 정책: 지방문화 촉진을 위한 중앙 정부의 지방분산 및 지방분권 정책." 한국프랑스학논집 43 (2003): 349-376.

원수현, 김일용, 안재영. "프랑스 예술문화 교육정책과 교육과정 고찰." 기초조형학연구 9.1 (2008): 871-883.

원유경. “소설, 로맨스, 여성의 글쓰기: 메리 셸리의 ‘프랑켄스타인’.” 근대영미소설 5.2 (1998): 165-193.

유현영. “칸딘스키, 음악과의 아날로지.” 미술세계 (2003): 130-131.

윤경희. 19세기 고딕소설연구: 괴물성, 공포, 지식의 관계를 중심으로. 서울대학교 석사논문. 2000.

윤길준. “문화, 예술 지원 기업 메세나 운동에 관한 고찰.” 문화연구 8 (2003): 55-67.

윤성우. “레비스트로스의 구조주의.” 철학과 현실 (2010): 122-132.

윤용중, 소병희. “문화예술부문에 대한 공공지원의 현황 분석: 문예진흥기금을 중심으로.” 문화경제연구 1.1 (1998): ,

윤익영. “19세기 프랑스 회화 속의 음악.” 한국프랑스학논집 63 (2008): 313-330.

윤혜정. “미국의 스마트성장과 도시개발정책의 시사점.” 국토계획 37.7 (2002): 7-16.

윤홍택, 김정희. “고딕시대의 문학-궁정소설의 탄생과 발전.” 한국프랑스학논집 28 (1999): 117-140.

이가야. “프랑스의 다문화사회.” 프랑스문화예술연구 28 (2009): 255-287.

이강원. “과학기술인류학과 자연의 정치; 문화상대주의와 총체성을 넘어서.” 한국문화인류학 46.1 (2013): 43-92.

이경래. “스탕달과 예술평론.” 프랑스문화예술연구 8.1 (2006): 201-227.

이기형. “담론분석과 담론의 정치학.” 언론과 사회 14.3 (2006): 106-145.

이대희. “아시아 각국의 문화 정책 관련 조직의 비교 연구.” 한국사회와 행정연구 10.1 (1999): 113-125.

이동성. “라캉의 구조주의 욕망이론.” 동서언론 9 (2005): 291-324.

이미재. “통일 독일의 문화예술 정책이 통일 한국에 주는 시사점.” 한 · 독사회과학논총 25.1 (2015): 3-26.

이병량. “문화는 도시를 살리는가?” 한국지방정부학회 2011년도 추계학술대회 (2011): 101-115.

이병량. “문화와 권력: 문화정책연구의 새로운 관점.” 한국거버넌스학회보 14.3 (2007): 169-187.

이병량. “문화정책과 공공성.” 한국거버넌스학회보 18.3 (2011): 119-146.

이병량. “한국 문화정책의 논리에 관한 비판적 연구: 평가준거의 구성과 시론적 평가.” 한국거버넌스학회 2006년 영호남 춘계공동학술대회 (2006): 1-16.

이병량. “한국 문화정책의 변화 추이와 내용에 관한 분석.” 한국정책과학학회보 8.3 (2004): 99-125.

이병민. “한국 문화산업의 환경변화와 전망.” 한국문화산업학회 춘계학술대회 (2008): 19-31.

이병민. “참여정부 문화산업정책의 평가와 향후 전망.” 한국행정학회 동계학술대회 (2007): 37-51.

이병민. “문화산업을 통한 지역경제의 발전전략과 정책과제.” 국토지리학회지 39.3 (2005): 399-420.

이산호. “프랑스의 문화다양성과 사회통합정책.” 다문화콘텐츠연구 (2008): 7-25.

이산호. “프랑스의 사회통합정책과 유네스코의 ‘문화적 표현의 다양성 보호와 증진에 관한 협약.’ 프랑스문화예술연구 28 (2009): 289-315.

이삼성. “미국 외교사학과 ‘제국’담론의 전복.” 국제정치논총 46.4 (2006): 33-60.

이상호. “문화 경제학의 쟁점과 가능성.” 동향과 전망 (2009): 176-204.

이성률. “18세기 북독일 베를린 궁정의 음악후원.” 서양음악학 17.1 (2014): 11-43.

이성율. “독일의 음악학교 운영과 문화정책.” 음악연구 34 (2005): 341-364.

이승수. “보카치오의 ‘데카메론’에 나타난 이탈리아 초기 인문주의-운명과 사랑의 테마를 중심으로.” 이탈리아어문학 43 (2014): 307-339.

이연자. “브로드웨이 공연예술산업과 도시문화이미지.” 신영어영문학 36 (2007): 79-98.

이영욱. “문화/창조산업.” 인문콘텐츠 26 (2012): 9-31.

이용관. “공연예술의 유통 · 소비부문 지원확대의 필요성과 그 방식.” 문화정책논총 11 (1999): 239-265.

이원. “프랑스의 문화활동 지원정책.” 프랑스문화예술연구 41 (2012): 329-354.

이윤희. “한국(韓國)의 문화(文化): 문화융성(文化隆盛)을 위한 소고(小考)(1).” 한국사상과 문화 75 (2014): 403-426.

이은적. “학교 미술교육과 연계하는 미술관 교육: 프랑스와 영국의 정책과 사례를 중심으로.” 미술교육연구논총 36 (2013): 243-268.

이장섭. "독일 '문화창의경제'진흥 현황: 연방 및 주정부 정책 분석." 한독사회과학회 국제학술대회 (2013): 5–20.

이정덕. "일본도시와 문화정책." 열린전북 3 (1999): 76–80.

이정만. "독일기업 문화마케팅 연구: 문화예술 후원과 활용 중심으로." 경상논총 30.2 (2012): 1–22.

이정옥. "에밀 졸라의 '목로주점'에 나타난 노동자 삶의 은유와 상징 연구." 프랑스문화예술연구 34 (2010): 253–281.

이종열. "문화교류의 거버넌스 접근." 한국사회와 행정연구 17.4 (2007): 123–144.

이종열. "문화행정 분야 정부조직개편." 한국행정학회 · 한국조직학회 2004년도 공동 기획세미나 발표논문집 (2004): 82–94.

이종열. "미국의 문화 거버넌스 연구: NEA 를 중심으로." 한국행정학회 2002년도 동계학술대회 발표논문집 (2002): 465–480.

이주노. "文化大革命期의 영화와 문화권력의 정치화." 중국현대문학 38 (2006): 121–150.

이주예, 김종업, 정철현. "문화예술단체의 조직역량과 자원획득에 관한 연구." 문화정책논총 28.1 (2014): 9–32.

이주은. "대중문화적 요소를 절충한 라파엘전파의 유미주의." 미술사학 21 (2007): 87–111.

이주은. "미국의 국가 이미지와 현대미술." 문화콘텐츠연구 2 (2013): 67–93.

이준형. "문화예술 시장과 법적 · 제도적 규제." 문화정책논총 20 (2008): 84–104.

이진형, 김재오. "문화인프라를 활용한 지역경제 발전전략." 지역개발연구 40.2 (2008): 111–143.

이철용. "독일의 '문화전쟁'과 이민자 문제." 한 · 독사회과학논총 17.1 (2007): 321–349.

이태호. 현대미술의 빗장을 따다: 인상주의 다시 보기. 서울: 북폴리오. 2004.

이호근. "사회체육 교육, 역사, 철학 편: 스포츠와 문화권력." 한국사회체육학회지 37.1 (2009): 63–68.

임문영. "앙드레 말로와 자크 랑의 문화정책 비교." 한국프랑스학논집 37 (2002): 295–314.

임문영. "프랑스의 문화지방분산정책과 문화축매운동." 문화정책논총 16 (2004): 155–175.

임상오, 신두섭, 오남숙. "창조도시의 모범 사례와 정책 과제: 한국의 창조지역사업을 중심으로." 문화경제연구 16.3 (2013): 61–81.

임상오. "문화경제학의 수사학적 접근." 문화경제연구 12.1 (2009): 3–24.

임상오. "일본 기업메세나의 동기와 경험적 분석." 문화경제연구 6.1 (2003): 135–154.

임상오. "존 러스킨의 문화경제학." 문화경제연구 14.1 (2011): 3–19.

임상택. 한국 중서부지역 빗살무늬토기문화 연구–문화변동과정을 중심으로. 서울대학교 박사학위 논문. 2006.

임진수. "프로이트의 소원에서 라캉의 욕망으로." 인문학연구 39 (2006): 25–39.

임채완. "세계화 시대 '디아스포라 현상' 접근: 초국가네트워크사례를 중심으로." 한국동북아논총 49 (2008): 469–491.

임학순. "문화산업 영역과 예술영역에 대한 정책 목표들 양립가능성 연구." 문화정책논총 13 (2001): 279–300.

임학순. "문화정책의 연구영역과 연구경향 분석." 문화정책논총 8 (1996): 1–27.

임학순. "박정희 대통령의 문화정책 인식 연구." 예술경영연구 21 (2012): 159–182.

임학순. "우리나라 문화정책 연구 경향 분석(1998~2007)." 문화정책논총 21 (2009): 25–48.

임학순. 창의적 문화사회와 문화정책. 서울: 진한도서. 2003.

임희섭. "경제발전의 논리와 문화발전의 방향." 문화정책논총 7 (1995): 1–15.

장인실. "미국 다문화 교육과 교육과정." 교육과정연구 24.4 (2006): 27–53.

장한업. "프랑스의 상호문화교육과 미국의 다문화교육의 비교연구." 프랑스어문교육 32 (2009): 105–121.

전택수. "박근혜 정부의 문화융성과 창조경제의 융합에 관한 소고." 문화경제연구 18.1 (2015): 97–121.

정갑영. "국민문화 창조력의 의미와 활성화를 위한 정책방향." 문화정책논총 12 (2000): 1–21.

정갑영. "세계화의 의미와 문화정책의 기본방향." 문화정책논총 6 (1995): 7–26.

정갑영. "우리나라 문화복지 정책의 흐름과 전망." 문화정책논총 17 (2005): 225–243.

정갑영. "우리나라 문화정책의 이념에 관한 연구." 문화정책논총 5 (1993): 82–132.

정금희. "몬드리안의 조형예술 연구." 예술논집 6 (2005): 97–124.

정금희. "앤디 워홀 예술과 상업성과의 연계성 연구." 예술논집 14 (2014): 99–119.

정상철. "영국 창조산업정책의 특징과 창조경제에 대한 시사점." 유럽연구 31.3 (2013): 51–73.

정영목, 김홍남. "미국의 미술사와 문화정책." 미술사학 7 (1993): 63–83.

정영목. "피카소와 한국전쟁." 서양미술사학회논문집 8 (1996): 241–258.

정종은. "영국 창조산업 정책의 부상." 문화정책논총 27.1 (2013): 122–145.

정철현, 박윤조. "우리나라 공공미술정책을 위한 새로운 장르 공공미술의 적용." 사회과학연구 50.2 (2011): 81–113.

정철현, 안경화. "지역개발을 위한 공공미술정책의 성공요인에 관한 연구." 서울도시연구 12.1 (2011): 91–105.

정철현. "남북한 문화정책 비교에 관한 연구." 사회과학논집 37.2 (2006): 1–24.

정철현. 문화연구와 문화정책. 서울경제경영. 2005.

정철현. 문화정책과 예술경영. 서울경제경영. 2008.

정철현. 문화정책론. 서울경제경영. 2004.

정철현. 북한의 문화정책. 서울경제경영. 2008.

정해수. "디지털 시대의 프랑스 문화정책과 문학의 확장양상에 대한 연구." 한국언어문화 32 (2007): 217–243.

정홍익. "문화정책의 가치론적 접근." 문화정책논총 5 (1993): 46–68.

정홍익. "문화정책의 역사적 분석." 한국행정학회 연례학술대회 발표논문집 (1991): 1–23.

정홍익. "문화행정연구–개념틀과 분석." 한국행정학보 25.4 (1991): 42–49.

정홍익외. 문화행정론. 서울: 대영문화사. 2007.

제랄드 리드스톤, 최영주. "영국의 문화 정책 체제." 공연과이론 7 (2002): 47–52.

조관자. "전후 일본의 문화정책과 인문학." 한림일본학 20 (2012): 151–180.

조광석. "뒤샹의 작품 샘(Fountain)에서 제기하는 해체의 의미와 영향." 기초조형학연구 15.5 (2014): 567–575.

조광익. "현대 사회에서의 여가의 의미에 대한 문화산업론적 고찰." 관광학연구 31.5 (2007): 393–417.

조용훈. 문화기호학으로 읽는 문학과 그림. 효형출판. 2004.

조은영. "미국 만국박람회에서의 일본: 일본신화 만들기와 문화정책." 미술사학보 18 (2002): 75–102.

조인수. "미술사에서의 독창성." 미술사학 28 (2014): 255–280.

조정옥. "칸딘스키와 몬드리안의 회화에서 감정과 이성." 한국예술연구 8 (2013): 183–220.

조지훈. "홍콩 공공미술의 정치화(Ⅰ)." 현대미술사연구 29 (2011): 101–125.

조현미. "일본의 '다문화공생'정책을 사례로 본 사회통합정책의 과제." 한국지역지리학회지 15.4 (2009): 449-463.

조희연. "공교육으로서의 프랑스 예술문화교육 정책 고찰." 예술교육연구 9.2 (2011): 41-56.

주강현. "선사시대의 꿈과 현실, 종합예술로서의 바위그림." 미술세계 (2000): 56-59.

주대창. "논문: 음악사에서 고전음악과 고전주의." 음악과 민족 26 (2003): 393-415.

주동범, 채원호. "프랑스 문화거버넌스 연구." 한국정책과학학회보 7.3 (2003): 360-376.

진인혜. "프랑스 문화정책의 역사." 한국프랑스학논집 59 (2007): 303-324.

징관희. "러스킨의 심미적 예술관 연구." 인문사회과학논문집 30 (2001).

차용구. "서양중세 예술에 대한 역사적 독해." 중앙사론 14 (2000): 133-159.

차재영. "냉전기 미국의 공공외교와 국가-언론 협력 관계." 한국언론학보 57.3 (2013): 87-108.

채원호, 선호중. "기업 메세나의 동기와 공공성." 한국사회와 행정연구 15.3 (2004): 525-549.

채원호, 주동범. "일본의 문화거버넌스 연구." 한국정책과학학회보 7.1 (2003): 255-274.

최문규. "정치화와 심미화 사이에서: 다다이즘, 플럭서스, 팝 아트." 뷔히너와 현대문학 35 (2010): 467-483.

최미세. "문화예술의 공적가치와 문화민주주의." 독일어문학 64 (2014): 395-415.

최보연, 김병주. "학교문화예술교육 활성화를 위한 방향성과 과제: 영국의 사례를 통한 시사점." 한국초등교육 24.4 (2013): 259-280.

최보연. "영국 창조인력양성 정책에 관한 시론적 연구." 예술경영연구 28 (2013): 167-201.

최보연. "창의교육에서 문화교육으로." 문화경제연구 18.1 (2015): 53-96.

최영애. "북한음악과 사회주의적 사실주의." 남북문화예술연구 (2010): 169-193.

최용호. "일반 주제 논문: 레비-스트로스 다시 읽기: 야생의 사고와 인지주의." 기호학 연구 25 (2009): 543-570.

최윤주. G8 국가와 우리나라 문화행정정책 연구: 문화행정영역과 조직중심으로. 경희대학교 석사학위 논문. 2003.

최종렬. "과학, 도덕학, 미학의 역사적 관계: 고대 그리스 사상에서 르네상스 휴머니즘까지," 사회와이론 3.1 (2004): 267-339.

최준호. "공연예술 발전을 위한 프랑스 문화 예술 정책." 한국프랑스학회 2001년도 추계학술발표회 (2001): 127-136.

최철호. "일본의 문화입법과 문화정책." 입법정책 2.2 (2008): 55-87.

최효준. “마크 로스코(Mark Rothko) 회화에서 정신성(精神性)의 구현과 소통.” 역사와 사회 36 (2006): 61–97.

푸코(오생근 옮김). 감시와 처벌. 나남출판. 2003

하정일. 급진적 근대기획과 예술의 정치화, 근대계몽기 문학의 재인식. 소명출판. 2007.

한동효. “도시재생을 통한 창조도시 형성과정의 특성분석.” 국정관리연구 8.2 (2013): 55–94.

한상우. “독일의 다문화사회 통합정책과 시사점.” 한 · 독사회과학논총 20.3 (2010): 65–86.

한승준, 박치성, 정창호. “문화예술지원 거버넌스 체계에 관한 비교 연구: 영국, 프랑스, 한국 사례를 중심으로.” 행정논총 50.2 (2012): 257–291.

한승준, 박치성, 정창호. “문화예술지원 거버넌스 체계에 관한 비교 연구: 영국, 프랑스, 한국 사례를 중심으로.” 행정논총 50.2 (2012): 257–291.

한승준. “프랑스 동화주의 다문화정책의 위기와 재편에 관한 연구.” 한국행정학보 42.3 (2008): 463–486.

한승준. “프랑스 문화재정책 유형화에 관한 연구.” 한국행정학회 하계학술발표논문집 (2010): 1–21.

함재봉. “미셸 푸코의 권력관과 정치 비판.” 현상과인식 18.1 (1994): 135–154.

허정숙. “문화상대주의와 인간 보편성.” 월간(논) (2008): 40–45.

현은령. “문화예술교육의 사회적 확산을 위한 성공사례연구.” 한국과학예술포럼 10 (2012): 257–267.

현택수. 문화와 권력: 부르디외 사회학의 이해. 나남출판. 1998.

홍기원. “문화정책 연구에 대한 학문 분야로서의 정체성 탐구.” 문화정책논총 21 (2009): 89–104.

홍기원. “문화정책의 관점에서 문화외교의 논쟁적 요소들에 대한 고찰.” 예술경영연구 18 (2011): 67–93.

홍선표, 박은화. “새로운 방법의 모색, 한국미술사학의 과제.” 미술사학연구 (구 고고미술) 268 (2010): 37–54.

홍익표, 신민정. “그리스 현대 정치와 미키스 테오도라키스: 음악과 정치의 상호개입을 중심으로.” 유럽연구 26.3 (2008): 245–273.

홍종열. “창조경제 시대의 문화산업과 지역문화정책.” 문화산업연구 12.2 (2012): 81–97.

황금숙, 김수경, 박미영. "공공도서관 문화프로그램 현황 분석과 활성화 방안." 한국도서관 · 정보학회지 39.1 (2008): 219-244.

황금숙. "도서관에서의 통합형 문화예술교육 프로그램 모형 개발에 관한 연구." 한국도서관 · 정보학회지 39.3 (2008): 73-94.

기타

문화예술진흥원. 연도별 문예진흥기금사업 종합심사평가보고서.

문화체육관광부. 연도별 문화정책백서.

문화체육관광부. 연도별 콘텐츠 산업백서.

문화체육관광부. 연도별 주요업무계획.

한국문화예술위원회 · 문화체육관광부. 2010년도 예술지원 정책 개선방향. 2009.

문화바우처 http://www.cvoucher.kr

문화체육관광부 http://www.mcst.go.kr/main.jsp

프랑스 문화예술교육사이트 http://www.educart.culture.gouv.fr

프랑스 문화통상부 웹사이트 http://www.culture.gouv.fr

프랑스 문화포털사이트 http://www.culture.fr

한국문화예술교육진흥원 http://www.arte.or.kr/index.jsp

찾아보기

영문

M

국문

ㄱ

ㄴ

ㄷ

ㄹ

ㅁ

ㅈ

ㅊ

ㅎ

기타

저자 약력

정철현은 연세대학교 행정학과를 졸업하고 미국 뉴욕대학(NYU) Wagner School of Public Services에서 정책학 석사와 행정학 박사를 받았다. 연세대학교 사회과학 연구소 상임연구원을 거쳐 연세대학교 행정학과 교수로 재직하고 있다. 한국행정학회와 한국정책학회의 임원으로 활동하였고, 국무총리실, 정보통신부, 행정자치부, 문화체육관광부 정책자문위원, 일본 동경대 초빙교수를 역임하였다. 연구분야는 예술행정, 문화정책이며, '행정이론의 발전'(대한민국 학술원 우수도서상), '북한의 문화정책', '문화정책과 예술경영'등 10여 권의 저서와, 'Cultural Policy in the DPRK', '문화예술단체의 조직역량과 자원획득에 관한 연구' 등 50여 편의 논문이 있다.

문화정책

2015년 8월 24일 | 1판 1쇄 인쇄
2015년 8월 31일 | 1판 1쇄 발행

지은이 | 정철현
발행인 | 김은중
발행처 | 서울경제경영출판사
편집디자인 | (주)우일미디어디지텍

주소 | 03767 서울특별시 서대문구 신촌로 205
전화 | (02)313-2682
팩스 | (02)313-8860

등록 | 1998년 1월 22일 제5-63호

ISBN 978-89-97937-33-2 93350 정가 20,000원

※ 잘못된 책은 바꾸어 드립니다.